대한민국
금융 시크릿

대한민국 금융 시크릿

돈과 권력을 움직이는 숨은 그림자들

심재훈 지음

바른북스

바람 잘 날 없는 한국 금융… 과연 누구 책임인가

　우리나라 금융시장은 바람 잘 날 없다. 따라서 어떤 사태가 발생할 때마다 과연 누가 책임을 져야 하는지를 놓고 갑론을박을 하다가 어느새 시간이 지나가 버리는 경우가 많았다.

　실제로 대한민국 건국 이후 급성장하는 경제를 금융시스템이 따라잡지 못하면서 기상천외한 사건, 사고가 자주 벌어졌다.

　필자는 2008년 리먼 사태 등 글로벌 금융위기 사태 당시 3년여간 기획재정부를 출입하면서 정부의 금융위기 수습책을 직접 현장에서 취재했다. 이후 서울에서 열린 G20 정상회의 등 글로벌 차원의 금융위기 대응 시스템도 지켜본 바 있다.

　2011년에는 6개월간 연합뉴스 계열사인 금융 전문매체 연합인포맥스에 파견돼 국내금융시장의 채권·외환·인수합병 등 금융 거래의 최전선에서 벌어지는 피 말리는 싸움도 경험했다.

　2011년 여름부터 2014년까지 경제부에 있으면서 국내금융정책과 감독, 검사를 총괄하는 금융위원회와 금융감독원 등 금융당국을 출입하면서 국내금융시스템을 파악했고 은행·보험·카드 등 금융사들도 취재하면서 실물 금융의 허실을 적나라하게 볼 수 있었다.

2016년부터 2021년까지 베이징 지사장으로 중국에 나가 있으면서 세계 2위 경제 대국 중국과 한국의 금융시스템을 비교해 볼 수 있었고, 급부상하는 중국 경제성장의 원동력과 한계 그리고 태생적인 금융시스템의 문제점도 취재했다.

2021년 가을에 다시 경제부에 복귀하면서 그동안 우리나라가 선진국에 진입한 만큼 금융시장도 그만큼 선진화됐을 것으로 생각했다.

필자가 금융위원회와 금융감독원, 한국은행, 은행, 보험, 카드, 저축은행, 가상자산 등 금융 분야를 총괄하면서 느낀 점은 10년 전과 달라진 점을 그다지 체감하기 어려웠다는 것이다.

여전히 금융시장에서는 관치의 그림자가 짙게 드리우고 있었고 금융지주를 비롯한 은행들의 이자 장사와 보험, 카드사의 과도한 수익 욕심 그리고 증권사 등 자본시장의 일탈 등이 끊임없이 발생했기 때문이다.

우리은행과 경남은행 직원의 거액 횡령 사고를 비롯해 SG증권발 주가 조작 사태에 이르기까지 일일이 열거하기 힘들 정도였다.

다만 달라진 점은 가상자산이라는 새로운 금융시장 영역이 생겼고 디지털화와 네이버 등 플랫폼 업체들의 금융시장 진출에 따른 새로운 형태의 경쟁 가열이었다.

조용할 날이 없는 우리나라 금융시장은 어쩌다 이렇게 된 것일까.

금융시장 관리를 제대로 하지 못하고 정권의 의중에 따라 움직일 수밖에 없었던 기획재정부나 금융위원회, 금융감독원, 한국은행 등의 잘못일까.

아니면 끊임없이 정부 규제의 허점을 노리면서 편법으로 수익을 노리는 금융회사와 투기업자들의 탐욕이 문제였을까.

혹시 여기에다 금융 관련 언론 매체들이 넘쳐나면서 금융시장에 혼란을 주는 기사나 홍보성 기사 등이 영향을 끼치지는 않았을까.

결과적으로 그동안 관행에 비춰보면 정부와 금융회사 그리고 언론 모두 일정 부분의 책임에서 벗어나긴 힘들 것으로 보인다. 이들 삼자 간에 '무언의 카르텔'이 이 세계에도 작용하기 때문이다.

필자는 이 책을 통해 우리나라 금융시장의 구조와 물밑에서 움직이는 힘 그리고 각 금융 산업의 고질적인 문제와 처방 등을 조명해 금융시장의 속살을 보여주고자 한다.

또한, 은행이나 보험, 카드 등 각 금융 산업만이 가지고 있는 특징과 매력도 소개하고자 한다.

사람의 본능인 끝없는 탐욕이 금융시장을 움직이게 한다는 말이 있다.

우리나라가 1990년대 후반 외환위기 사태를 겪었듯이 금융시장이 불안하면 국민 생활에 치명적인 위협이 될 수 있기 때문에 무엇보다 건전하면서도 튼튼한 금융시장을 만들 필요가 있다.

우리나라 금융시장의 비밀이 궁금한가. 바로 이 책에 그 힌트가 있다.

목차

한국은 매년 금융위기였다… 완쾌 없는 응급처치

02

드라마 같은 한국 금융사들의 권력 투쟁기

03

REPUBLIC OF KOREA FINANCIAL SECRET

배고픈 한국 금융…
새로운 먹거리를 찾아라

04

오명으로 점철된
한국 금융회사 '흑역사'

05

'이제는 말할 수 있다' 한국 금융 뒷이야기

06

알고 보면 재밌는
금융권 비밀 노트

07

마무리하며

한국 금융을
움직이는
'숨은 그림자' 찾기

한국 금융의 시작과 IMF 구제 금융까지

우리나라 금융은 언제부터 시작됐을까.

현대적인 의미에서 금융은 1945년 광복된 뒤 1950년 한국은행을 설립한 게 시작이다.

이후 한국 전쟁이 끝나고 1956년 증권거래소가 개장했으며 1962년 10환을 1원으로 바꾸는 통화 개혁이 단행된 뒤 1965년 단일 변동환율제를 시행하면서 개발 금융 시대를 겪었다.

1970년대는 박정희 대통령이 이끌었던 정책 금융의 시대였다.

1972년 8월 3일 긴급 조치로 사금융이 제도 금융으로 편입됐다.

1978년에는 주식 거래대금이 1조 원을 돌파했다.

1980년대는 금융자율화의 시대였다.

1980년 복수통화바스켓 변동환율제도가 도입됐고 1981년에는 일반은행들이 민영화됐다. 1989년에는 주가지수가 1천 포인트를 돌파하며 주식 붐이 일었다.

1990년대는 금융 개방화 시대였다.

1990년 시장평균환율제도가 도입됐고 1992년에는 외국인의 국내 주식 투자를 허용하며 주식 시장이 개방됐다. 1993년에는 금융실명제가 전격 도입됐고 1996년에는 코스닥 시장이 개장했다. 하지만 1997년 외환위기를 맞아 자유변동환율제를 도입하는 등 극심한 혼란을 겪었다.

2000년대 이후는 금융 선진화를 추구하는 시대로 가고 있다.

2000년 IMF 구제 금융을 조기 상환 하면서 IMF 규제의 굴레에서 벗어났다. 2007년에는 코스피가 2천 포인트를 돌파하고 시가총액이 1천조 원을 돌파하면서 자본시장 투자 열기가 뜨거워졌다.

하지만 2008년 리먼 브라더스 파산으로 국제금융시장이 다시 불안해졌다.

정부는 2009년 미소금융을 출범하고 2010년 햇살론을 출시하면서 취약계층 보듬기에 나섰다. 2010년에는 주요 20개국(G20) 정상회의가 서울에서 열리면서 우리나라도 명실공히 선진국 대우를 받게 됐다.

2010년대 들어 금융지주와 은행 등의 해외 진출 붐이 일면서 '메가뱅크'가 유행어로 떠올랐다. 2010년대 후반 들어 가상화폐 등 디지털 자산이 금융시장에 새로 진입했고 카카오페이 등 거대 플랫폼마저 금융시장에 진출하면서 '금융 디지털 시장' 선점을 위해 금융사 간 치열한 경쟁이 벌어지고 있다.

기획재정부 장관의 고백
"실패는 되풀이해선 안 돼"

강만수 기획재정부 장관은 경제부처에서 세제와 금융, 예산 분야 등 핵심 요직을 두루 거친 정통 경제관료 출신이다. 이명박 정부 초대 기획재정부 장관으로 'MB노믹스'의 아이콘으로 유명했다.

우리 경제의 산증인인 강만수 장관은 자신의 회고록에서 IMF 구제 금융의 뒷이야기를 소개했다.

강 장관은 1997년 외환위기의 결정적인 원인으로 고평가된 환율과 8% 단일관세율을 지목했다. 수입이 늘고 수출은 감소해 1994년부터 경상수지 적자가 쌓이기 시작했지만 경제 정책은 물가와 성장률에 초점이 맞춰져 대외 불균형 문제가 심각했기 때문이었다.

외환위기 한 해 전인 1996년 정부는 성장률 7.5%, 물가 4.5%, 경상적사 60억 달러의 세 마리 토끼를 잡는다고 큰소리쳤다. 한국은행도 마찬가지였다. 그해 5월 한국개발연구원(KDI)의 '21세기 경제장기구상'은 헛소리의 백미였다고 지적했다.

강만수 장관은 1996년 12월 통상산업부 차관을 맡으면서 환율 절하의 시급성을 느꼈지만, 재정경제부에 건의하는 것으로 끝났다고 아쉬움을 토로했다.

당시 통상산업부는 기업경영의 일선에 있어 기업 문제를 다른 부처보다 먼저 정확히 알고 있었지만, 한국은행과 재정경제부는 한발 느리고 정확성도 떨어졌다고 전했다.

강 장관은 1997년 3월 재정경제부 차관으로 옮기면서 환율문제 해결을 위해 노력했지만 쉽지 않았다고 말했다.

당시 한국은행법 개정으로 감정이 악화된 한국은행과 협력 관계가 원만하지 않았다. 강만수 장관이 전화로 원·달러 환율이 900원을 넘어가도록 그대로 두라고 한국은행에 요구했지만, 한국은행 간부는 "890원은 마지노선이다. 그 이상은 절대 안 된다"고 답변할 정도로 협조가 되지 않았다.

강 장관은 외환위기 당시 IMF와 협상 과정도 자세히 소개했다.

1997년 11월 19일 취임한 임창열 재정경제부 장관은 그날 오후 6시에 '금융시장 안정 및 금융 산업 구조조정 종합대책'을 발표했다.

하지만 전임 강경식 장관이 만들어 놓은 IMF에 대한 자금요청과 환율 변동 폭 축소 등 핵심 내용이 종합대책 발표문에 빠져 있었다. 결국 이틀 뒤인 21일 임창열 장관은 IMF에 구제 자금을 요청한 사실을 발표했다.

1997년 11월 28일 임창열 장관이 차관 문제로 일본에 출장을 갔다. 김영삼 대통령이 "빨리 협상을 끝내라"는 빌 클린턴 미국 대통령의 전화를 받고 강만수 장관에게 협상을 서두르라고 지시했다. 당시 차관 신분으로서 잠정 합의를 이끌어 냈지만 나중에 갈등이 생겨 요구사항이 추가됐던 정황도 전했다.

외국은행 지점장 등의 충고를 듣고 외채조정 협상을 1997년 12월 19일 서울에서 시작해 정부 보증에 의한 만기연장을 합의했다.

하지만 주도권이 갑자기 미국으로 넘어가면서 뉴욕에서 외채조정 협상을 하게 됐다고 소개했다.

1998년 1월 21일 개시된 뉴욕 외채협상에서 칼자루를 우리가 잡은 상황이었다고 한다. 당시 자문 역으로 동행한 미국 컨설팅사 대표가 "더 유리한 내용으로 할 수 있었는데 한국 대표들이 상황을 잘못 파악해 쉽게 승낙한 것이 안타까웠다"고 말했다고 전했다.

강 장관은 외채협상의 승자는 한국 정부가 아니라 국제 채권은행단이었으며 과거 멕시코나 브라질에는 국제 채권은행단이 대출원금을 10~30%씩 탕감해 주고 금리도 낮춰줬는데 한국에는 그러지 않았다고 평가했다.

1995년 대통령 연두회견 이후 추진된 부동산실명제는 해프닝에 가까운 정책이었다고 평가 절하했다. 금융 실명제는 지하경제 양성화를 위한 제도로 도입됐으나 정치보복의 칼로 더 많이 사용돼 정치 갈등을 확대한 측면이 있다고 아쉬움을 피력했다.

국내와 국제 업무가 분리된 한국 금융

우리나라의 금융시장 규제 시스템은 아주 독특하다.

정부에서 국내금융과 국제금융을 관리하는 주체가 각각 다르기 때문이다.

현재 우리나라의 국내금융은 금융위원회, 국제금융은 기획재정부가 맡고 있다. 이렇다 보니 갑작스러운 환율 급락이나 미국 등 외부 요인에 의한 국내금융시장 혼돈 시 이들 부처 간의 공조가 매우 중요해진다.

하지만 부처 특성상 해당 공무원들이 아무리 열심히 한다고 하더라도 '부처 이기주의'에 매몰될 수밖에 없는 것이 현실이다. 이런 '이원화 체제'는 갑작스레 찾아온 금융위기에 신속하게 대처하기 쉽지 않다.

이런 금융시장 관리의 구조적인 문제 해결을 위해 2022년 윤석열 정부에서는 'F4 회의'라는 게 생겼다. 드라마 '꽃을 든 남자'처럼 미남 4명이 모이는 친목 모임을 상상하면 안 된다. 금융을 움직이는 수장 4명이 모여 'F4(Finance 4) 회의'가 됐다.

참석 멤버는 추경호 기획재정부 장관, 김주현 금융위원회장, 이창용 한국은행 총재, 이복현 금융감독원장이다. 국내, 국제금융을 담당하는 수장이 1주일마다 모여 금융시장 안정을 도모했다.

예전에는 '서별관회의'라고 청와대 서별관에서 경제수석 등 경제 수장들이 모여 불규칙적으로 정책 현안을 논의하기도 했는데 2010년대 후반 들어 유명무실화됐던 터라 'F4 회의'가 주는 의미는 남달랐다.

경제 및 금융당국 수장들이 매주 모인다는 그 자체만으로도 금융시장에 큰 안정감을 줄 수 있기 때문이다.

'F4 회의' 출범 계기는 미국 연방준비제도(FRB)의 급격한 금리 상승에 따른 국내금융시장 불안 가속이었다.

미국의 금리가 '빅스텝(0.5%p 인상)'에 이어 '자이언트 스텝(0.75%p 인상)'으로 널뛰자 국내 금리도 치솟았다. 이 가운데 2022년 9월 강원도발 프로젝트 파이낸싱(PF) 부실 논란을 야기한 레고랜드 사태가 터졌다. 그해 10월에는 흥국생명의 신종자본증권 콜옵션 미행 사태마저 터져 국내금융은 그야말로 제2의 IMF 사태가 오는 게 아니냐는 위기감이 팽배했다.

결국 기획재정부를 비롯한 금융위원회, 한국은행, 금융감독원이 총동원돼 금융사에 대한 직간접적인 자금 지원과 함께 손실흡수능력 확충 주문에 나섰다. 흥국생명의 신종자본증권에 대한 콜옵션 행사와 함께 또 다른 부실 뇌관으로 지목된 부동산 PF 관리에도 전면에 나서게 됐다.

그 결과 은행채 발행마저 여의치 않았던 채권 시장은 2023년 들어 다시 안정을 찾았고 부동산 PF도 대주단이 출범하고 공동 책임을 지는 방식으로 안전망이 구축됐다.

1. 한국 금융을 움직이는 '숨은 그림자' 찾기

이를 계기로 국내금융과 국제금융을 합쳐 명실공히 금융시장을 통제할 수 있는 금융부를 만들어야 한다는 의견이 제기되고 있다.

글로벌 시대에 국내, 국제금융을 구별하는 게 의미가 없어진 지 오래인데 국내금융은 금융위원회, 국제금융은 기획재정부, 금융감독과 검사는 금융감독원이 따로 맡아 서로 벽을 치고 있는 게 말이 되지 않기 때문이다.

이런 문제점은 정부 부처 관련 공무원들도 잘 알고 있다.

이들 공무원 입장에서는 기관끼리 합쳐졌을 때보다 기존의 체제가 자신들에게 더 좋은 게 사실이다. 경제부총리가 장관인 '슈퍼 파워' 기획재정부로서는 국제금융 분야가 있어야 직원들이 국제금융기구로 파견 나가 해외에 주재하는 등 각종 혜택을 누릴 수 있다.

우리나라는 IMF, 세계은행(WB), 아시아개발은행(ADB) 등 수많은 국제금융기구와 전 세계 공관에 재경관 등을 파견하고 있는데 대부분은 기획재정부 출신들이 차지하고 있다.

금융위원회는 국내금융만 맡아 해외로 나갈 길이 상대적으로 막혀 있기는 하지만 거대 부처인 기획재정부로부터 독립돼 독자로 일할 수 있고 본거지가 기획재정부처럼 세종시가 아닌 서울이기 때문에 나름 만족도가 높다.

요새는 재경직 행정고시에 합격한 신임 사무관들의 1지망이 금융위원회로 몰린다고 한다. 기획재정부에서 일하는 게 나중에 정부 요직으로 올라가는 데 유리하지만, 세종시에서 근무하는 것을 꺼리기 때문이다.

예전과 달리 금융위원회에서 근무해도 기획재정부 동기들보다 승진이 빠르고 금융사 등에 고위 임원으로 스카우트될 기회도 많아지는 등 금융위원회가 각광받는 추세다.

국내금융과 국제금융의 분리 역사는 2008년까지 거슬러 올라간다.

2008년 1월 이명박 대통령의 당선으로 대통령직인수위원회는 금융감독위원회를 재정경제부의 금융기능과 합쳐 '금융위원회'로 확대 재편 한다고 발표했다.

이에 따라 재정경제부의 금융정책국, 국제금융국 일부(외국환거래 건전성 감독), 금융정보분석원(FIU) 등은 금융위원회로 이관됐다. 재정경제부 산하 공적자금관리위원회는 폐지되고 이 기능을 금융위원회로 옮겼다.

재정경제부 산하기관인 산업은행, 기업은행, 주택금융공사 등은 민영화를 전제로 금융위원회의 감독을 받게 됐고 예금보험공사, 기술보증기금, 신용보증기금 등도 금융위원회의 산하기관이 됐다.

수출입은행과 한국투자공사(KIC)는 대외업무 수행과 외환보유고 운용 등의 이유로 기획재정부의 감독을 받게 됐다.

국내금융시장 안정을 책임지겠다는 야심 찬 포부로 출발한 금융위원회는 위원장, 부위원장, 상임위원 2인, 비상임위원 3인, 당연직 2인 등 9명으로 구성됐다.

금융위원장과 금융감독원장은 겸임을 금지해 금융정책과 금융감독의 집행 사이에 견제와 균형을 확보토록 했다.

이렇게 금융위원회가 탄생하면서 재정경제부는 기획재정부로 이름이 바뀌게 됐다.

기획재정부는 거시 경제와 예산, 세제를 한 손에 쥐며 '부처 위의 부처'로 격상됐으며 금융위원회로 넘어가지 않은 국제금융뿐만 아니라 한국은행법도 계속 맡게 됐다.

기획재정부는 국내금융시장을 직접 관장하던 이전과는 거리가 있다고 주장하고 있지만 기획재정부 차관이 금융위원회 위원으로 참여하도록 되어 있어 기획재정부가 어떤 형태로든 국내금융에서 발을 빼지는 않았다고 보는 게 맞다.

일반인들은 금융위원회와 금융감독원의 역할 분담이 어떻게 되는지 잘 모르지만, 이들 기관의 역할과 상호 견제가 우리나라 금융시장에서 얼마나 중요한지는 반드시 알아야 할 필요가 있다.

금융감독원은 '금융감독기구의 설치 등에 관한 법률'에 따라 1998년 금융감독위원회(금감위)와 1999년 금융감독원(금감원) 출범으로 시작됐다.

종전의 은행감독원과 증권감독원, 보험감독원, 신용관리기금 등 4개 기관을 통합하면서 전 금융권을 아우르는 '슈퍼권력'으로 부상했다.

주요 업무는 금융회사의 감독과 검사, 자본시장 조사, 금융회사의 인허가 등은 물론, 상장기업들의 공시업무 등을 맡고 있어 금융권에서는 '금융 검찰' 또는 '절대 갑'으로 통했다.

기업들은 회사채 등으로 자금을 조달할 때 금융감독원을 거쳐야 하고 금융회사는 금융상품을 만들 때마다 금융감독원의 허락을 받아야 하며 향후 검사 대상까지 되니 금융감독원의 눈치를 볼 수밖에 없다. 정기 또는 수시검사 등을 받을 때도 중징계를 피하려면 평소에 금융감독원과 좋은 관계를 유지하는 편이 좋다는 것이 업계의 공통된 생각이다.

하지만 2011년부터 드러나기 시작한 저축은행 부실사태는 금융감독체계의 전반적인 개편의 필요성을 일깨웠다. 금융정책의 실패를 비롯해 금융감독원의 부실감독과 비리가 저축은행 사태의 원인으로 꼽혔기 때문이다.

당시 이명박 대통령이 직접 금융감독원을 방문해 질책한 이후 '금융감독 혁신 TF'가 구성돼 내부통제 등 소프트웨어 개선방안을 마련했지만, 임시방편에 그쳤다. 오히려 이후 동양 사태 등 대출 사기 사건이 터질 때마다 금융감독원 연루설이 흘러나왔다. 금융감독원이 감독권을 독점하고 있다는 것이 중요한 문제점으로 지목됐다.

이 때문에 금융감독원을 분리하자는 대내외 여론이 커지면서 금융감독체계 선진화가 현안으로 떠올랐다.

2013년 6월 금융감독원은 천신만고 끝에 조직 분리는 모면했으나 금융사 제재심의권을 사실상 금융위원회에 넘기게 됐다.

금융감독원과 금융위원회의 '밥그릇 싸움'에 소비자보호라는 기본 취지는 사라지고 서로 이득을 챙긴 셈이 됐다.

금융감독 선진화 태스크포스(TF)는 금융감독원의 소비자보호조직을 떼어내 금융소비자보호원을 별도로 만드는 방안도 언급하기는 했으나, 금융감독원 내에 금융소비자보호처 형식으로 그대로 두는 안을 확정했다.

금융소비자보호처는 금융감독원과 동등하게 검사 계획 수립에서부터 검사 정보 등을 공유하며 금융사에 대한 조사권 등이 부여됐다. 하지만 똑같은 금융사를 감독, 검사할 때 금융감독원과 금융소비자보호처가 각각 나서게 돼 금융사 부담만 커졌다.

금융감독원 직원을 공무원으로 신분으로 바꾸는 것은 사회적 합의가 없다는 이유로 중장기 검토 과제로 넘어갔다.

금융감독원은 한국은행과 마찬가지로 민간인이 공채로 입사해 정부 및 관광서 업무를 맡는 독특한 구조다. 민간인 직원을 공무원으로 바꾸려면 임금 및 직급 체계 등 손대야 할 게 너무나 많았고 내부의 반발 또한 심해 결국 무산됐다.

금융소비자보호 전담 기구가 영업행위 규제 전반을 규율하는 것도 현실성이 떨어져 제외됐다.

이후 2016년 2월에는 금융소비자를 위해 금융감독원 내 금융소비자보호처의 감시·감독 기능을 대폭 강화하는 조직 개편이 단행됐다. 업무를 총괄하는 금융소비자보호처장의 직급은 부원장보에서 부원장으로 승격해 권한을 강화했다.

2022년 5월 윤석열 정부가 들어서면서도 대통령직인수위원회에서 금융위원회와 금융감독원의 기능을 통합하는 내용의 금융감독 개편이 논의되기는 했지만 현실화되지 못한 채 현재 체제를 유지하게 됐다.

금융감독원은 2022년 3월 윤석열 대통령 당선 후 대통령직인수위원회가 가동되자 2021년 11월 성일종 국민의힘 의원이 제출한 '금융감독원법'과 유사한 안을 마련하기도 했다.

이 안은 금융위원회가 수행하는 업무 중 금융정책기능은 기획재정부로, 금융감독기능은 금융감독원에 이관하는 것을 골자로 한다. 금융위원회가 금융정책기능과 금융감독기능을 동시에 수행하는 것이 상대적으로 금융감독기능을 소홀히 하는 결과를 야기한다는 문제의식에 따른 것이었다.

대신 금융감독 부문에서는 금융감독원에 금융감독 및 금융소비자보호 업무에 관한 사항을 심의·의결하는 최고의사결정기구인 '금융감독위원회'를 둬서 독립적이고 효율적인 금융감독이 이뤄지도록 하겠다는 방안이었다.

이는 이명박 정부 때인 2008년 이전 모델과 유사했다. 당시에는 재정경제부가 금융정책을 총괄하고, 금융감독위원회가 금융감독과 관련한 권한을 보유하고 있었다.

그동안 금융정책은 금융위원회, 집행은 금융감독원이 수행하면서 금융감독에 대한 책임소재가 불분명하고 이로 인해 금융사고 책임을 회피할 가능성이 있었지만, 금융감독위원회로 통합해 감독기능을 전담하게 되면 불필요한 책임 공방을 벌일 필요가 없어지고 감독업무의 효율성도 높아질 수 있다는 논리였다.

하지만 금융위원회는 현행 체제의 큰 틀을 바꾸는 것에 부정적인 입장이었다. 고승범 금융위원장은 2022년 국정감사에서 "자꾸 제도를 바꾸는 것보다 현 체계를 유지하면서 유기적으로 일할 수 있는 체계가 되고 협조하는 관행을 만드는 것이 중요하다"고 말했다.

결국 금융감독체계 개편이 필요하다는 공감대는 이뤄져 있다. 하지만 '슈퍼 갑'들의 치열한 밥그릇 싸움에서 과연 누가 고양이 목에 방울을 달 수 있는가가 관건인 셈이다.

이를 두고 새로운 정권이 탄생해 대통령직인수위원회가 꾸려졌을 때 제일 먼저 금융감독체계 문제를 다뤄야만 가능하다는 주장이 지배적이다.

'금융 검찰' 금융감독원은 어떤 조직인가

'금융 검찰'로 불리는 금융감독원은 과연 어떤 조직일까.

금융감독원은 1997년 IMF의 구제 금융을 받은 외환위기가 설립의 토대가 됐다.

당시 감독기구는 은행감독원, 보험감독원, 증권감독원, 신용관리기금으로 분산돼 있어 외환위기의 원인 중에 하나로 통합 금융감독기구의 부재가 지적됐기 때문이다.

이처럼 분산된 감독 형태에서는 기업의 전체 대출 규모를 한 번에 파악할 수 없어 기업의 위험을 모니터링하고 예방할 수 있는 방법이 제한적이었다.

이에 따라 정부는 1997년 6월 금융감독위원회와 금융감독원을 설치해 금융감독원을 일원화하는 안을 국회에 냈고 1998년 1월 금융감독원이 설립됐다. 이후 2008년 2월 29일 개정된 법에 따라 현재의 금융감독원으로 거듭났다.

금융감독원은 금융기관에 대한 검사·감독 업무 등의 수행을 통해 금융 산업의 선진화와 금융시장의 안정을 도모하고 건전한 신용 질서와 공정한 금융 거래 관행을 확립하며 예금자 및 투자자 등 금융 수요자를 보호함으로써 국민경제 발전에 기여함을 설립 목적으로 한다.

금융감독원은 특별법에 근거해 설립된 무자본특수법인으로서 국가 또는 지방자치단체로부터 독립해 특정한 공공사무를 담당하는 특수 공법인의 성격을 지니고 있다. 따라서 직원들 또한 공무원이 아닌 민간인이다.

금융감독원을 정부 조직이 아닌 독립된 공법인으로 법제화한 것은 금융감독 업무가 정치적 압력 또는 행정부의 영향력에 의해 좌우되지 않고 중립적이며 전문적인 금융감독기능을 구현하기 위함이다.

금융감독원의 비전은 '금융은 튼튼하게'로, 급변하는 대내외 금융환경과 다양한 리스크 요인에 선제적이고 적극적으로 대응해 금융시장의 안정을 도모하고 건전한 신용 질서를 확립하겠다는 의지를 담고 있다.

금융소비자의 이익을 최우선으로 고려하고 그 과정에서 금융소비자 피해를 적극적으로 구제·예방하고 불합리한 제도·약관·금융 관행을 신속히 개선해 금융소비자의 만족도를 높이겠다는 뜻도 들어 있다.

금융감독원은 원상, 부원상(4인 이내), 부원장보(9인 이내), 전분심의위원(1인), 감사(1인)의 집행 간부 등을 두고 있다.

원장은 금융위원회의 의결을 거쳐 금융위원장의 제청으로 대통령이 임명하고 부원장은 원장의 제청으로 금융위원회에서 임명하며 임기는 3년이다.

금융사에 대한 감독과 검사 등을 총괄하다 보니 부원장보 이상의 자리에 오르려면 "국회의원 백으로도 안 된다"는 말이 있을 정도로 치열한 로비가 이뤄지며 인사 검증 또한 철저한 것으로 알려져 있다.

2021년 말 현재 금융감독원은 62개 부서로 구성되어 있으며, 지방에 11개 지원, 해외에 7개 해외 사무소를 두고 감독·검사·금융소비자보호와 관련된 업무를 수행하고 있다.

1999년 설립 당시 임직원 1,263명으로 출범하였으며, 2021년 말 현재 총 정원은 2천 명이 넘는 거대 조직이다.

금융감독원 직원 중에는 변호사, 공인회계사, 보험계리사, 박사 등 전문 인력만 900여 명에 달할 정도로 최고 인재 집단이기도 하다.

금융감독원이란 조직이 왜 지금까지 유지되는지는 현재까지의 성과를 돌아보면 알 수 있다.

금융감독원은 먼저 발족한 정부 행정기구인 금융감독위원회와 함께 환란이 낳은 부실 정리에 나섰고 2000년 대우채 사태, 2003년 카드 사태를 겪었다.

금융감독원은 외환위기 이후 부실 금융기관과 기업을 정리하는 과정에서 큰 역할을 했다. 구조조정의 큰 그림은 정부에서 그렸지만 실무 작업은 대체로 금융감독원의 몫이었다.

1998년 5월 기업 및 금융 구조조정을 위해 금융감독위원회 내에 설치됐던 '구조개혁기획단'은 2000년 8월까지 11개 은행, 6개 증권사, 13개, 보험사 등을 합병·자산부채 이전·청산 등의 방식으로 정리했다.

당시 금융 구조조정을 신속하게 추진한 결과 금융시스템의 붕괴를 막을 수 있었고 금융시장의 불확실성을 상당 부분 제거했다는 평가를 받았다.

1999년 하반기부터 시작된 대우그룹 계열사들의 연쇄부도로 금융시장이 요동칠 때도 금융감독 임직원들은 밤잠을 설쳐야 했다. 당시는 12개 대우그룹 계열사 처리 문제와 증권·보험·자산운용사 등 제2금융권에 대한 구조조정이 핵심 과제였다.

2003년 카드채 부실로 우리 경제가 휘청일 때도 금융감독원은 신용카드사 종합대책을 발표하는 등 금융위기가 발생할 때마다 해결사 역할을 떠맡았다.

그러나 금융감독원은 금융시장 안정의 성과 못지않게 매년 감독 부실 논란에 시달려 왔다.

금융감독원이 금융회사의 과열경쟁과 이로 인한 금융시장 불안에 선제적으로 대응하지 못했다는 지적도 끊이지 않았다. 카드 사태 당시에는 카드사들의 무분별한 경쟁을 사전에 제어하지 못해 카드채 부실이 커지고 금융시장에 큰 혼란을 초래했다는 평가를 받았다.

2005년부터 은행들이 주택담보대출을 경쟁적으로 늘릴 때 뒤늦게 규제에 나서 부동산 시장의 거품을 키웠고 이후 중소기업 대출이 눈덩이처럼 불어날 때도 선제적 대응이 미흡했다는 지적을 받았다.

2008년 9월 미국의 투자은행 리먼 브라더스의 몰락으로 새로운 위기를 맞았을 때노 부정적인 평가가 있었다.

2008년 외국인 투자자가 국내 채권을 대거 팔고 떠나 금융시장에 충격을 줄 것이라는 '9월 위기설'이 퍼질 때도 제대로 대응을 못 해 불안을 키웠고 미국발 금융위기에도 발이 늦었다는 지적을 받았다.

이처럼 금융감독원은 글로벌 금융시장의 변화 흐름을 면밀히 살피고 금융시장과 금융기관을 효율적으로 관리, 감독하는 방안을 모색해야 하는 영원한 숙제를 안고 있다.

금융위원회 존재감은 어디에…
국내금융정책 전담

금융위원회는 말이 위원회지 사실상 금융부라고 봐도 무방하다.

금융위원회는 국내금융정책을 입안하고 조율하는 컨트롤타워다.

2008년 이명박 정부가 들어서면서 정부 조직 개편의 일환으로 금융감독위원회와 재정경제부 금융정책 부문을 통합해 금융위원회를 설립했다.

기존 금융감독위원회와 금융감독원 체제에서 금융위원회와 금융감독원 체제로 바뀐 것이다.

금융위원회는 금융정책뿐만 아니라 감독 권한까지 부여해 급변하는 금융시장에 신속히 대응하고 정책의 효율성을 높이자는 취지에서 만들어졌다.

하지만 정부 조직인 금융위원회에 힘이 쏠리면서 금융감독의 독립성과 중립성이 훼손되고 있다는 지적이 계속되고 있다.

더구나 창설 초기 100명도 안 됐던 금융위원회 인력이 2023년 300여 명에 이르며 몸집이 커져서 더 이상 위원회가 아닌 금융부로 확대 개편해야 한다는 말까지 나오고 있다.

2008년 이전의 금융감독은 3단계 구조로 돼 있었다.

재정경제부 금융정책국이 금융 법령의 제·개정권을 갖고 금융정책을 총괄했다. 또 다른 정부 조직인 금융감독위원회는 감독규정의 제·개정 및 인허가 등 금융감독과 관련한 주요 사항을 심의·의결했으며 민간기구인 금융감독원은 금융감독위원회의 지시 또는 위임을 받아 금융회사를 일선에서 감독했다.

이 때문에 금융정책과 감독의 효율성이 떨어지고 금융회사를 삼중으로 규제한다는 지적이 끊이지 않았다.

2008년 금융위원회가 출범해 금융감독원을 집행기구로 거느리게 되면서 감독체계가 2단계로 축소됐다.

하지만 이 과정에서 금융위원회가 막강한 권한을 갖게 되면서 금융감독위원회보다 위상이 1단계 높아지고 상대적으로 금융감독원의 역할과 기능은 위축되는 상황이 벌어졌다.

신설된 금융위원회의 권한이 너무 크다는 지적에 따라 금융감독원장을 당연직 금융위원회 상임위원에 포함시켜 금융감독원 위상을 강화했으며 금융감독원장 임명 방식도 금융위원회가 반드시 의결을 거쳐 임명토록 했다.

이처럼 금융위원회가 출범하면서 2008년 1월 금융감독위원회는 10년 가까이 같은 건물에서 동고동락하던 금융감독원과 '한 지붕 두 가족' 생활을 청산했다.

금융위원회는 2008년 2월 서울 서초동 옛 기획예산처 청사로 둥지를 옮겼다. 1998년 4월 설립된 정부 조직인 금융감독위원회는 그동안 서울 여의도 금융감독원 건물의 3개 층에 세 들어 살았다.

다른 정부 부처와 달리 금융감독위원장이 공적 민간기구인 금융감독원의 원장을 겸직했기 때문에 한 지붕 밑에서 생활하는 데 문제가 없었다. 하지만 이명박 정부의 출범에 따른 정부 조직 개편과 정부 청사 재배치가 두 기관을 헤어지게 만들었다.

금융감독위원회가 옛 재정경제부의 금융정책 기능을 흡수해 금융위원회로 다시 태어나면서 인원이 늘어나 사무실 공간이 부족해졌기 때문이다.

두 기관의 수장이 분리되면서 막강한 금융정책 및 감독 권한을 갖는 금융위원회가 금융감독원 건물을 종전처럼 같이 쓰는 데 대해 서로 부담감도 작용했다.

여의도의 금융감독 본원 건물은 직원 500명 내외였던 증권감독원을 수용하기 위해 1994년 지어졌다. 2천 명에 달하는 금융감독위원회와 금융감독원 인력을 수용하기에 공간이 크게 부족해 일부 부서는 인근 대한투신 건물 일부를 임대해 사용해 왔으며, 일부 증축했다. 하지만 여전히 공간 부족으로 2023년에도 금융감독원 본원 옆의 전경련 건물 일부를 임대하는 등 늘어나는 인력 수용에 한계를 드러내고 있다.

금융감독 부실에 분노한 대통령의
금융감독원 방문

대통령이 정부 기관을 방문하는 경우는 크게 3가지다.

정부 기관이 주최하는 중요한 행사 또는 칭찬을 받을 일이 있을 때, 혹은 강한 질책을 받을 경우다.

강한 질책을 하기 위해 대통령이 정부 기관을 방문할 경우 그 후 폭풍은 엄청날 수밖에 없다.

2011년 이명박 대통령의 금융감독원 방문은 바로 그 경우였다.

2011년 저축은행 사태로 뱅크런이 벌어지면서 서민층의 피해가 확산되자, 이명박 대통령이 그해 5월 4일 여의도 금융감독원을 불시에 방문해 '친서민·공정사회' 공약에 역행한다며 분노를 표출했다.

대통령이 금융감독원을 방문하는 경우는 이례적이고 대통령이 현장에서 금융위원장과 금융감독원장을 호되게 질책한 것도 보기 드문 경우라 금융권 전체가 쑥대밭이 됐다.

이명박 대통령은 당시 방문에서 부산저축은행의 불법대출·특혜 인출 과정에서 감독 부실과 직원 연루 의혹 등에 대해 강하게 질책했다.

이 대통령은 권혁세 금융감독원장으로부터 자체 쇄신방안을 보고받았지만, 별도의 태스크포스를 구성해 근본부터 개혁을 추진하라고 지시할 정도로 금융당국에 강한 불신감을 드러냈다.

이 대통령은 "여러분의 손으로만(개혁을) 하기에는 성공적으로 할 수 있을까 생각이 든다. 새로운 태스크포스를 만들어 이번 기회에 관습을 버리고 새로운 각오를 다져야 한다"고 경고했다.

이 대통령은 이번 사태가 서민이 주로 이용하는 저축은행에서 불거진 데다 4.27 재보선 이후 민심 이반을 막기 위해 친서민 정책에 더욱 무게를 두는 가운데 벌어져 심각한 사태로 판단했다.

평소 기득권층의 이권 비리가 죄질이 가장 나쁘다는 인식을 갖고 있었는데 금융당국이 이를 바로 잡기는커녕 오히려 비리 사태에 연루됐다는 데 실망감을 넘어 분노를 느꼈던 것으로 보인다.

이 대통령은 금융감독원 직원들에게 으레 하는 인사말마저 생략하고 시종 무거운 표정으로 발언했다고 한다.

이 대통령은 "생존을 위한 비리가 아니라 권력을 가진 사람들이 하는 비리는 용서받아서 안 되고 이에 협조한 공직자가 있다면 역시 용서받아서는 안 된다"고 목소리를 높였다.

이 대통령은 1997년 IMF 사태와 2004년 신용카드 불량사태, 2006년 부동산 프로젝트 파이낸싱 부실 등을 언급하면서 "시간이 지나면 넘어갈 것이라고 생각해선 안 된다"고 경고했다.

이 대통령은 전격 방문하게 된 계기 중 하나로 전직 금융감독원 직원으로부터 받은 전자 우편 제보도 공개했다.

이 대통령은 "이 직원은 '금융감독원을 떠나기 몇 년 전에는 다음에 갈 자리를 위한 보직에 대한 관리를 하는 관습이 있어 자백합니다'라고 했다. 믿고 싶지 않지만 지금도 보직 관리에 들어간 간부도 있을 것이다. 장관과 위원장을 통해서 얘기를 전하고자 했으나 국민 전체에 주는 분노보다 내가 분노를 더 느껴 직접 왔다"고 말했다.

이 대통령은 전날 밤 금융감독원을 방문하기로 결심했으며 방문 후에는 강도 높은 쇄신을 촉구하는 차원에서 발언 의중이 제대로 전달됐는지 참모진에게 확인까지 하는 등 재임 기간 내내 금융위원회와 금융감독원에 대한 강한 불신을 거두지 않았다.

이 대통령의 금융감독원 방문 후 금융감독원이 치른 대가는 컸다.

2011년 검찰은 보해저축은행 부실사태와 관련해 금융감독원 검사역에 대해 4천만 원을 받은 혐의로 구속했다. 이어 금융감독원 부산지원 수석조사역이 투신자살하는 사건까지 발생했고 관련 부서 직원들은 줄줄이 승진자 명단에서 누락됐다. 금융감독원 출신 인사의 피감기관 이직이 도마 위에 오르면서 재취업길이 한동안 막히기도 했다.

업계와 밀착된 업무상 특성과 지위, 시장의 불신으로 말미암아 사건에 이름이 오르내리다 무혐의로 판명된 사례도 적지 않았다. 금융감독원은 졸지에 '금융비리원', '금융강도원'이라는 오명을 쓰세 됐나.

금융감독원 수난사…
문제 수장들의 연속 낙마

금융감독원장의 임기는 3년이며 한 번에 한해서 연임이 가능한 자리다. 최대 6년까지 직책 수행이 가능하단 말이다.

하지만 '금융 검찰'을 지휘하는 금융감독원장의 수명은 3년을 제대로 채운 인사가 별로 없을 정도로 다사다난한 일이 끊이지 않았다.

2017년과 2018년은 금융감독원장들이 연속으로 낙마하면서 흑역사로 기록될 만한 해였다. 7개월 만에 무려 2명의 수장이 물의를 일으키며 그만뒀기 때문이다.

최흥식 금융감독원장은 2018년 3월 12일 하나은행 채용비리 연루 의혹이 불거진 지 3일 만에 사퇴했다. 2017년 9월 취임한 최 원장의 재직 기간은 6개월여에 불과했다.

최 원장의 사퇴는 2013년 하나금융지주 사장 재직 시설 하나은행 공채에 응시한 친구 아들을 인사 추천 하는 등 특혜를 준 의혹 때문이었다.

최 원장은 의혹을 부인했으나 최 원장이 지인 아들의 이름을 건넨 점과 해당 지원자가 당시 하나은행의 관행에 따라 서류 전형을 무사통과한 것만으로도 도의적 책임이 있다는 지적이 많았다.

최 원장은 처음에는 정면 돌파 의지를 밝혔다가 나중에 사퇴로 마음을 바꿨다.

　정치권이 최 원장이 연루된 채용비리를 비판하는 성명을 낸 데다 청와대 국민청원 게시판에는 '금융감독원장을 경질하라'는 글이 올라오는 등 비판 여론이 높아졌기 때문이다.

　'미투(Me too, 나도 당했다)' 운동 등으로 제도권에 대한 반발이 거세지는 가운데 금융권 채용비리 검사·감독을 지휘하는 금융감독원장이 비리에 연루된 의혹이 제기되자 사퇴 압력이 거셌다.

　최흥식 원장에 이어 시민운동가 출신인 김기식 금융감독원장은 취임한 지 2주 만인 2018년 4월 17일 자진 하차 했다.

　김기식 원장은 중앙선거관리위원회가 과거 김 원장의 5천만 원 셀프 후원 의혹과 관련해 위법하다는 판단을 내린 직후 임명권자인 문재인 대통령에게 사의를 표명했다.

　언론과 야당이 김 원장에 대해 외유성·로비용 출장 의혹을 제기한 지 10여 일 만이었다.

　김 원장은 19대 국회의원 임기가 끝나기 직전인 2016년 5월 19일 정치후원금에서 5천만 원을 연구기금 명목으로 더불어민주당 의원모임인 '더좋은미래'에 기부했던 것이 발목을 잡았다.

　금융감독원은 정권에 가까운 실세 원장이 오면서 감독·검사 부문의 기능 회복과 독립성 확보 등 그동안의 숙원을 풀어줄 것으로 기대했는데 의원 시절 행적 논란으로 물러나자 크게 실망했다.

　김기식 금융감독원장은 참여연대 등 시민단체 활동가가 금융감독원장에 임명된 첫 사례였다. 2011년 박원순 서울시장 선거대책위 전략기획 특별보좌관으로 정계에 입문한 뒤 19대 국회에 비례 대표로 당선됐다.

'저승사자'라는 별명은 정무위원회에서 활동하며 붙여졌다. 당시 금융 관련 법안은 김기식 의원을 거쳐야 한다는 말까지 나올 정도로 금융당국 중심으로 발의되는 법안마다 그는 반대표를 던졌다.

금융감독원 직원들은 김 원장의 개인사가 금융감독원의 발목을 잡은 데 대해 실망했다. 김 원장이 외유성 출장 의혹으로 도덕성 논란이 일며 취임한 지 2주 만에 역대 최단기간 재임이라는 불명예 퇴진을 했기 때문이다.

국제금융의 핵심은 기획재정부···
외환 사령탑

2008년 이명박 정부가 조직 개편을 단행하면서 기획재정부도 신설됐다.

정책기획과 조정 역량을 강화하고 재정기능을 일원화하기 위해 재정경제부와 기획예산처를 합친 거대 부처가 탄생한 것이다.

기획재정부는 기획예산처와 재정경제부의 경제 정책, 국고, 세제, 국제금융(외국환거래 건전성 감독은 제외) 등 주요 기능을 통합했다.

이에 따라 기획예산처의 재정전략과 재정경제부의 경제 정책·정책조정, 국무조정실 경제 정책조정을 묶어 기획·조정창구가 통합됐다. 기획예산처의 예산운용, 성과관리와 재정경제부의 세제, 국고, 국무조정실의 복권기금 운영을 통합해 재정기능을 일원화했다.

새성경제부의 공적자금관리 기능은 폐지했으며 재정경제부의 금융정책은 금융위원회로, 소비자정책은 공정거래위원회로 각각 옮겼다. 금융정보분석원(FIU)은 금융위원회로 넘겼다.

재정경제부의 금융정책과 외국환거래 건전성 감독, 금융정보분석 등의 기능도 금융위원회로 넘겼다.

신용보증기금과 기술신용보증기금도 부실보증을 예방하기 위해 금융위원회로 이관했지만, 대외경제협력 기능을 수행하는 수출입은행과 국가보유 외화자산을 관리하는 한국투자공사는 기획재정부에 존치시켰다.

그렇다고 기획재정부가 금융 분야에서 손을 뗀 것은 아니었다.

금융위원회로 넘어가지 않는 국제금융 분야뿐 아니라 국내금융시장도 모니터하면서 금융정책에 관여할 1개 과를 별도로 뒀으며 한국은행법도 금융위원회가 아닌 기획재정부가 담당하면서 발을 걸쳤다.

기획재정부의 경제정책국 산하 자금시장과는 금융시장에 직접 관여하는 형태는 아니지만 시장 동향을 모니터하며 거시 경제운용에서 금융부문의 조정 역할을 수행하도록 했다. 금융 분야의 전권을 갖게 되는 금융위원회나 한국은행 등과의 정책조율을 위한 창구로도 기능하도록 했다.

기존 금융정책국이 관장하던 국부펀드인 한국투자공사 업무와 금융허브 구축지원업무도 국제금융국으로 소관을 옮겨 기획재정부의 영역으로 존속시켰다.

한마디로 기획재정부는 국제금융국을 통해 외환 정책을 총괄하면서 환율 방어의 사령탑 역할을 한다고 보면 된다. IMF 등 국제금융기구와 직접적인 소통 창구 또한 국제금융국이다.

금융 안정의 사두마차 기획재정부·
한국은행·금융위원회·금융감독원

우리나라 금융시장은 기획재정부와 한국은행, 금융위원회, 금융감독원이라는 사두마차가 컨트롤타워 역할을 하고 있다.

거시 경제를 총괄하는 기획재정부의 총괄 지휘 아래 통화 정책과 기준금리 결정, 물가 관리는 한국은행, 금융정책 및 건전성 관리는 금융위원회, 금융사에 대한 건전성 감독·검사는 금융감독원이 담당하고 있다.

이처럼 4개 기관이 톱니바퀴처럼 잘 맞물려 돌아가야만 국내금융시장이 안정되고 대외 변수에도 신속하게 대응할 수 있다. 이들 기관 간에 불협화음이 생기면 감당하기 어려운 사태가 벌어지기도 한다.

이런 중요성을 고려해 지난해 급속한 금리 인상과 레고랜드 사태 등이 터지면서 금융시장이 불안해지자 이들 4개 기관 수장이 매주 일요일에 참석해 회의를 하는 일명 'F4 회의'가 2022년 말에 생겨났다.

추경호 경제부총리와 이창용 한국은행 총재, 김주현 금융위원장, 이복현 금융감독원장이 그 주인공들로, 매주 급박하게 다가온 금융 불안 요인을 'F4 회의'를 통해 나름 잘 대응했다는 평가를 받았다.

기존에도 이들 기관은 수시로 연락하며 유기적인 협조 체제를 갖추고 있다. 하지만 이들 기관 수장들이 매주 정기적으로 만나 회의를 한다는 건 쉽지 않기 때문에 회동 자체가 금융시장에 주는 안정감은 남다르다.

'F4 회의'는 레고랜드 사태 이후 사실상 상설화한 거시·미시·금융을 망라하는 비공식 수장 회의가 됐다.

대부분 비공개로 회의하지만 금융시장 안정을 위한 메시지가 필요할 때는 'F4 회의' 내용을 공개하면서 경제 및 금융당국이 현안에 적극 대처하고 있음을 보여주는 용도로도 요긴하게 쓰고 있다.

2003년 7월에는 'F4 회의'에서 논의됐던 새마을금고 뱅크런 사태에 대한 입장과 대책을 담은 보도 자료를 통해 시장에 안심하라는 메시지를 내놨다.

새마을금고가 유동성 확보를 위해 더 이상 채권을 던지지 못하도록 국책은행과 시중은행을 동원해 유동성을 공급하는 대책도 끌어냈다. 결국 예금자보호 한도를 보장하고 세제 혜택을 그대로 유지하겠다는 정부의 약속을 믿고 고객들이 새마을금고에서 뺐던 돈을 다시 맡기면서 시장은 잠잠해졌다.

이처럼 이들 기관 간에 협조적인 분위기만 있었던 건 아니다. 오히려 반목이 적지 않았다.

2008년 금융위원회와 금융감독원 현행 체제로 분리된 후 애매모호하게 나뉜 감독과 정책 기능 탓에 갈등이 끊이지 않았다.

문재인 정부 시절엔 최종구 금융위원장과 윤석헌 금융감독원장이 금융감독 개편, 삼성바이오로직스 분식회계, 사모펀드 사태 등을 놓고 대립각을 세우면서 갈등이 극에 달했다.

2022년 고승범 금융위원장은 신년 회동을 위해 7년 만에 금융감독원을 찾아 '혼연일체'를 강조했음에도 현실의 간극은 좀처럼 좁혀지지 않았다.

검찰 출신이자 정권 실세인 이복현 금융감독원장이 취임하면서, 일각에서 김주현 금융위원장과 갈등설을 제기하기도 했지만 'F4 회의'가 순항하면서 조용해졌다.

'금융 권력의 상징' 역대
금융위원회·금융감독원장은 누구인가

금융 권력을 상징하는 금융위원장과 금융감독원장 자리는 우리나라를 대표하는 금융계 인물들이 거쳐 갔다.

이헌재 금융감독위원장은 외환위기 직후인 1998년 3월 금융수장 자리에 올랐다.

비상대책위원회 실무기획단장으로 일하면서 김대중 정부 재벌개혁정책의 밑그림을 매끄럽게 입안해 김대중 대통령으로부터 '일을 참 잘하는 사람'이라는 평가를 받았다.

1968년 행시 6회에 합격해 재무부 사무관으로 공직을 시작했다. 재무부 금융정책과장 시절 '8.3 사채동결조치', '부실기업정리' 등에서 실력을 발휘했다. 금융감독위원장으로 인정받아 2004년 2월에는 부총리 겸 재정경제부 장관까지 지냈다.

2000년 금융감독위원장이 된 이용근 위원장은 구조조정의 선봉장이었던 이헌재 금융감독위원장 옆에서 바람막이 역할과 함께 실무 작업을 주도해 온 해결사였다.

구조조정의 격랑 속에서 금융감독위원회와 정·재계를 연결하는 고리 역할을 맡아 금융감독위원회에 쏟아지는 외풍을 순화시키는 동시에 정치권을 설득할 일에는 어김없이 나서 '보이지 않는 바람

막이' 노릇을 톡톡히 해냈다는 평가를 받았다.

구조조정의 소용돌이에 휘말린 은행이나 종합금융·보험사 임원들이 감독당국의 의중을 헤아리지 못해 답답해할 때면 항상 그를 찾아와 자문을 구했다는 것은 금융계에 널리 알려진 사실이다.

2004년 임명된 윤증현 금융감독위원장은 재무부 공무원으로 공직에 입문해 평생 금융 분야에서 일해온 금융통이었다.

일 처리는 중요한 핵심을 놓치지 않고 부하직원들의 의견을 존중해 권한과 책임을 대폭 위임하는 스타일이며 성격은 보스기질이 있었다.

외환위기가 발생한 1997년 재정경제부 금융정책실장을 맡아 열심히 일했다는 평가를 받기도 했으나, IMF 사태의 책임을 지고 ADB 이사로 밀려나는 수모를 겪었다.

윤증현 위원장은 2008년 리먼 사태가 터지자 이명박 정부에서 긴급 소방수로 투입돼 기획재정부 장관을 지냈다.

전광우 금융위원장은 2008년 임명됐으며 학계, 관계, 시장을 섭렵한 국제금융 전문가였다. 서울대 경제학과와 미국 인디애나대 경영대학원 등을 거쳐 미국 미시간주립대에서 교수로 재직했고, 2004년부터 딜로이트 코리아 회장으로 활동했다.

1986년부터 1998년까지 세계은행에서 수석 이코노미스트, 국제금융팀장으로 일했고 2000년 국제금융센터 소장으로 재직했다. 2001년부터 2004년까지 우리금융지주 총괄 부회장을 지냈고 김대중 정부 초기에는 경제부총리 특별보좌관으로 활동했다.

2009년 투입된 진동수 금융위원장은 정통 재무 관료로 금융 전문가이며 기업·금융 구조조정에도 일가견이 있었다.

국제금융 흐름에 대한 맥을 잘 짚고 판단이 빨라 위기 대응에 탁월하며 추진력도 갖추고 있다는 평가를 받았다.

진동수 위원장은 행시 17회로 공직에 입문해 재무부, 금융감독위원회, 재정경제부 국제업무정책관, 재정경제부 제2차관 등을 거쳤다. 재무부 시절에 금융 실명제 실시단 총괄반장을 맡기도 했고 한국투자공사(KIC) 설립 등 금융허브 추진에도 기여했다.

2010년 임명된 김석동 금융위원장은 관료 시절 별명이 '대책반장'일 정도로 큰 현안이 터질 때마다 전면에서 진두지휘할 만큼 강한 추진력과 전문성을 인정받았다.

행시 23회로 대학 졸업 후 무역회사에 다니다 뒤늦게 관료의 길로 들어섰지만 연이은 초고속 승진으로 요직을 거쳤다.

금융감독위원회 감독정책과장, 감독정책1국장을 거쳐 2004년 재정경제부 금융정책국장을 맡았다. 2005년 2월 1급인 FIU 원장에 취임할 때는 행시 20회 고참 국장들까지 추월했다.

참여정부에서는 4.3 카드 대책, 신용불량자 대책, 8.31 부동산대책, 11.15 부동산대책, 1.11 부동산대책 등에 관여했다.

외환은행 매각과 LG카드 처리 등을 주도했으며 2003년 카드 사태 당시 관치논란에 대해 "관(官)은 치(治)하기 위해 존재한다"며 정부의 시장 개입 필요성을 주장했다.

2013년 금융위원장이 된 신제윤 위원장은 금융정책과 국제금융에 특화된 정통 재무 관료였다.

2003년 재정경제부 금융정책과장 당시 '카드 사태'를 무난히 수

습해 업무 능력을 인정받았다. 전국경제인연합회에 파견을 나간 적도 있어 민간 부문에 대한 이해도 컸다.

한미 자유무역협정(FTA) 협상 당시에는 금융분과장으로 활약했고 기획재정부 국제업무관리관(차관보)으로 2008년부터 3년간 일했다. 2010년 주요 20개국(G20) 정상회의 때는 G20 재무차관회의 의장을 맡아 코뮈니케 작성을 주도했다. 2008년 글로벌 금융위기 직후에는 한미 통화스와프 성사에 기여했다.

2015년 금융위원장에 오른 임종룡 위원장은 거시 경제 정책과 금융정책에 정통한 관료 출신으로 1년 6개월간 NH농협금융지주 회장으로 일하며 민관 모두에서 경험을 쌓았다.

기획재정부 경제정책국장과 기획조정실장을 지내면서 정책조정 능력을 인정받아 2009년 대통령 경제금융비서관으로 발탁됐고 기획재정부 제1차관, 국무총리실장(장관급)을 지냈다.

기획재정부 제1차관 시절 '썰물 때 둑을 쌓아야 밀물 때 부담을 줄일 수 있다'는 논리로 자본유출입 변동성을 줄이기 위한 '3종 장치'를 마련했다.

2009년 11월 청와대에서 아시아태평양경제협력체(APEC) 정상회의 준비회의 도중에 병상에 계신 부친이 위독하다는 전갈을 받았으나 차마 말을 꺼내지 못했다가 임종을 놓친 일화는 유명하다.

임종룡 위원장은 2013년 최연소로 NH농협금융지주 회장에 임명됐다. 농협중앙회와 금융 계열사 사이를 잘 조율해 지배구조를 안정시켰다는 평가를 받았다. 2023년에는 우리금융지주 회장으로 금융 판에 복귀해 놀라움을 안겨줬다.

고승범 금융위원장은 2021년 임명됐다.

금융위원회에서 요직을 거치면서 거시 경제 정책과 금융 산업 정책을 두루 익힌 정책통이다. 1998년 외환위기, 2003년 신용카드 사태, 2011년 저축은행 사태 당시 해당 업무를 담당하며 위기 극복을 주도했다.

재무부에서 국제금융국, 재정경제부에서는 경제정책국 등에서 근무했다. 2004년 금융감독위원회로 옮겨 은행감독과장을 맡았고 부처 명칭이 금융위원회로 바뀌고 나서 금융서비스국장, 금융정책국장, 사무처장 등 핵심 보직을 거쳤다.

2015년 금융위원회 상임위원을 거쳐 2016년부터 한국은행 금융통화위원을 지냈다. 금융통화위원으로서 처음으로 연임에 성공한 금융통화위원이기도 했다. 2020년 7월 금융통화위원회에서는 기준금리 인상이 필요하다는 소수의견을 내기도 했다.

2022년 윤석열 정부의 초대 금융위원장으로 지명된 김주현 위원장은 금융위원회에서 금융정책국장, 사무처장 등 핵심 보직을 역임한 금융관료 출신 인사였다.

이명박 정부 출범을 앞두고 대통령직인수위원회 경제1분과 전문위원을 맡았고, 2008년 금융감독위원회와 재정경제부의 금융정책부문이 통합해 금융위원회로 재편된 뒤 금융위원회의 첫 금융정책국장을 맡았다.

2012년 예금보험공사 사장으로 자리를 옮겼고, 재직 기간 우리투자증권(현 NH투자증권) 매각 등 우리금융 민영화에 속도를 냈다.

2008년 금융감독원장에 오른 김종창 원장은 관과 민에서 금융

경험을 쌓았다.

경제과학심의회의 사무관으로 공직생활을 시작해 재무부와 재정경제원, 금융감독위원회, 금융감독원의 주요 보직을 거쳤다. 중소기업은행장과 금융통화위원도 역임했다.

기업은행장으로 재직할 때 은행 조직을 사업부제로 바꾸고 임원과 경영 계약을 맺는 등 국책은행에 시장 경쟁체제를 도입했으며 기업은행을 거래소시장에 상장시켰다.

저서 "그레이트 뱅크"에서는 "국책은행의 적자는 사기업의 적자보다 더 큰 죄악"이라고 일침을 가하기도 했다.

권혁세 금융감독원장은 2011년 임명됐다. 국세청을 거쳐 재무부 세제국, 증권보험국, 이재국 등에서 근무했고, 외환위기 직후엔 외국환 및 외국인투자제도개편작업단 총괄반장으로 제도개선을 주도했다.

이후 재정경제부 금융정책과장과 재산소비세제국 국장을 거쳐 금융감독위원회 감독정책1국 국장과 증권선물위원회 상임위원 등을 역임했다.

글로벌 금융위기 직후인 2009년부터는 금융위원회 사무처장과 부위원장으로 근무하면서 기업 구조조정과 중소기업 지원, 금융시장 안정대책 등 금융위기 대책을 총괄했다.

2013년 최수현 금융감독원장이 금융감독원 내부에서 승진 임명되는 첫 사례가 됐다.

최수현 원장은 금융위원회 기획조정관과 FIU 원장을 거쳐 2011년 금융감독원 수석부원장에 임명됐다.

'저축은행 사태' 이후 대대적인 조직 개편과 인사혁신을 주도하고 금융회사 감독·검사는 물론 조사, 감리, 소비자보호 등 업무 전반에 걸친 선진화 방안을 마련해 쇄신을 이끌었다.

2014년 11월에는 진웅섭 금융감독원장이 바통을 이어받았다.

진웅섭 원장은 금융위원회 공적자금관리위원회 사무국장, 대변인, 자본시장 국장, 새누리당 정무위원회 수석전문위원, FIU 원장, 정책금융공사 사장을 역임했다.

금융위원회에서 오랫동안 근무한 데다 금융계, 관료조직에 인맥이 넓어 정부와의 폭넓은 교감을 했다.

2017년에는 서울시립교향악단 대표였던 최흥식 원장이 첫 민간인 출신 금융감독원장에 임명됐다.

최흥식 원장은 금융연구원장, 연세대 경영대 교수, 하나금융지주 사장 등을 거쳤다. 최 원장은 하나금융 채용비리에 휘말리면서 2018년 3월 사퇴했다.

최흥식 원장의 후임은 국회 정무위원회 '저격수'로 불렸던 김기식 전 민주당 의원이었다.

김기식 금융감독원장은 1999년 참여연대 정책실장으로서 시민사회에 뛰어든 뒤 사무처장과 정책위원장 등을 거쳐 2012년부터 2016년까지 제19대 국회의원으로 활동했다.

제19대 국회의원 재직 시에는 금융위원회·금융감독원을 담당하는 정무위원회에서 주로 활동했다. 당시 정무위원회 민주당 간사를 맡아 정책조율을 하기도 했다. 2016년 이후에는 더미래연구소장을 맡아 문재인 정부의 금융 부문 개혁 밑그림을 그리기도 했다.

김기식 원장은 과거 의원 시절 '외유성 출장'에 대해 위법 결정을 받아 취임한 지 보름 만에 사퇴해 역대 최단기간 재임한 금융감독원장이라는 오명을 썼다.

김기식 원장의 후임으로 개혁 성향 금융경제학자인 윤석헌 원장이 2018년 5월 취임했다.

윤석헌 원장은 한국금융학회 회장과 국민경제자문회의 위원을 거쳤으며 문재인 정부에서는 금융위원장 직속 금융행정혁신위원회 위원장과 금융발전심의회 위원장을 맡았다.

숭실대 교수 시절 금융감독체계에 대해 금융위원회를 해체하고 금융감독정책은 분리해 민간 공적 기능 형태로 설립돼야 한다는 논문을 내기도 했다.

2021년 임명된 정은보 금융감독원장은 1987년부터 2007년까지 재정경제부 경제분석과장, 금융정책과장 등을 거쳐 2008년 기획재정부 국제금융정책관 등으로 근무했다.

2010년부터는 금융위원회 금융정책국장과 사무처장을 역임한 뒤 이듬해 기획재정부 차관보로 자리를 옮겼다. 2016년 금융위원회 부위원장을 역임한 뒤 2019년부터 한미 방위비분담 협상대사를 맡았다.

2022년 윤석열 정부의 첫 금융감독원장이 된 이복현 원장은 기업·금융범죄 수사 경험이 풍부한 '특수통' 검사였다.

서울지검 남부지청에서 검사 생활을 시작한 뒤 법무부 법무과, 서울중앙지검 등을 거쳐 서울중앙지검 특수4부장·경제범죄형사부장 등을 역임하며 특수통 검사의 길을 걸었다.

2006년 대검찰청 중앙수사부에 소속돼 현대자동차 비자금 사건, 론스타 외환은행 헐값 매각 사건 등 수사에 참여했다. 이명박 전 대통령 횡령·뇌물 의혹, 이재용 삼성전자 부회장 경영권 불법 승계 의혹 등 굵직한 사건을 수사해 '재계 저승사자'라는 별명을 얻었다.

윤석열 대통령과는 국정원 댓글 사건, 국정농단 특검 등에서 합을 맞춘 적이 있어 '윤석열 라인의 막내'로 분류됐다.

'검수완박법'이 입법을 앞두자 "검찰의 수사권을 없애버리면 금융·증권시장 교란 행위, 대기업의 시장질서 문란행위, 최고위 권력층의 이권 개입 등에 대한 수사가 어려워질 것"이라고 반발하며 검찰을 떠났다가 금융감독원장으로 중용됐다.

금융시장의 조타수
'금융통화위원회'

기준금리는 거의 매달 열리는 금융통화위원회 회의에서 결정된다.

몇 퍼센트포인트가 오르내리느냐 또는 동결되느냐에 금융사뿐만 아니라 국민 모두도 주목하게 된다. 국민도 은행 등 금융사에 예·적금이 있고 대출이 있는데, 기준금리 결정에 따라 수신 및 대출금리가 변동하기 때문이다.

이처럼 국민 생활에 큰 영향을 주는 금융통화위원회는 한국은행의 최고의사결정기구로 통화 정책을 수립하고 결정한다.

금융통화위원회는 한국은행 총재 및 부총재, 각 분야를 대표하는 5인 등 모두 7인의 위원으로 구성된다.

금융통화위원회 의장인 한국은행 총재는 국무회의 심의를 거쳐 대통령이 임명하고 부총재는 총재의 추천에 의해 대통령이 임명한다. 다른 5인의 위원은 추천기관(재정경제부, 한국은행, 금융감독위원회, 은행연합회, 대한상공회의소 등의 추천을 받아서 대통령이 임명한다.

위원들의 임기는 4년(부총재는 3년)이며 전원 상근하면서 업무를 수행한다.

이처럼 각계 기관의 추천을 받도록 한 것은 금융시장과 기관의 다양한 입장을 반영함과 동시에 통화 정책의 독립성과 중립성을 보장하기 위한 방편이기도 하다.

그러나 금융통화위원회 의결사항에 대해 정부가 재심을 요구할 수 있으며 정부의 한국은행 예산 승인권, 금융통화위원회 발언권이 있어 독립성을 의심받기도 한다.

금융통화위원회는 매월 둘째 주, 넷째 주 목요일에 정기회의를 개최하고 필요시 수시로 임시회의를 개최해 통화 정책과 한국은행 운영에 관한 사항을 심의, 의결한다.

이 중 매월 둘째 주 목요일에 개최되는 정기회의는 월중 통화 정책의 근간이 되는 정책금리인 하루짜리 콜금리 목표치를 금융통화위원회원들의 다수결의 원칙에 따라 결정하고, 이를 토대로 금융통화위원회 통화 정책 방향에 대한 성명서를 작성해 발표한다. 또 한국은행 총재가 직접 기자회견을 가져 내용에 대해 설명한다.

물론 금융통화위원회가 처음부터 운용목표인 콜금리를 월별로 결정하고 발표한 것은 아니다. 1998년까지만 해도 통화량 중심의 통화 정책을 수행했다.

정책심의과정에서 토의된 내용은 의사록에 충실히 기록해 3개월이 경과한 후 발간되는 한국은행 '조사통계월보'에 게재되고 동시에 인터넷에도 게시하고 있다.

외환위기가 발생한 1997년 한국은행법 6차 개정 전에는 '금융통화운영위원회'로 통화 정책을 자율적으로 결정하기보다는 정부의 지시를 받아 운영한다는 느낌이 강했다.

'금융통화운영위원회'라는 명칭에 '운영'이란 단어가 삽입된 것은

5.16 후 정부주도의 경제성장 정책에 따른 금융 지원을 위해 1962년 한국은행법이 1차 개정되면서부터였다.

한국은행은 이때부터 금융에 대한 정부의 관여가 확대되고 정치적 중립과 정부 견제라는 금융통화위원회의 역할이 후퇴했다고 보고 있다.

1차 한국은행법 개정으로 이름이 바뀐 것 외에도 그 기능도 통화·신용 및 외환에 관한 정책수립에서 통화·신용의 운영관리에 대한 정책수립으로 축소됐다.

이때부터 외환 정책수립 기능은 정부로 이관됐다.

금융통화운영위원회의 정책 결정사항에 대한 재무부 장관의 재의요구권이 신설됐고 사실상 거부권(Veto)인 재의요구의 부결 시 '각의(閣議)'에서 최종 결정토록 하는 금융정책에 대한 최종 결정권도 정부로 귀속시켰다.

한국은행의 예산 및 업무검사 면에서도 금융통화운영위원회의 한국은행 예·결산 승인에 앞서 각의가 먼저 의결하게 하고 한국은행에 대한 재무부 장관의 검사권을 신설했다.

2차 개정은 1963년 12월 16일 정부형태 변경에 따라 '내각수반'을 '대통령'으로 표기하는 등 법조문상의 자구를 수정하기 위해 이뤄졌다.

1968년과 1977년에 이뤄진 3차와 4차 개정은 금융통화위원회에 관한 내용보다는 지급준비율이나 유동성 조절 기능 강화 등의 세부 기능적인 면이 강했다.

1982년 5차 개정에서 1980년대 본격화된 금융자율화 추세에 맞

춰 한국은행 예·결산을 금융통화위원회가 독자적으로 승인하도록
바꿨다.

'통화가치 안정'에서 '물가안정'으로 한국은행법 중 목적 문구가
바뀐 1997년 12월 30일에 이뤄진 6차 개정부터 '금융통화위원회'
라는 이름이 사용됐다.

이전까지 재정경제원 장관이 의장이었던 것을 한국은행 총재가
맡고 위원임명에서도 재정경제원 장관, 한국은행 총재, 금융감독
위원회 위원장, 상공회의소 회장, 은행연합회장, 한국증권업 협회
장 등의 각 1인 추천으로 전체인원이 7명으로 축소됐다.

이때부터 금융통화위원회 위원이 상근체제로 바뀌고 재정경제원
장관의 업무검사도 폐지됐다.

하지만 은행감독 기능 관련 규정이 폐지되고 다시 한국은행의 경
비예산에 대해 정부의 사전승인 조항이 부활했다.

2004년 시행된 7차 한국은행법은 기존 증권업협회 추천 몫이던
한 자리를 한국은행 부총재의 당연직 금융통화위원 참여로 바꿨다.

통화 정책 좌지우지하는
한국은행 총재들

한국은행 총재는 우리나라의 통화와 물가 관리를 책임지는 독립 기구 수장으로 막대한 영향력을 행사한다. 이렇다 보니 한국은행 총재는 금융 및 경제 분야에서 가장 존경받는 인사들이 종용되는 경우가 많았다.

1992년 3월에 김건 한국은행 총재 후임으로 임명됐던 조순 부총리 겸 경제기획원 장관이 대표적인 사례였다.

노태우 대통령은 육사 시절 은사였던 조순 부총리를 한국은행 총재로 영입을 희망했다.

조순 총재는 1963년 재무부 장관을 거쳐 한국은행 총재를 지낸 김세연 총재에 이어 두 번째로 전직 장관이 한국은행 총재를 맡는 기록을 세웠다.

조순 총재는 서울대 교수로 재직 중 6공화국에서 부총리 겸 경제기획원 장관을 지냈으며 퇴임 후에도 노태우 대통령에게 주요 정책에 대해 자문역을 해왔다.

화폐금융론의 대가인 조순 총재는 적정수준의 통화 공급을 통한 경제안정을 강조하고 있는 안정론자였다.

2002년 3월에는 박승 중앙대 명예교수이자 공적자금관리위원회 민간위원장이 한국은행 총재가 됐다.

박승 총재는 1961년 한국은행에 입행해 1976년까지 15년간 근무했으며 중앙대로 옮겨 1986년까지 교직에 몸담았다.

학계에서는 경제발전론 분야의 탁월한 이론가로 평가했으며 저서로는 "경제발전론", "한국경제정책론" 등이 있다.

박승 총재는 1986년 금융통화위원을 지냈고 1988년 대통령 경제수석비서관에 이어 같은 해 건설부 장관을 맡아 당시 200만 가구 주택건설사업에 핵심적 역할을 수행했다.

5개 신도시 건설에서 분당·평촌·중동·산본 이외 한강 이북에도 신도시가 필요하다고 주장해 일산 신도시가 포함되는 데 결정적 역할을 했다. 그러나 이후 분양가 자율화 발언으로 주택가격 폭등을 유발한 책임을 지고 장관직에서 물러나야 했다.

2006년에는 이성태 한국은행 부총재가 총재가 되면서 1993년 김명호 총재 임명 이후 13년 만에 처음으로 내부 승진으로 총재가 탄생했다.

이성태 총재는 1968년 한국은행에 들어와 40년 가까이 요직을 밟아오면서 총재에 오른 케이스였다.

과거에는 한국은행 내부에서 경쟁을 뚫고 부총재보(이사)와 부총재까지 오른 후에는 시중은행 또는 국책은행장, 금융기관 이사장 등으로 외부에서 경력을 쌓은 후 한국은행 총재로 복귀하는 것이 하나의 관례였다.

그러나 외환위기를 겪으면서 시중은행의 인수·합병이 가속화되고 외국인 지분이 커짐에 따라 한국은행 임원 출신이 시중은행장 등으로 진출하는 통로가 극도로 좁아졌다. 이 때문에 한국은행 임원 출신 가운데 총재감으로 외부에서 중량감 있는 인물들이 과거에 비해 줄어들었다.

반면 한국은행법 개정으로 2004년부터 부총재가 당연직 금융통화위원을 겸하면서 대통령이 임명하는 자리로 격상돼 중량감이 더 커졌다.

2010년에는 매파인 이성태 총재에 이어 비둘기파인 김중수 총재가 한국은행을 키를 잡았다.

합리적인 시장주의자, 균형 잡힌 성장주의자, 대외 개방주의자로 불린 김중수 총재는 이명박 정부의 초대 경제수석비서관을 맡아 당시 강만수 기획재정부 장관, 곽승준 국정기획수석과 트로이카를 구축하며 'MB 노믹스'의 밑그림을 그려 추진했다.

김중수 총재는 관료 출신은 아니지만 역대 정부에서도 관과 밀접한 관계를 유지했다. 이 때문에 정부 정책에 코드를 맞춰 한국은행의 중립성이 도전받을 수 있다는 우려도 제기됐다.

김중수 총재는 KDI 원장에 이어 문민정부 시절인 1993년에는 대통령 경제비서관을 거쳤고 경제협력개발기구(OECD) 가입 준비소장으로서 OECD 가입에 큰 역할을 했다.

이명박 정부의 코드와 맞았고 경제 정책을 조율하는 초대 경제수석으로 기용됐다. 하지만 이명박 정부가 내세운 7.4.7(연간 7% 경제성장, 4만 달러 국민소득, 7대 경제 강국) 비전은 현실성이 떨어진다는 비판에다 미국산 쇠고기 수입을 둘러싼 정국 혼란의 여파로 4개월 만에 물러났다.

2014년에는 이주열 총재가 한국은행의 지휘봉을 물려받아 2018년에 최초로 연임하는 기록을 세운 뒤 2022년 3월에 43년 동안 몸담았던 한국은행을 떠났다.

이주열 총재는 1977년 한국은행에 입행했다. 조사국장과 통화 정책 담당 부총재보, 부총재 등 주요 보직을 거친 '43년 한은맨'이었다.

이주열 총재는 이임사에서 "중앙은행의 유일한 존립 기반은 국민의 신뢰다. 통화 정책은 포커게임처럼 내 패를 감춰야 하는 비협조게임이 아니라 패를 보여주고 상대를 내 편으로 만들어야 하는 협조게임이다. 정책의 출발은 항상 시장과의 소통이었다. 적기를 놓치지 않으면서도 시장과 인식의 간극을 줄여나가기 위해 최선을 다했다"고 말했다.

2022년에는 정권 교체기에 한국은행 총재 선임이 핫이슈로 부각되면서 이창용 총재의 임명을 둘러싸고 잡음이 불거졌다.

2022년 3월 문재인 대통령이 한국은행 총재로 이창용 총재를 지명하는 인사를 단행했다. 윤석열 대통령 당선인 측은 사전에 협의한 적이 없다며 양측의 갈등이 증폭됐다.

이창용 총재가 신구 권력 간 신경전이라는 우여곡절 끝에 선임되기는 했으나 역대 한국은행 총재 중에 가장 실력자라는 평가를 받았다.

이창용 총재는 IMF 아시아·태평양 담당 국장을 지내는 등 국내외에서 인정받는 엘리트 경제·금융 전문가였기 때문이다.

이창용 총재는 미국 로체스터대 조교수, 세계은행 객원 연구원을

거쳐 서울대 경제학부 교수로 재직했다. 2004년 대통령 국민경제
자문회의 자문위원을 맡았고, 2007년 이명박 대통령 취임에 앞서
17대 대통령직인수위원회 경제 분과 인수위원으로도 활동했다.

2008~2009년 금융위원회 부위원장을 역임한 뒤 2011년부터 3
년간 ADB 수석 이코노미스트로 일했고, 2014년 한국인으로는 처
음으로 IMF 고위직(아시아·태평양 담당 국장)에 올랐다.

서울대 졸업 당시 최우수 성적으로 총장상을 받을 정도로 학계에
서는 일찌감치 '천재' 경제학자로서 이름이 알려졌다. 전공은 거시
경제학, 금융경제학, 한국경제학 등이고 자본시장 현안과 금융감
독시스템, 국책은행 민영화 등 부문에도 관심을 보여왔다.

로렌스 서머스 미국 재무장관과 하버드대 시절 스승과 제자로서
인연을 맺었고 IMF 수석 이코노미스트를 역임한 올리비에 블랑샤
르 등과도 친분이 있는 등 국제금융계의 인맥이 넓다.

미국 연준 못지않은 한국은행의 독립성과 '열석발언권'

서별관회의와 열석발언권은 한국은행의 독립성을 뒤흔들었던 단어들이다.

청와대가 주도했던 서별관회의는 한국은행 금융통화위원회를 앞두고 열리는 때가 많았다. 한국은행 총재가 서별관회의에 다녀오고 나면 기준금리가 조정되는 일이 반복되면서 총재의 서별관회의 참석 여부가 화제에 오르기도 했다.

한국은행법 91조는 기획재정부 차관이나 금융위원회 부위원장이 금융통화위원회 회의에 열석(列席)해 발언할 수 있다고 규정했다.

열석발언권은 유명무실한 제도였으나 2010년 1월부터 기획재정부 차관이 직접 금융통화위원회 회의에 참석했다. 차관이 정부 측 입장을 전달하는 발언을 하기도 했다.

정부가 사실상 한국은행 금융통화위원회의 감시자 역할을 하고 있다는 논란이 거세게 일었다. 현재는 정부 관료의 금융통화위원회 참석은 없지만 열석발언권 제도 자체를 폐기해야 한다는 주장은 여전하다.

최경환 부총리 겸 기획재정부 장관의 2014년 9월 "척하면 척" 발언은 한국은행에 대한 정부의 인식을 보여주는 상징적인 멘트로서 회자되고 있다. 최경환 부총리가 이주열 한국은행 총재와 저녁 와인 회동을 한 이후 통화 정책 방향에 대한 논의가 있었냐는 질문에 내놓은 답변이었다.

이런 우여곡절에도 한국은행의 독립성은 어떤 선진국보다도 강화된 상태라는 데 이견이 없다. 한국은행의 독립성을 거론할 때 비교되는 곳이 미국 연준이다.

도널드 트럼프 미국 대통령은 정책금리를 더 낮추라고 공공연하게 연준을 압박했다. 제롬 파월 연준 의장을 해임 또는 좌천시킬 것이란 협박성 발언도 서슴지 않았다. 이런 미국 연준의 사례와 비교하면 과거 정부의 남대문 출장소라는 오명을 받기도 했던 한국은행은 독립성을 보장받고 있는 셈이다.

중앙은행은 독점적 발권력을 행사하고 통화 정책을 결정한다. 금융위기 시에는 '최종 대부자'로서 금융 안정의 수호자 역할도 다해야 한다. 우리 경제를 책임지는 막중한 임무를 부여받고 있는 한국은행이 정부와 정치권, 그리고 시장으로부터 충분한 수준의 독립성을 보장받으려면 그만큼의 실력을 갖춰야 한다.

'우리는 정부 조직이 아니다' 한국은행의 투쟁사

2008년 강만수 기획재정부 장관은 자신의 저서에서 "카인의 후예들 싸움"이라고 지칭한 한국은행의 독립 투쟁사를 기술했다.

1950년부터 1962년까지는 건국 정부의 재무부를 조선은행 사람들이 차지해 재무부가 '조선은행 세종로 출장소'로 불리던 시절이었다. 1950년 제정된 한국은행법이 식민통치를 벗어나 혼란했던 시기에 위헌으로 훼손된 것으로 평가했다. 행정관청인 금융통화위원회를 한국은행에 뒀기 때문이었다.

강 장관은 "조선은행 사람들이 외환 정책까지 가져간 것은 무리와 과욕이 낳은 과잉 공격이었다"고 말했다.

1962년 5.16 군사정부가 들어서면서 군사정부는 한국은행이 누리던 과도한 권한을 빼앗으며 재무부 장관의 재의 요구권을 신설했다. 이때부터 재무부를 한국은행 세종로 출장소로 삼았던 한국은행의 전성기가 기울기 시작했다.

1988년 민주화와 함께 한국은행이 100만 명 서명 운동을 벌였다.

한국은행은 재무부 장관이 가지고 있던 금융통화위원회 의장을 빼앗고 은행감독원은 그대로 두겠다고 재반격했다. 1988년 한국은행이 재반격에 나선 것도 1962년 재무부 사람들과 마찬가지로 과욕을 부린 부분이 있었다.

강 장관은 "한국은행의 재반격 근저에는 한국은행을 '재무부 남대문 출장소'로 불리도록 한국은행의 자존심을 상하게 한 재무부 사람들의 난폭이 있었다"고 진단했다.

결국 1988년 재무부 사람들이 당한 것은 선배들이 저지른 난폭의 업보였다고 평가했다.

1995년부터 1997년 외환위기 직전까지는 이석채 재정경제원 차관 등 경제 정책 라인을 중심으로 정부가 한국은행법 개정을 시도하면서 싸움을 걸었다.

당시 정부가 주도한 한국은행법 개정안은 금융통화위원회 의장이 한국은행 총재를 겸임하고 은행감독원을 한국은행에서 분리해 증권, 보험을 포함한 금융감독원을 설립하는 내용이었다.

강 장관은 "한이헌 경제수석까지 나서 전폭적인 지원을 보냈지만 결국 한국은행의 총공세에 밀려 청와대와 여당이 무너지면서 재정경제원이 밀렸다. 한국은행법 개정은 논리와 이성의 싸움이 아닌 억지와 감정의 백병전이었다"고 말했다.

외환위기 시절인 1997년 12월 29일 한국은행 총재가 금융통화위원회 의장을 겸임하고 금융감독위원회를 국무총리 아래 두는 내용 등을 골자로 하는 9개 금융개혁법이 통과됐다. 반세기 전에 외세로 도입된 중앙은행제도가 IMF라는 외세로 바로잡게 되는 아이러니한 상황이 벌어졌다.

한국은 매년
금융위기였다···
완쾌 없는 응급처치

한국 금융의 아킬레스건 '부채' 딜레마

　가계부채는 한국경제의 주요 아킬레스건 중 하나다.

　가계부채가 늘어나면 가정의 소비 여력이 떨어지고 이는 산업생산에 부정적 영향을 주면서 저성장을 초래하는 악순환이 벌어진다.

　한국은행 금융통화위원회가 미국과의 정책금리 격차를 어느 정도 줄이기 위해 기준금리를 올린다면 가계 부담은 더욱 커진다. 제2금융권 등에 의존하는 저소득층이 고금리의 타격을 입을 수 있다. 게다가 위기 시에 가계부채는 신용경색을 비롯한 금융시스템 불안을 초래할 수도 있다.

　이 때문에 모든 금융정책은 가계부채의 증감에 따라 변할 수밖에 없다. 가계부채가 늘어날수록 금융당국이 금융시장 안정 또는 진작을 위해 동원 가능한 수단은 줄어들 수밖에 없고 금융위기 가능성이 커진다. 이 때문에 역대 금융당국은 가계부채를 관리 가능한 적정 범위를 유지하는 데 전력을 기울여 왔다.

　2011년에는 금융부채에 있어 기록에 남을만한 해였다.

　2011년 1분기 말 가계와 소규모 개인기업, 민간비영리단체 등 개인 부문의 금융부채가 사상 처음으로 1천조 원을 돌파했기 때문이다. 민간비영리단체 등이 포함돼 있어 가계부채만을 의미하는 것은 아니지만, 개인 부문에서 금융부채가 1천조 원을 넘어섰다는 것은 우리 금융시장에 경고 사인을 주기에는 충분했다.

2011년 1분기 말 개인 부문 금융부채는 1천 6조 5,800억 원으로 집계됐다. 2013년 우리 경제는 공식적으로 가계부채 1천조 원 시대에 들어섰다. 2013년 4분기 말 가계신용은 1천 21조 3천억 원이었다.

가계신용은 가계부채의 수준을 보여주는 국내 가장 대표적인 통계다. 공유형 모기지, 취득세 인하 등 정부의 부동산 관련 대책 영향으로 가계부채가 주택대출을 중심으로 빠르게 늘었다.

2013년 가계부채의 증가는 정부의 4.1 부동산대책, 8.28 전·월세 대책 등의 영향이 컸다.

가계부채의 증가는 경제 규모의 확대와도 맞물려 있는 만큼 부채 자체만 가지고 문제시할 수는 없다. 문제는 소득보다 빚이 늘어나는 속도가 빨라지면서 가계의 소득 대비 빚 부담이 커졌다는 점이다.

2018년에는 가계부채가 1천 500조 원을 넘었다. 2018년 9월 말 가계신용은 1천 514조 원이었다.

2023년 한국은행은 우리나라 가계신용비율이 80%에 근접할 수 있도록 가계부채를 줄여나가야 한다고 분석했다. 2022년 말 기준 우리나라의 가계신용비율은 100%를 웃돌았다.

한국은행은 급속한 디레버리징(빚투)은 금융 불안 요인으로 작용할 수 있는 만큼 완만한 속도로 줄여나갈 필요가 있다고 말했다.

한국은행은 국내 가계부채가 글로벌 금융위기 이후 지속해 증가했고 코로나19 이후에도 빠르게 확대돼 과도한 수준이라며 우리 경제의 가장 큰 위험 요인으로 대두됐다고 진단했다.

취약층 부채 부담 완화에 집중
'상환 유예→경감'

2022년 윤석열 정부가 들어선 뒤에는 고금리 여파로 집값이 하락하면서 정부가 부동산 대출 규제완화에 나섰다. 코로나19 사태 등으로 어려워진 취약계층을 위한 대출 지원에도 집중했다.

정부는 2022년 7월 취약층의 부채 부담 완화를 위해 '125조 원+α' 규모의 금융 지원을 통해 부채를 상환 유예에서 경감으로 바꾸는 대책을 내놓았다.

기존에 부채 상환 유예 등을 통해 임시방편으로 코로나19로 어려움을 겪는 취약층의 어려움을 막았다면 이제는 채무 조정 등을 통해 실질적으로 부채 부담을 줄여 재기를 돕는 데 방점이 찍혔다.

정부는 자영업자와 소상공인 채무 조정을 위한 새출발기금에 30조 원, 저금리 대환 프로그램에 8조 5천억 원, 안심전환대출에 45조 원, 맞춤형 자금 지원에 41조 2천억 원, 햇살론유스 지원 강화에 1천억 원, 최저신용자 대상 특례 보증에 2천 400억 원을 투입했다.

이를 위해 상환 유예 중심의 임시 금융 구호체계를 2022년 9월에 종료하고 그해 10월부터 상환 부담 경감 중심의 근본적인 재무구조 개선 지원 체계로 전환했다.

2022년 10월 가동된 재무구조 개선 프로그램으로 상환이 곤란

한 차주의 경우 원금 감면 등 채무 조정을 해줬다.

금융 부담이 큰 채무는 장기 및 저금리 대환대출을 해줬고 경쟁력이 취약한 차주에게는 리모델링, 사업 내실화 자금을 지원했다.

또한 새출발기금을 통해 30조 원 규모의 부실채권을 매입해 채무 조정에 나섰다. 8조 7천억 원을 투입해 연 7% 이상의 고금리 대출을 저금리 대출로 대환대출도 해줬다.

정부는 2022년 9월 말 코로나19로 어려움을 겪는 소상공인에 대한 대출 만기연장과 상환 유예 조치가 종료되자 소상공인 지원에 공백이 생기지 않도록 기존 유예 원리금은 최대 1년 거치, 5년 분할 상환 하도록 조치했다.

주택 문제와 관련해서는 주택 구입 차주의 대출 이자 부담을 덜어주고 전세 등 실수요자에게는 충분한 자금 지원으로 주거비용 부담을 완화한다는 데 주안점을 뒀다.

변동금리 주택담보대출을 고정금리 대출로 전환하는 안심전환대출 공급을 2022년 20조 원에서 25조 원으로 5조 원 늘렸다.

전세대출 때 이자 부담 경감을 위해 저리 전세대출 보증 한도도 확대했다. 주택금융공사의 전세대출 보증 한도를 기존 2억 원에서 4억 원으로 늘렸다. 청년을 위한 정책 전세대출 대상과 한도도 확대했다.

2022년 11월 정부는 부동산 규제지역을 서울과 과천, 성남, 하남, 광명만 남기고 전 지역을 해제했다.

투기·투기과열지구 내 15억 원 초과 주택에 대해서도 주택담보대출을 허용했고, 서민·실수요자 대상 주택담보인정비율(LTV) 한도도 기존 4억 원에서 6억 원으로 상향했다.

금리 인상 여파로 거래절벽이 오면서 아파트값이 빠르게 하락하자, 주택시장의 급격한 냉각 가능성을 경계해야 한다는 판단에 따른 것이었다.

2022년 10월 말 기준 은행의 가계대출 잔액은 1천 58조 8천억 원으로 한 달 전보다 6천억 원 줄었다. 이사 철 수요가 몰리는 10월에 가계대출이 줄어든 것은 처음이었다. 2022년에 가계대출이 줄어든 것은 금리 인상 영향이 컸다.

금융당국은 2023년 들어서도 LTV는 완화하더라도 총부채원리금상환비율(DSR) 규제는 유지해 실제 소득 수준 이상으로 대출을 못 받게 가계대출의 건전성을 강화하겠다는 입장을 견지했다.

가계부채 최후의 보루
'DSR' 규제

2022년 출범한 윤석열 정부는 대출 규제 정상화를 추진하면서도 총부채원리금상환비율(DSR) 규제만큼은 기존 틀을 유지했다. 가계부채 문제가 한국경제의 가장 큰 잠재 리스크 요인이라는 점을 의식한 조처였다.

금리 인상기를 맞아 가계의 이자 부담이 늘어나는 가운데 정밀한 정책 고려와 설계가 전제되지 않는다면 가계부채 부담을 가중하고 부동산 시장의 변동성만 키울 수 있기 때문이었다.

이에 따라 상환능력에 기반을 둔 대출한도 관리, 즉 DSR 규제는 윤석열 정부 가계부채 정책의 근간이자 최후의 보루 역할을 했다. 다만, 다른 대출 규제는 실수요자의 '주거 사다리' 형성을 보장하는 방향으로 손질을 통해 숨통을 틔웠다.

DSR이란 소득 대비 갚아야 할 원리금 비율을 뜻하는 지표다. 금융기관은 이를 통해 대출자의 상환능력을 가늠한다.

2022년 1월부터 적용된 DSR 규제는 총대출액이 2억 원이 넘으면 원칙적으로 연간 원리금 상환액이 연 소득의 40%(제2금융권 50%)를 넘지 않도록 했다.

연 1억 원 소득자가 연간 원리금 상환액으로 4천만 원 넘는 돈을 지출하고 있다면 갚을 수 있는 능력 범위를 넘어서 돈을 빌렸다고 보는 것이다.

이전에도 주택대출 시 소득 기준을 따지는 총부채 상환비율(DTI) 규제가 있었지만, 다른 금융부채 상환 부담을 따지지 않아 실제 상환능력을 가늠하는 데 한계가 있다는 지적이 많았다.

당초 정부는 개별 대출자에게 적용하는 차주 단위 DSR 규제를 2023년 7월까지 3단계에 걸쳐 도입하겠다는 목표를 세웠다.

하지만 2020년 7월 1단계 DSR 규제를 도입한 뒤에도 가계부채 증가세가 꺾이지 않자 2021년 10월 새 가계부채 대책을 내놓으면서 2단계 조치를 2022년 1월, 3단계 조치를 2023년 7월로 각각 6개월, 1년 앞당겼다.

일각에선 윤석열 정부 출범 후 DSR 규제가 완화할 수 있다는 관측이 나왔지만, 대통령직인수위원회 단계에서 DSR 규제 골격을 유지하는 것으로 결론이 났다.

DSR 규제를 유지키로 한 대신 이를 제외한 다른 대출 규제는 단계적으로 정상화하겠다는 게 윤석열 정부의 국정과제 방향이었다.

윤석열 정부는 국정과제에서 생애 최초 주택구매 가구의 경우 LTV의 최대 상한을 완화(60~70%→80%)하고, 나머지 가구에 대한 LTV도 지역과 무관하게 70%로 단일화하는 방안을 추진했다.

그러나 DSR 규제가 유지되는 이상 고소득자를 제외하면 LTV 완화의 효과가 제한적일 것이란 지적이 많았다. 소득이 높지 않은 청년층, 저소득층은 LTV보다 DSR 규제의 효과가 더 크기 때문이었다.

정부도 이런 문제점을 고려해 DSR이 LTV 완화 효과를 제약하지 않도록 청년층 미래소득 반영 활성화 등을 병행해 추진했다.

현재 소득은 낮지만 장래 소득 증가 가능성이 큰 차주에 대해선 DSR을 유연하게 적용하는 방식으로 보완했다.

금융권에서도 대출 상품 설계를 다양화해 실질적인 DSR 완화 효과가 나타나도록 유도했다.

주요 시중은행들은 주택담보대출 최장 만기를 기존 33~35년에서 40년으로 늘렸고, 기존엔 길어야 5년이었던 신용대출 최장 만기를 10년으로 늘린 상품도 등장했다.

만기가 늘어나면 대출자 입장에선 연간 원리금 상환액이 줄어들어 DSR 규제하에서 대출한도가 늘어나는 효과가 있기 때문이다. 다만, 전체 대출 기간이 길어지는 만큼 총 이자액은 증가한다.

대통령도 털렸던 금융사
정보 유출 사태 해법은

2014년 대통령을 포함해 2천여만 명의 민감한 개인정보가 카드사와 은행 등 금융사를 통해 유출된 사건으로 금융권에 대한 신뢰가 바닥으로 추락했다.

정부는 2014년 1월 대규모 고객 정보 유출 사태의 재발을 막기 위해 '금융권 개인정보보호 종합대책'을 통해 앞으로 금융사의 과도한 개인정보 보유나 공유를 금지했다.

개인정보 유출로 사회적 파문을 일으키면 금융사 최고경영자(CEO)까지 해임뿐만 아니라 매출액의 1%에 달하는 징벌적 과징금까지 내도록 했다.

1억여 건의 고객 정보 유출 사태를 일으킨 국민카드, 롯데카드, 농협카드는 최고경영자 해임 권고 및 영업정지 3개월 등의 중징계가 내려졌다. 카드사에서 1억여 건의 고객 정보가 유출됐기 때문이었다.

재발 방지 대책은 과도한 개인정보 요구 관행 개선, 카드 해지 후 개인정보 삭제, 불법 유출 정보의 마케팅 대출모집 활용 차단, 정보 유출 금융사에 대한 징벌적 과징금 및 처벌 강화가 핵심이었다.

고객의 2차 피해를 막고자 정보 유출 카드사가 무료로 결제내역 확인문자 서비스를 제공하고 코리아크레딧뷰로(KCB)는 1년간 개인정보보호 서비스를 제공하도록 했다.

성명, 주소 등 필수 정보와 신용 등급 산정에 필요한 정보 외에는 특별한 경우가 아니면 금융사들이 수집하지 못하도록 했다.

5~10년인 금융사의 개인신용정보 보유 기간을 '거래 종료일로부터 5년'으로 제한했다. 거래가 종료된 고객 정보는 방화벽을 설치해 별도로 분리하고 영업조직의 접근 마케팅 활용도 제한했다.

거래 종료 고객이 요청하면 불필요한 자료를 삭제하고 보관이 필요한 정보는 암호화해 별도 보관 하도록 했다.

금융당국은 고객 정보를 금융지주 계열사나 제3자와 공유하는 행위도 고객의 사전 동의를 받도록 했다.

제삼자가 취득한 정보 활용 기간은 5년 또는 서비스 종료 시 등 구체적으로 명시하고 마케팅 목적의 활용은 원칙적으로 제한했다.

대출모집인이 불법 유출 정보를 활용해 영업하면 자격을 박탈하고 해당 금융사에 대해 기관 제재, 과징금을 부과하기로 했다.

불법 수집·유통된 개인정보를 활용해 영업 활동을 한 금융사는 매출액의 1%까지 과징금을 부과하기로 했다.

2014년 3월 정부는 한발 더 나아가 그해 하반기부터 금융사들이 고객과 처음 거래할 때를 제외하고는 주민등록번호를 요구할 수 없으며 거래 종료 후 5년 이상 거래정보를 보관해서는 안 되도록 하는 '금융 분야 개인정보 유출 방지 종합대책'을 발표했다.

정부는 금융사가 최초 거래 때에만 주민등록번호를 수집하되 키패드 입력 방식을 도입해 주민등록번호 노출을 최소화하기로 했다.

이후 거래는 주민등록번호 대신 신분증 등을 이용하며 수집한 주민등록번호는 암호화해 보관하도록 했다. 주민등록번호 불법 활용 및 유출에 대해서는 일반 개인정보에 비해 가중 처벌 하기로 했다.

고객 정보 수집은 이름, 주민등록번호, 주소, 연락처 등 필수 정보 6~10개로 제한했다. 금융지주사 내 계열사 정보를 고객 동의 없이 외부 영업에 이용할 수 없도록 했다. 제3자 정보제공 시 포괄적 동의를 금지하고 '필수'와 '선택'을 구분해 동의를 받도록 했다.

금융 거래 종료 후 신상정보는 3개월 내 파기하고 모든 보관 정보도 상해보험 후유장애 보장 정보 등 법령상 추가 보관 의무대상을 제외하고는 5년 이내에 없애도록 했다.

불법 유출된 고객 정보를 이용하면 관련 매출의 1%에 대해 물리기로 했던 징벌적 과징금을 3%까지 늘리기로 했다. 징벌적 과징금은 절대 액수 기준의 상한선이 없어 수천억 원에 이를 수 있다. 정보 유출 시에도 최대 50억 원의 과징금을 부과하기로 했다.

정보 유출 관련 형벌은 10년 이하 징역 등 최고 수준으로 강화했다. 신용정보사는 불법 정보 유출에 관련되면 6개월 이내 영업정지 또는 과징금을 내게 되며 3년 내 재위반 시 허가를 아예 취소하기로 했다.

금융사의 정보제공 동의서 양식도 바뀌었다. 필수사항 동의로 계약 체결이 이뤄지도록 하고 선택사항에 동의하지 않는다고 해서 서비스 제공을 거부할 수 없도록 했다.

무차별적인 문자메시지 전송을 통한 영업행위가 금지됐으며 전화나 전자 우편을 통한 비대면 방식의 모집·권유 행위는 개인정보

습득 경로 등을 안내해야 하는 등 제한된 범위에서만 허용하기로 했다.

고객의 권리 확대를 위해 정보 이용 현황 조회권, 정보제공 철회권, 연락중지 청구권, 정보보호 요청권, 신용조회 중지 요청권이 도입됐다.

이에 따라 금융사는 고객이 본인 정보의 이용 현황을 확인할 수 있도록 하고 고객이 수신 거부 의사를 밝히면 영업 목적 연락을 차단하는(Do not call) 시스템을 구축하도록 했다. 고객이 원하면 기존 정보제공 동의를 철회해야 하며 거래 종료 고객이 본인 정보의 보호를 요청하면 금융사가 파기 또는 보안 조치를 하도록 했다.

금융사 책임도 강화됐다.

금융사 최고경영자(CEO)와 이사회는 정보보호 현황을 보고받고 그 내용을 감독당국에 제출하도록 했다. 신용정보 관리·보호인을 임원으로 둬야 하며 일정 규모 이상 금융사의 정보보호최고책임자(CISO)는 다른 정보통신(IT) 관련 직위와 겸직이 제한됐다.

금융사들은 해킹 등을 막기 위해 전산센터 내부·외부망 분리를 2014년까지 마무리했다. 금융전산 보안 관제 범위는 은행·증권에서 보험·카드까지 확대됐으며 금융보안 전담 기구인 금융보안원이 2015년 출범했다.

한국 시장을 위협했던
'디플레이션 공포'

2012년에는 디플레이션(Deflation) 공포가 금융시장을 엄습했다. 디플레이션은 물가가 지속적으로 내리는 현상이다. 일반적으로 물가가 내리면 좋다고 생각할 수 있지만 실제로 그렇지 않다. 물가와 함께 경기도 둔화하기 때문이다. 경제가 무기력증에 걸렸다고 볼 수 있다.

물가가 지속적으로 내리는 데는 이유가 있다. 기술혁신이나 노동생산성의 개선으로 물건값이 싸지거나 경기가 과열됐다가 거품이 꺼지며 물가가 하락하는 경우다. 부의 불평등한 분배로 기업이 생산한 제품이 팔리지 않을 때도 있다.

전문가들은 이번 디플레이션 위협을 마지막 경우로 본다. 수요가 공급을 따라오지 못하는 형국이다. 이를 '디플레이션 갭(Gap, 차이)'이라고 한다.

2012년 김중수 한국은행 총재가 밝혔던 기준금리 인하의 이유이기도 하다. 공장에선 물건이 계속 찍어 나오는데 정작 살 사람은 없기 때문이다.

이렇게 되면 기업 생산이 감소하게 된다. 만들어 봤자 팔리지 않기 때문이다. 기업은 손해를 보면 투자를 줄이고 생산라인을 멈추

게 되면서 경기 둔화가 시작된다.

이렇게 되면 생산라인에서 일하던 노동자는 필요 없게 돼 해고를 피할 수 없다. 생존하더라도 노동자의 임금은 줄거나 동결된다. 이 때문에 소득이 감소한 가계는 소비를 줄일 수밖에 없다. 소비가 더 줄어버리면 그나마 감소한 공급물량마저 다시 남아돈다. 이런 식으로 악순환이 이어져 경제는 깊은 늪에 빠진다. 성장도 물가도 모두 침체하는 최악의 상황이 벌어지는 셈이다.

이런 상황에서 가계부채는 상황을 더욱 악화시킨다.

디플레이션으로 물가가 하락하면 자산가치도 떨어지게 된다. 2013년 가계부채 1천조 원을 돌파했는데 이 중 상당수가 부동산을 담보로 잡고 빌린 돈이기 때문이다.

줄어든 소득으로 원금을 갚지 못해 대부분의 주택대출자가 이자만 내고 있는데, 부동산 시장이 침체하면 집을 팔아서도 빚을 갚지 못하는 상황을 벌어져 가계는 파산할 수밖에 없다.

이 때문에 디플레이션을 '공포'라고 부른다. 디플레이션의 영어 앞글자를 따서 이른바 'D의 공포'다.

가장 대표적인 디플레이션은 1929년 미국의 대공황이었다. 주가가 최고가 대비 90% 폭락하고 은행·기업들이 줄지어 도산했다. 산업생산은 46%가 줄어들고 미국 노동자 4명 중 1명이 실직했다.

미국은 리먼 사태 직후인 2009년 소비자물가가 1년간 마이너스 행진을 보이며 디플레이션 상황을 겪기도 했다.

일본도 장기 디플레이션을 겪어왔다. 일본 소비자 특유의 저축성향으로 정부의 경기부양정책이 먹히지 않는다. 그동안 일본의 나

랏빚은 국내총생산(GDP) 대비 200%를 넘어섰다. 세계 2위의 경제대국 자리도 중국에 빼앗겼다.

다행인 점은 한국은 디플레이션 상황을 겪어본 적이 거의 없다. 경제구조 특성상 경제위기 때 환율부터 급등해 수입물가가 올랐기 때문이다. 그러나 금융위기 직후인 2008년 말엔 디플레이션 우려가 제기됐다.

디플레이션을 벗어나는 방법은 투자·소비 여력을 되찾아 주는 것이다. 정부가 경기부양책을 내놓는 것은 사람들 손에 돈을 직접 쥐여주고 경제 혈맥에 돈을 풀겠다는 것이다.

한국은행이 기준금리를 인하하는 것도 마찬가지다. 기준금리가 내리면 시중은행의 대출금리가 떨어진다. 쉽게 돈을 빌려 쓰란 의미다. 기업이 투자를 늘리고 가계부채를 줄이는 데 도움이 된다.

기준금리를 내려도 돈이 돌지 않을 수 있다. 경기가 너무 나쁘면 모두 겁을 먹고 투자도 소비도 하지 않기 때문이다. 이렇게 되면 돈이 중앙은행에서 가계, 기업으로 가는 것이 아니라 중앙은행과 은행 사이에서만 왔다 갔다 하며 유동성의 함정에 빠지게 된다.

그래서 단순히 경기부양책을 통해 돈을 풀기보다는 어떻게 효율적으로 생산과 소비를 하도록 유도할지 고민해야 한다는 지적이 설득력이 있다는 말이 많다.

득이 되는 관치냐
금융시스템을 망치는 자율이냐

우리나라 금융시장을 놓고 관치냐 자율이냐는 문제는 해묵은 숙제다.

자율을 강조했다가는 신용카드 사태 등 무분별한 금융사 경쟁이 발생해 금융사고로 이어지고 관치가 강조되면 금융시장이 경색되기 때문이다.

2022년 윤석열 정부가 들어서면서 금융에 대한 관치 논란은 거세졌다.

윤석열 대통령은 2022년 12월 국민경제자문회의에서 "금융기관이 어떻게 수익을 창출하는지 대출을 어디다 하는지 과거에는 정부가 관여했다. 그게 관치금융이다. 금융기관의 거버넌스(지배구조)가 아주 투명하고 합리적으로 이뤄질 수 있도록 하는 것은 정부의 일이다. 그것을 관치금융이라 말하면 안 된다"고 말했다.

금융사에 대한 영업 개입은 관치이고 지배구조 개선은 관치가 아니라는 해석이었다. 지배구조는 곧 금융기관의 인사와 관련돼 있기 때문에 이는 더 큰 관치가 아니냐는 지적이 나왔다.

관치금융 논란의 역사는 길다.

관치금융은 돈의 가격과 배분에 정부가 직접 개입하면서 시작됐다. 박정희 정부의 '금융기관에 대한 임시조치법'이 시초로 볼 수 있다.

금융기관, 특히 은행을 정부가 직접 통제했다. 어느 기업에 얼마를 어느 정도의 금리로 대출해 줄 것을 정부가 직접 관여했고 모든 영업상황도 현미경처럼 들여다봤다. 당시 재무부가 은행장 역할을 하던 시절이다.

'사실상 대주주'가 정부이다 보니 맘에 들지 않는 '바지 사장'인 은행장은 언제든지 파리 목숨이었다. 인사 개입이라고 할 것까지 없고 그냥 당연한 일이었다. 산업화 시대였고 군사정부가 모든 것을 장악하고 있었던 시절이었으니 자연스럽게 받아들여졌다.

'숨은 은행장' 역할을 하던 재무부 고위 관료들은 퇴직 후 국책금융기관을 중심으로 새로운 일자리를 만들었다. 은행장과 같은 급이 아니라는 이유로 '총재'라는 고상한 직급까지 만들어 냈다. 산업은행의 최고경영자에게 총재라는 이름을 붙인 게 대표적인 사례였다.

1987년 민주화 이후 정부가 5년마다 바뀔 때마다 관치금융과 고위 관료의 낙하산 인사는 늘 논란이 됐다. 관치금융을 청산하는 특별법까지 만들자는 요구가 정치권에서 나온 적도 있었다.

김대중 정부 시절인 2000년 3월 당시 야당이던 한나라당은 총선 공약으로 '관치금융 청산특별법 제정'을 앞세웠다. 금융기관 경영진의 낙하산 인사를 금지하고, 금융기관 자산운용의 자율성을 보장하는 것이 핵심 내용이었다. 하지만 여야의 논란 끝에 흐지부지 됐다.

이후 이명박·박근혜 정부에서도 낙하산 인사들이 금융기관에서

84   2. 한국은 매년 금융위기였다… 완쾌 없는 응급처치

요직을 차지했다. 이 당시에는 낙하산 인사들이 소위 재무부 출신 관료들인 모피아에서 정치권과 인연이 깊은 민간인으로 바뀌었다.

고려대 출신 금융인들이 모인 고금회 인사들은 이명박 정부에서 금융지주 회장을 장악했다. 박근혜 정부에서는 서강대 출신 금융인들(서금회)이 주목을 받았다.

2020년을 넘어서면서 정부가 금융기관의 영업에 직접 개입하는 방식의 관치는 많이 사라졌다.

하지만 금융시장이 위기 상황에 빠졌을 때는 여전히 관치가 강력한 힘을 발휘하고 있다.

기업 구조조정이라든지 시장 안정화를 위한 유동성 지원이 마련될 때는 정부와 금융기관은 충돌하지만 결국은 정부가 원하는 방식으로 이뤄지는 게 냉혹한 현실이다.

2003년 카드 사태 당시 금융감독위원회 감독정책국장이던 김석동의 "관(官)은 치(治)하기 위해 존재한다"는 말은 관치금융 논란 때마다 회자됐다.

물론 어느 정도 일리가 있는 말이지만 우리나라 금융 산업의 규모가 커지고 외국인 투자자들이 들어오면서 정부가 관치를 드러내 놓고 하던 시대는 저물고 있다. 금융상품이나 금융시장의 가격에 영향을 주는 방식의 개입은 정부 관료라고 해도 나중에 처벌받을 수 있기 때문에 함부로 하지 못하게 됐다.

한국 금융을 좌지우지했던 '서별관회의'

우리나라 경제를 좌지우지했던 서별관회의는 청와대 서쪽 별관에서 열리는 회의였다.

주로 거시 경제와 금융시장에 관한 경제 현안을 다뤘다.

청와대 경제수석, 경제부총리 겸 기획재정부 장관, 금융위원장이 주요 멤버였다. 사안에 따라 한국은행 총재, 금융감독원장, 관련 부처 장관, 국책은행 등 공기업 최고경영자(CEO)가 참여했다.

참석자 구성을 보면 서별관회의는 의사결정체가 아니라 격의 없는 논의를 위한 회의체라는 정부의 해명은 설득력이 없다는 평가가 많았다.

서별관회의의 기원은 개발독재 시대로 거슬러 올라간다.

1964~1967년 부총리 겸 경제기획원 장관을 지냈던 장기영 씨가 경제부처 장관들과 현안을 논의했던 '녹실(錄室)회의'를 서별관회의의 시초로 볼 수 있다.

당시 회의 장소였던 경제기획원 접견실 소파와 카펫이 녹색이라서 '녹실회의'로 불렸다. 녹실회의는 김영삼 정부인 1997년 외환위기를 거치면서 서별관회의로 부활했다.

이후 김대중 정부, 이명박 정부에 이어 박근혜 정부까지 주요 경제 현안을 논의하기 위해 서별관회의를 이용했다.

대우차·하이닉스 등 대기업의 빅딜, 제일은행 등 은행 구조조정, 2000년대 초반의 카드 사태, 한미 자유무역협정(FTA) 등 한국경제의 방향을 바꾼 수많은 현안이 서별관회의를 거쳐 갔다.

하지만 참석자들의 발언 등을 담은 회의록이나 의사록은 만들지 않았다. 회의 자료도 회의가 끝나면 모두 거둬 갔다. 비공식 회의체여서 회의 참석자도 회의를 부인하는 희극도 벌어졌다.

2013년 최수현 금융감독원장은 국정감사에서 서별관회의에서 동양그룹 사태 대책을 논의했다는 질의에 "그런 적 없다"고 부인했다가 의원들이 자료로 반박하자 뒤늦게 시인했던 적이 있다.

동양그룹 사태는 자금난에 몰린 동양이 개인투자자들에게 기업어음과 회사채를 불완전판매 해 거액의 피해를 유발한 사건이었다.

최수현 금융감독원장의 국회 발언 이후 2016년 홍기택 산업은행 회장의 언론 인터뷰로 서별관회의를 둘러싼 논란은 다시 일파만파 확산됐다.

홍기택 회장은 인터뷰에서 대우조선에 대한 지원이 서별관회의에서 일방적으로 결정됐으며 자신은 들러리에 지나지 않았다는 취지로 발언했다.

대우조선해양의 부실 경영에 대한 산업은행 책임론을 면하기 위한 변명 차원이었지만 이는 밀실에서 이뤄지는 '관치금융'의 실상을 드러내는 계기가 됐다.

홍익표 더불어민주당 의원이 2015년 10월 서별관회의에서 안건으로 다룬 '대우조선 정상화 지원방안' 문건을 공개하면서 홍 전 회장의 발언이 틀린 말이 아님을 보여줬다.

정부 각 부처와 관계기관 등이 작성에 관여한 데다 대우조선 정상화 방안에 관한 시나리오별 분석이 나와 있다는 점에서 논의 안건이 단순히 소파에 모여 앉은 채 비공식적으로 다룰 수준을 넘어선 것임을 알 수 있었다.

비공식 밀실행정의 후유증은 국외까지 번졌다.

홍기택 산업은행 회장의 서별관회의 폭로에다 감사원 감사 결과에 따른 책임론이 부각되자, 중국은 홍기택 회장이 맡았던 아시아인프라투자은행(AIIB) 부총재 자리를 국장급으로 강등했다. 37억 달러가 넘는 분담금을 내고 어렵게 따낸 부총재 자리를 밀실행정의 후유증으로 한순간에 잃었다.

기업 구조조정 과정을 조율할 정부 기관 간 협의체나 서별관회의 같은 비공개회의가 필요하다는 것은 상당수 전문가도 인정한다.

그러나 서별관회의든 산업경쟁력 강화 관계장관회의든 회의내용을 투명하게 공개해 책임성을 강화해야 한다는 지적이 끊이지 않았다.

2017년 6월에는 김동연 부총리 겸 기획재정부 장관이 장하성 청와대 정책실장, 김상조 공정거래위원장과 경제 현안 논의를 위한 공개 간담회를 하면서 사실상 서별관회의 시대에 종언을 고했다.

문재인 정부는 이 회동을 계기로 경제 현안이 생길 때마다 관련 부처와 기관의 고위관계자들이 공개 간담회를 열기로 했다. 간담회에서 결정된 내용은 전 경제팀이 일치단결해 추진하고 시장에도 일관되고 예측할 수 있는 메시지를 전달하기로 했으나 생각대로 되지 않았다.

'꽃보다 남자'가 아닌
금융수장들의 F4 모임

서별관회의를 잇는 윤석열 정부의 금융수장 모임은 'F4(Finance 4) 회의'로 볼 수 있다.

F4 회의는 추경호 경제부총리 겸 기획재정부 장관, 이창용 한국은행 총재, 김주현 금융위원장, 이복현 금융감독원장까지 금융당국 수장 4명의 모임을 말한다.

주말마다 모여 금융시장 상황을 공유하고 현안을 논의하는데, 윤석열 정부의 '경제 원팀'을 상징하는 최고위급 협의체인 셈이다.

F4 회의는 비공개가 원칙이다. 참석자들도 안건도 대외에 공개하지는 않는다. 비공개인 만큼 실제 회의에서는 각 기관장이 허심탄회하게 이야기를 주고받는다.

한국은행 총재가 거시 경제 상황을 자세하게 설명하기도 하고 금융감독원장 등 당국 수장들이 금융정책 관련해서 의견을 기탄없이 조율하는 자리로 알려져 있다.

금융당국 수장들 외에 참석하는 인원과 멤버는 그날의 안건에 따라 달라진다. 코로나19 시기에는 비대면으로도 진행했고 출장 일정 등에 따라 금요일이나 토요일로 요일을 옮겨서 할 때도 종종 있다.

F4 회의에 대한 평가는 대체로 긍정적이었다. 금융시장 불안 시

발 빠른 정책 대응을 할 수 있기 때문이었다.

2022년 10월 레고랜드발 채권 시장 불안 사태 때 한국은행과 금융당국이 호흡을 맞춰 50조 원+알파(a) 규모의 긴급 대책을 내놓았다.

2023년 3월 미국의 실리콘밸리은행(SVB) 파산 사태 이후엔 국내 시장에 미치는 파급 효과, 뱅크런 대응방안 등이 다뤄졌다. PF 대출 리스크 대응방안도 집중적으로 다뤄졌다.

2023년 6월에 F4 회의에서는 역전세난 관련 전세보증금 반환 목적의 대출 관련 DSR 규제완화 등을 논의했다. 한국은행은 기본적으로 가계부채 축소의 측면에서 DSR 규제완화에 부정적인 입장이었지만 이 회의에서 한시적·예외적 완화로 공감대를 모았다.

통화 정책 '엇박자' 논란을 조율한 것도 F4 회의의 성과로 꼽혔다.

한국은행이 기준금리를 3.50%로 유지하며 통화 긴축 기조를 이어갔지만, 금융당국은 고금리 상황에 차주 부담 완화를 위한 대출금리 인하를 강조하면서 정책 엇박자 논란이 일었다. 하지만 F4 회의를 통해 통화 금융정책에 대한 입장과 시각을 교환하며 불협화음을 조기에 진화하기도 했다.

F4 회의 이전에는 '거시 경제 금융회의'가 있었다. 박근혜 정부 시절인 2012년 출범해 계속 유지되고 있다. 하지만 금융당국 부기관장급인 기획재정부 차관, 한국은행 부총재, 금융위원회 부위원장, 금융감독원 부원장이 참석해 격이 낮다는 평가가 적지 않았다.

2022년 6월부터는 비상 거시 경제 금융회의로 바뀌어 추경호 부총리가 주재했으며 2022년 10월 강원도 레고랜드발 채권 시장 위기가 심각해지자 주말 회의로 변모했다.

금융위원장이 말하는
금융위기 '5가지 교훈'

2013~2014년 금융위원장을 지냈던 신제윤 위원장이 2008년 금융위기를 회고한 내용은 두고두고 되새길 만하다.

신제윤 위원장은 '글로벌 금융위기의 교훈' 학술대회에서 총성 없는 전쟁터인 글로벌 금융외교와 금융정책 집행 현장에서 몸으로 체득한 교훈을 소개했다.

신 위원장은 2008년 리먼 사태라는 금융위기의 첫 번째 교훈은 위기일수록 구조조정을 철저히 하고 재정 건전성을 확보하는 등 기본기를 다져야 한다는 점이었다.

신 위원장은 "흔히 우리나라에 들어오는 투자자를 헤지펀드 등 나쁜 투자자와 건전한 투자를 목적으로 하는 좋은 투자자로 구분하는데 금융위기를 겪으며 살펴보니 빚은 다 빚이더라"고 회고했다.

좋고 나쁘고를 떠나 투자자금은 들어올 상황에서는 반드시 들어오고 나갈 때는 나가니 우리 경제의 기본을 충실하게 만들어 해외 투자자금의 급격한 유출을 막아야 한다는 지적이었다.

두 번째 교훈은 적정 외환보유액 논란이었다.

신 위원장은 "외환보유액은 무빙 타깃"이라고 말했다. 어떤 때는 2천억 달러도 많다고 하다가 위기 시에는 3천억 달러도 부족하다는 등 적정 규모를 놓고 논란이 끊이지 않기 때문이다.

신 위원장은 "적정 외환보유액을 특정한 수치로 제시하기보다는 시장과 소통하면서 공감대를 형성해 가는 게 무엇보다 중요하다"고 강조했다.

세 번째는 외채와 예대율, 기업 부채비율 등 외신이 2008년 금융위기 때 문제시했던 부분들을 평소에 꾸준히 관리해야 한다는 점이었다.

신 위원장은 "세계 경제에 위기 조짐이 있으면 한국이 제일 먼저 희생양이 됐다. 일부 외신들이 타깃으로 삼았던 부분을 중점적으로 관리할 필요가 있다"고 설명했다.

네 번째 교훈은 선제적으로 부채와 자산 건전성을 감독할 필요가 있다는 것이었다.

신 위원장은 "카드 사태 때도 그랬고 위기가 터지고 나니 지표가 확 나빠졌는데 이런 상황에 대비해 사전에 외화자금 만기 불일치 등에 대한 건전성을 감독할 필요가 있다. 부채뿐 아니라 자산을 같이 보는 건전성 감독이 필요하다"고 제언했다.

마지막 교훈은 '규제의 부메랑'에 대한 경고였다.

신 위원장은 "규제에 대해서는 신중하고 중립적인 접근이 필요하다. 규제가 잘못되면 부메랑이 돼 돌아오는데 외국계 은행의 국내지점 외화유동성 규제 등이 그렇다"고 지적했다.

신 위원장은 2022년 고물가·고금리·고환율 등 현상이 동시에 나타나는 '3고(高) 시대'에는 금융시장 불안이 커지므로 국가신인도의 척도인 외환보유액을 적정하게 유지하는 것이 중요하다고 강조했다.

신 위원장은 "외국인들은 시장이 불안하면 외환보유액을 가장 중요한 국가신인도로 본다. 투자한 돈을 혹시 떼이는 건 아닐까 하는 의구심은 그들 입장에서 보면 당연한 것"이라고 말했다.

과거 2008년 글로벌 금융위기 당시 외국인 투자자들은 한국의 외환보유액의 마지노선을 2천억 달러로 보고 그 이하로 발표되면 한국 시장을 외면할 방침이었으나 이를 조금 상회해 겨우 위기를 넘긴 사례도 있다고 전했다.

신 위원장은 "환투기 세력이 있다면 한 번에 과감하게 외환보유액을 투입할 수는 있다. 다만 인위적인 환율방어선을 정하고 외환보유액을 의미 없이 소진하는 것은 피해야 한다. 영국 등 외환위기를 겪은 모든 나라들의 공통실책은 무리한 환율 방어였다"고 말했다.

금융시장이 불안한 상황에서 정부와 한국은행이 원팀이 되어야 한다고도 말했다.

신 위원장은 "전통적으로 정부와 중앙은행 간에는 묘한 긴장관계가 존재한다. 평상시에는 이러한 견제와 균형이 국가 경제에 도움이 된다. 다만 위기 상황에서는 원팀으로 시장에 일관된 메시지를 전달하는 것이 중요하다"고 말했다.

4천억 달러대
외환보유액 충분할까

우리나라 외환보유액이 4천 100억 달러를 넘어서면서 사상 최대 수준을 기록했지만, 국가 경제 규모를 고려할 때 충분한 수준인지에 대한 논란이 이어지고 있다.

세계 9위 수준의 외환을 보유하고 있어도 위기가 닥칠 때마다 외환시장이 크게 흔들리기 때문이다.

2023년 6월 말 외환보유액은 4천 107억 5천만 달러를 기록했다.

외환보유액은 위기 시 외화 유출 방어의 첨병 역할을 해왔다.

1998년 외환위기 당시를 제외하더라도 2008년 금융위기 당시 외환보유액은 8개월 연속 감소하기도 했다. 이후 경상수지 흑자가 이어지면서 외환보유액은 꾸준히 늘었지만, 흑자 폭이 줄어들면서 외환보유액 증가 추세도 둔화했다.

외환보유액은 2018년 6월 처음으로 4천억 달러를 돌파했으나 이후 2년 넘게 정체됐다.

코로나19 확산에 금융시장 변동성이 커졌던 2023년 3월 외환보유액은 4천억 달러를 간신히 지키기도 했다.

2022년부터 경상수지 흑자 규모도 줄어드는 추세여서 외환보유액 확충은 외화자산 운용수익과 약달러에 의존할 수밖에 없는 상황이다.

적정 외환보유액 수준을 추정하기는 어려운 게 사실이다. 다만 경제 규모가 커질수록 외환보유액도 그만큼 늘어나야 한다는 데는 공감대가 형성되어 있다.

글로벌 금융시장은 지난 수십 년간 다양한 위기를 겪었고 국제금융기관과 전문가들은 이에 대응해 각국의 경험을 고려한 여러 외환보유액 측정 기준을 발전시켰다.

가장 전통적인 외환보유액 기준은 IMF가 1953년에 내놓은 3개월 치 수입액이다.

우리나라의 2019년 12월~2020년 2월 수입액은 1천 236억 달러로 외환보유액 4천 92억 달러는 이를 상회한다.

1999년에 나온 '그린스펀-기도티 룰'은 외환보유액으로 단기 외채를 모두 감당할 수 있는지를 기준으로 삼는다. 이를 보다 발전시켜 단기 외채와 3개월 수입액을 합한 금액이 외환보유액보다 작은지를 살피기도 한다.

우리나라의 2019년 단기 외채 규모는 1천 345억 달러고 이를 3개월 수입액과 합하면 2천 581억 달러다. 우리나라의 외환보유액으로 충분히 감당할 수 있는 규모다.

다만 적정 외환보유액 판단에 자본 유출입을 반영하면 상황이 달라진다.

금융이 발달하고 자본시장 개방도가 높은 나라에는 광의통화(M2)의 20% 기준을 적용하기도 한다. 해외자산에 대한 잠재적인 국내 수요에 근거한 기준이다.

2020년 우리나라의 M2(평잔)는 2천 927조 5천억 원으로, 이의 20%를 달러로 환산하면 약 4천 658억 달러다. 외환보유액보다 566억 달러 더 많다.

IMF는 2011년에 ARA(Assessing Reserve Adequacy) 기준을 제시했다. ARA는 수출액과 통화량, 단기 외채, 기타 포트폴리오를 조합한 계산 결과의 100~150% 수준을 적정한 외환보유액으로 본다. IMF의 2019년 2월 자료에 따르면 우리나라의 ARA는 112.3%를 나타냈다.

국제결제은행(BIS)이 2004년 내놓은 외환보유액 기준은 3개월치 수입액과 단기 외채, 외국인 주식 투자자금 3분의 1, 거주자 외화예금 잔액, 현지 금융잔액을 포함한다. 우리나라에 적용하면 8천 300억 달러로 추산했다.

이처럼 외환보유액의 적정 규모가 판단 기준에 따라 크게 달라지다 보니 금융시장과 학계에서도 이견이 많다.

학계 전문가들은 무역과 금융 개방도가 모두 높은 우리나라의 특수성과 코로나19에 따른 전 세계의 달러 수요 급증을 주목해야 한다고 지적했다.

외환보유액에 대한 대안으로 외국환평형기금채권(외평채) 발행이 거론된다.

정부도 시장 상황에 따라 필요할 경우 외평채를 발행할 수 있도록 대비를 하고 있다. 정부의 외평채 발행 검토에는 정체된 우리나라 외환보유액 규모에 대한 고민이 깔려 있다.

우리나라가 금융시장 안전망으로 외환보유액에 신경을 쓰지 않으려면 통화스와프가 최선의 해법이다.

우리나라는 일본, 스위스, 캐나다, 호주, 중국 등과 통화스와프를 체결한 상태지만 한미 통화스와프 재가동이 금융시장 안정에 가장 효과가 있다는 게 중론이다.

한국은행은 원·달러 환율이 치솟으면서 외환위기 재발 우려가 커지자 2008년 10월 30일 미 연준과 300억 달러 규모의 통화스와프 계약을 맺었다.

한미 간 첫 통화스와프였으며 외환시장을 안정시켜 위기를 모면하는 데 결정적인 역할을 했다. 하지만 당시 한미 통화스와프는 단기적인 외환 유동성 위기를 차단하기 위한 것으로 시한이 6개월이었고 두 차례 연장한 끝에 2010년 2월 1일 종료됐다.

10년 뒤 코로나19 확산으로 글로벌 금융시장에 다시 위기가 찾아오자, 한미는 2020년 3월 19일 600억 달러 규모의 통화스와프 계약을 다시 체결했다. 이번에도 한미 통화스와프는 즉각적인 효력을 발휘해 금융시장을 안정시키고 위기를 무사히 넘기는 데 역할을 했다.

두 번째 한미 통화스와프도 6개월 시한이었으나 세 차례 연장한 끝에 2021년 12월 31일 종료됐다.

두 번째 한미 통화스와프를 통해 실제로 국내 조달한 자금은 첫 두 달간 총 200억 달러에 그쳤다. 나머지 기간은 달러 자금 수요가 없음에도 만약의 사태에 대비해 계약을 연장해 오다 통화스와프를 더 이상 유지할 유인이 사라지자 종료했다.

두 번째 한미 통화스와프가 종료될 때도 미 연준의 자산매입 축소(테이퍼링) 우려 등으로 통화스와프가 추가로 연장되길 바라는 목소리가 있었지만 성사되진 않았다.

통화스와프는 국가 간 단기자금 융통을 위한 통화교환협정이다. 양국 중앙은행이 현재의 환율로 필요한 만큼 자국 통화와 상대방 통화를 교환하고 일정한 기간이 지나서 계약된 환율에 따라 원금을 재교환하는 방식으로 이뤄진다.

미국은 달러 자금 유출로 어려움에 부닥친 신흥국들의 위기가 선진 경제권으로 파급되는 것을 막기 위한 선제적 수단으로 통화스와프를 이용하는데 신용도가 높은 주요 신흥국에만 제공한다.

미국은 2008년 금융위기와 2020년 코로나19 사태 때도 한국 외에 호주, 브라질, 멕시코, 싱가포르, 스웨덴, 덴마크, 노르웨이, 뉴질랜드 등 총 9개 주요 신흥국과 거의 동시에 통화스와프 계약을 체결하고 종료도 동시에 했다.

흥국생명 콜옵션 사태…
해결은 '보이지 않는 손'

2022년 하반기 금융시장 불안은 레고랜드에 이은 흥국생명 사태로 극에 치달았다.

흥국생명의 신종자본증권 콜옵션 사태가 적기에 해결되지 않았다면 대외 불확실성에 시달리던 국내금융시장의 불안이 걷잡을 수 없이 커질 뻔했다.

신종자본증권의 콜옵션을 행사하지 않겠다고 선언했던 흥국생명이 이를 스스로 철회하기까지 상황은 피를 말릴 정도로 긴박했다.

흥국생명이 '자의 반 타의 반' 콜옵션 행사 여부를 번복하게 만든 유례없는 상황의 뒤에는 '보이지 않는 손'인 금융당국이 있었다.

흥국생명은 2023년 11월 7일 싱가포르 거래소를 통해 그달 9일 돌아오는 5억 달러 규모의 신종자본증권 콜옵션을 행사하겠다고 공시했다. 11월 1일 콜옵션 미행사를 선언한 지 엿새 만에 대반전이었다.

이를 위해 흥국생명은 자체 유동성과 국내금융기관의 지원을 통해 약 8천억 원 수준의 유동성을 확보하기로 했다. 주요 시중은행 등 금융기관은 4천억 원을 웃도는 흥국생명 환매조건부채권(RP)을 사들이기로 했다.

대주주 태광도 자구책을 내놨다. 사회적 책임 차원에서 흥국생명에 대해 자본 확충을 하기로 했다.

8천억 원의 유동성 중 5천 600억 원가량은 5억 달러 규모의 신종자본증권을 상환하는 데 쓰기로 했다. 나머지 유동성은 이번 상환으로 떨어지는 지급여력비율(RBC)을 보강하는 데 활용됐다.

금융시장에서는 '보이지 않는 손'이 없었다면 1주일 만에 흥국생명이 8천억 원 규모의 유동성을 마련하는 것은 불가능하다는 말이 나왔다.

이복현 금융감독원장은 흥국생명의 콜옵션과 관련해 시스템적으로 사전 개입은 쉽지 않다며 선을 그었지만, 이 말을 그대로 믿는 시장 참가자는 없었다. 흥국생명 콜옵션 미행사는 기획재정부, 금융위원회, 금융감독원에 모두 보고될 정도로 큰 사안이었다. 예상보다 한국물 시장에 미치는 파장이 크다는 판단 때문이었다.

외화 신종자본증권 발행은 물론 콜옵션 행사를 스스로 포기하는 과정은 금융당국과 기획재정부와의 사전 협의가 필요한 일이었다.

금융당국은 2013년 11월 2일 흥국생명의 콜옵션 미이행이 합리적인 선택이었다고 언급하며 이들의 수익성에 문제가 없다는 내용의 보도 자료까지 냈다. 악화한 시장 여론을 달래고자 금융당국이 미리 소방수를 자처한 모양새였다.

금융위원회는 보도 자료에서 "금융위원회는 물론 기획재정부와 금융감독원은 흥국생명 조기 상환권 행사 계획을 인지하고 지속해서 소통해 왔다. 채권 발행 당사자 간 약정대로 조건을 협의하고 조정하는 것이 합리적인 선택이라고 판단했다"고 밝혔다.

하지만 금융당국의 안정 메시지와 달리 금융시장은 흥국생명의 콜옵션 미행사를 일종의 디폴트 선언으로 받아들이며 패닉 상태로 빠져들었다.

시장 신뢰를 생각한다면 당연히 상환해야 할 채권을 콜옵션 기일에 갚지 못한 데다 일부 업종에서는 부도 리스트마저 돌아다닐 정도니 유동성 리스크가 커질 수밖에 없었다.

당시 흥국생명으로선 콜옵션을 행사하지 않을 수밖에 없는 요인이 충분했다. 콜옵션 행사를 포기하는 대신 스텝 업 조항에 따라 투자자들에게 제공해야 하는 금리는 7% 남짓에 불과했다. 그 시기 차환 발행을 위해선 최소 10~12% 수준의 발행 금리가 요구된 것에 비하면 합리적인 선택이었던 셈이다.

금융당국이 요구하는 건전성 요구도 흥국생명이 콜옵션 행사를 주저하게 만들었다. 2조 원 규모의 자본을 보유한 흥국생명이 6천억 원을 조달자본으로 사용하면 RBC는 폭락할 수밖에 없기 때문이었다.

결국 흥국생명의 콜옵션 행사 포기라는 선택은 금융시장을 불안으로 흔들었고 금융당국이 직접 나서 흥국생명의 대주주 지원까지 끌어내면서 금융시장 패닉으로 가는 것을 막을 수밖에 없었다.

흥국생명은 지분 56.3%를 보유한 이호진 전 태광그룹 회장이 최대 주주로 있다. 대한화섬과 티엔알 등 태광그룹 계열사들도 흥국생명의 일부 지분을 갖고 있지만 대주주의 지원을 기대하기 어려웠다. 이호진 전 회장 개인의 지분율이 큰 데다 사법 리스크를 둘러싼 여파로 자회사 경영에 참여하는 데 한계가 있었기 때문이다.

태광그룹이 이례적으로 흥국생명 자본 확충에 나선 것은 자구책 마련을 요구하는 금융당국의 압력이 반영됐다는 게 업계의 중론이었다.

금융 불안의 뇌관
'부동산 PF' 해결 가능할까

  우크라이나 전쟁 등 대내외 불확실성이 커지면서 미국 연준이 2022년부터 금리를 급격히 올렸다. 이에 따라 국내금융시장 또한 덩달아 치솟는 금리에 요동쳤다.

  고금리 직격탄에 부동산 시장이 움츠러들면서 2010년대 후반부터 '묻지마 투자'가 이어진 부동산 PF가 한국 금융을 흔들 무서운 뇌관으로 떠올랐다.

  2023년 3월 말 금융권의 부동산 PF 대출 잔액은 131조 6천억 원으로 3개월 만에 1조 3천억 원이 늘었다.

  금융권의 부동산 PF 대출 잔액은 2020년 말까지만 해도 92조 5천억 원으로 100조 원을 넘지 않았는데 2021년 말 112조 9천억 원 등으로 매년 급증하는 추세다.

  문제는 부동산 시장 침체로 수익성 및 자금 회수에 문제가 생긴 부동산 PF 사업장이 늘면서 심각한 수준으로 연체율이 올라가고 있다는 점이다.

  금융권의 부동산 PF 대출 연체율은 2023년 3월 말 2.01%로 2022년 12월 말의 1.19%보다 0.82%p 급증했다.

  부동산 PF 대출 연체율은 2020년 말 0.55%, 2021년 말에는

0.37%에 불과했는데 2023년 3월 말에는 2%를 넘겼다.

2023년 3월 말 증권사의 부동산 PF 대출 연체율은 15.88%로 2020년 말 3.37%, 2021년 말 3.71%에 비해 10%p 넘게 급등했다. 한마디로 부동산 PF 부실이 임계 치에 도달한 셈이었다.

2023년 3월 말 저축은행과 여신전문금융사의 부동산 PF 연체율은 각각 4.07, 4.20%로 2022년 12월 말에 비해 각각 2.02%p와 1.99%p 증가해 위험 지대임을 보여줬다.

이처럼 부동산 PF 부실 문제가 심각해지자 금융당국은 총력 대응에 나섰다.

금융당국은 2023년 하반기 금융시장 안정 우선순위로 부동산 PF 부실 최소화를 설정했다.

한국자산관리공사(캠코)의 PF 펀드, PF 대주단 협약을 통한 권리관계 조정을 적극적으로 활용하기로 했다. 캠코는 부동산 PF 사업장 정상화 지원 펀드를 본격적으로 가동하기로 했다.

캠코의 위탁을 받은 5개 운용사가 2천억 원 이상의 펀드를 조성하고, PF 채권을 인수한 뒤 권리관계 조정, 사업·재무구조 재편 등을 통해 정상화를 지원하는 방식이다.

2023년 4월 말 재가동한 PF 대주단도 부실 사업장에 만기연장, 신규 자금 지원 등 정상화 작업에 나섰다.

PF 대주단 협약은 PF 사업장의 복잡한 이해관계를 신속하게 조정해 민간 중심의 자율적인 사업장 정상화를 유도하기 위한 장치로 2009년 글로벌 금융위기 이후 14년 만이었다.

대주단 협약 대상 기관에는 기존 은행 등 금융회사에 더해 신협·농협 등 상호금융조합과 새마을금고 등이 새로 포함됐다. 대상 사업장은 3개 이상의 채권금융기관이 참여하면서 총 채권액이 100억 원 이상인 곳이다.

이와 별도로 금융감독원은 2023년 7월 증권사 최고 리스크 관리 책임자(CRO)와 기업금융(IB) 담당 임원들을 소집해 부동산 익스포저(위험 노출액)의 리스크 관리 강화를 강력히 요구했다.

금융감독원은 증권사의 부동산 PF 대출 연체율이 급등한 만큼 안정적으로 관리하는 데 힘써달라고 당부했다. 부동산 익스포저 추가 부실 발생에 대비해 손실흡수능력을 선제적으로 확보하는 게 중요하다고 강조했다.

드라마 같은
한국 금융사들의
권력 투쟁기

국내 제1호 금융사
모두 '역사 속으로'

　우리나라 제1호 금융사들 중에 살아남은 곳은 어디일까.

　2007년 신한은행과 조흥은행이 통합해 '신한은행'으로 재출범하면서 우리나라 제1호 금융사들은 사실상 모두 역사 속으로 사라졌다.

　최초의 보험사인 조선생명보험이 현대사의 격변을 이겨내지 못하고 1960년대 없어진 데 이어 대한증권이 1994년 교보생명에 인수됐고 최초의 은행인 조흥은행마저 신한금융지주의 울타리 안으로 들어갔기 때문이다.

　국내 자본으로 설립된 최초의 금융업체는 조흥은행의 전신인 한성은행으로 구한말인 1897년 2월에 설립됐다.

　일본제일은행이 1878년 6월 부산지점을 개설하면서 우리나라 최초의 근대적 은행제도가 도입됐다. 일본보험회사인 제국생명도 1891년 부산지점을 개설했으나 한성은행은 명실상부한 국내 최초의 금융사로 기록돼 있다.

　이는 중앙은행인 한국은행의 설립(1909년 10월)보다도 무려 12년이나 앞선 것으로 이후 공립한성은행, 조흥은행으로 이름을 바꾸면서 108년간 명맥을 유지해 왔다.

　통합은행의 존속법인이 조흥은행으로 유지돼 명맥을 유지할 수 있게 됐지만 통합은행명이 신한은행으로 결정돼 조흥은행의 명맥은 사실상 끊겼다.

신한은행의 시초는 이희건 신한금융지주 명예회장을 중심으로 재일교포 기업인들이 설립한 단기금융사인 '제일투자금융'이다.

1977년 자본금 5억 원으로 제일투자금융을 설립한 이희건 회장은 1980년대 초 불기 시작한 금융자율화 바람을 타고 은행 설립을 추진해 신한은행을 출범시켰다.

신한은행은 출범일부터 돌풍을 몰고 와 당시 잘나가던 '조상제한서(조흥, 상업, 제일, 한일, 서울은행)'를 놀라게 했다.

출범 첫날 본점 영업부 방문고객 수 1만 7천 500여 명, 신규 계좌 개설 4천 200여 개, 수신고 357억 4천 800만 원 등 유례없는 실적을 거둬 주목을 받았다.

1997년 외환위기 사태 이후에도 신한은행은 지점 수를 늘리는 등 양적 팽창을 거듭했으며 이후 대형 은행들이 줄줄이 문을 닫는 동안에도 외형을 키워나갔다.

1998년 퇴출 선고를 받은 5개 은행 가운데 동화은행을 인수한 데 이어 2001년 국내 최초로 민간주도의 금융지주사인 신한금융지주를 출범시켰다. 2003년 부실위기에 처한 조흥은행을 인수하면서 사실상 국내 2위 은행으로 도약했다.

신한은행은 현금지급기(CD)를 통한 자기앞수표 지급, 자동화기기(ATM)를 통한 공과금 수납 및 자기앞수표 입금, 인터넷뱅킹 등 국내금융계 최초 기록을 잇달아 수립했다.

국내 최초의 보험사는 조선생명보험으로 일제강점기인 1921년

10월 조선총독부로부터 설립인가를 받았다.

이는 최초의 손해보험사인 조선화재해상보험(현 메리츠화재)보다 9개월가량 앞선 것으로 일부에서는 최초의 보험사를 조선생명보험으로 보기도 한다

조선생명보험은 해방 후 1950년 5월 한국생명으로 이름을 바꿨으나 1개월 만에 터진 6.25 전쟁으로 생명보험 자체가 완전히 무의미해지는 사태를 맞았다. 휴전 이후에도 영업을 재개하지 못한 채 4.19와 5.16 등을 거치면서 1962년 9월 면허가 취소됐다.

최초의 증권사는 거래소가 개장하기도 전인 1949년 11월에 출범한 대한증권이다. 1994년 교보생명이 인수하면서 1995년에 교보증권으로 이름을 바꿔 역사 속으로 사라졌다.

한국증권사들의
DNA를 담은 NH투자증권

증권사만큼 다사다난하게 바뀐 곳이 있을까.

2015년 12월 우리투자증권과 NH농협증권이 합병해 출범한 NH투자증권은 한국증권사의 역사 그 자체로 볼 수 있다.

1969년 한보증권, 1975년 대보증권, 1983년 럭키증권, 1999년 LG투자증권, 2005년 우리투자증권, 1991년 동아증권, 1998년 세종증권, 2006년 NH투자증권, 2012년 NH농협증권 그리고 우리투자증권까지 합치면 모두 17개 증권사가 모인 결집 판이다.

업계 1위였던 우리투자증권과 규모는 작지만 모그룹에 종속됐던 NH농협증권의 합병은 이례적인 일이었다. NH투자증권으로 합병된 우리투자증권의 역사는 LG증권과 우리증권을 나눠서 봐야 한다.

LG증권의 전신은 한보증권이다. 1969년 설립된 한보증권은 1975년 재무부가 증권시장 규모 확대에 따라 증권회사 공개대형화 방침을 확정해 생보증권을 흡수합병 하면서 같은 해 7월 대보증권으로 발족했다. 같은 해 9월에는 기업공개(IPO)도 했다.

럭키그룹의 계열사로 1973년 6월 출발한 국제증권은 1983년 11월 대보증권에 흡수합병 되면서 럭키증권으로 상호를 변경했다. 1995년에는 그룹 CI 통일에 따라 LG증권으로 상호를 변경한 뒤 1999년

10월 LG종금을 흡수합병 해 LG투자증권으로 새로 태어났다.

2005년 4월 우리증권에 흡수합병 되기 전까지 LG투자증권은 업계 1~2위를 다퉜다.

LG투자증권을 삼킨 우리증권은 1954년 8월 설립된 대도증권에서 시작됐다. 1954년 동반증권, 1955년 한흥증권으로 이름을 바꾼 뒤 1976년 충남방적을 인수하고 1985년 한일은행 인수 뒤 1991년 한일증권으로 태어나게 됐다. 1999년 한빛증권이 됐다가 2002년 우리증권이 됐다.

LG투자증권과 우리증권은 2005년 4월 우리투자증권으로 새로 태어났다. 위탁점유율이 8.9%까지 올라가면서 대우증권, 현대증권과 빅3로 군림했다. 공적자금이 투입된 탓에 우리투자증권은 10년을 채우지 못하고 2015년 농협 계열로 넘어가게 됐다.

NH농협증권의 역사 또한 복잡하다. 동아그룹 계열로 1982년 고려투자금융이라는 단자회사에서 출발해 1991년 동아증권으로 증권사로 업종전환을 했다. 모그룹의 위기에다 IMF 사태가 겹치면서 1998년 세종증권으로 간판을 바꿨다.

세종증권은 '사이버월드'를 출범시켜 대대적인 광고 공세로 사이버트레이딩 수수료를 업계 최초로 낮추고 고가의 이동단말기도 무료로 배포하는 등 파격적인 영업을 했다. 2006년 NH농협 계열로 들어왔고 NH농협금융지주의 비은행 계열 강화와 함께 우리투자증권을 인수해 대형 증권사로 거듭나게 됐다.

2019년 NH투자증권은 경기도 일산 NH인재원에 창립 50주년을 기념하는 역사관도 개관했다.

국내금융, 은행 대형화로
금융지주체제 변신

국내금융을 이끌고 있는 금융지주는 언제 어떻게 만들어졌을까.

정부는 금융 산업의 경쟁력을 높이고자 2000년 금융지주회사 제도를 도입했다.

IMF 사태를 계기로 2002년 8월 정부는 금융 구조조정을 위해 금융지주회사 방식으로 초대형 은행을 만들기 위한 청사진을 마련했다.

정부는 당초 금융지주회사 관련법을 2000년 8월에 만들고 그해 정부주도 대형 지주회사를 설립한다는 구상이었다.

여야의 정쟁으로 국회가 공전하면서 법 개정이 늦어졌고 지주회사 편입은행들과 노조의 반발로 지주회사 출범은 2001년 상반기로 넘어갔다.

이후 금융노조와의 협상에서 정부가 양보하면서 다시 엉클어졌다. 금융지주회사에 편입되는 한빛, 평화, 광주, 경남은행의 기능 재편 시기를 2001년 6월까지 연장해 줌으로써 당초 일정보다 구조조정이 지연됐다.

정부는 부실 종금사로 영업이 정지된 한국, 중앙, 한스, 영남종금을 통합한 하나로종금과 공적자금을 수혈받은 한빛(옛 상업·한일은행), 평화, 광주, 경남은행 등 5개 금융사를 묶어 2001년 4월 우리금융지주를 출범시켰다.

정부가 부실 금융기관을 모아 만들었지만 우리금융은 한국 최초의 금융지주사로 금융업계 판도 재편의 시작이었다.

당시 우리금융지주의 자회사와 손자회사 14개사의 총자산은 102조 8천억 원으로 세계 90위권의 금융그룹 수준이었다. 부실채권을 대폭 정리하고 BIS 기준 자기자본비율 10%를 달성할 수 있는 수준으로 공적자금을 받아 건전성을 확보했다.

2001년 9월에는 신한금융지주가 국내 최초의 민간주도 금융지주회사로 출범했다.

신한금융지주 이사회는 인터넷 금융포털사인 e신한과 기업금융자문사인 신한맥쿼리금융자문의 자회사 편입을 승인해 신한금융지주는 신한은행, 신한증권, 신한투신운용, 신한캐피탈 등 기존 4개사와 함께 6개 자회사를 거느리게 됐다.

2005년 12월에는 하나금융지주가 설립인가를 받아 본격 출범했다.

하나금융지주는 하나은행과 대한투자증권, 하나금융경영연구소, 하나아이앤에스 등 4개 자회사와 6개 손자회사를 거느리고 여의도 대투증권 건물을 사용했다.

2006년 LG카드 매각을 위한 우선협상대상자로서 신한금융지주가 선정됨에 따라 1997년 외환위기 이후 전개됐던 금융권 구조조정은 일단락됐다.

2008년 9월에는 국민은행을 주력 계열사로 둔 KB금융지주가 출범하며 4대 금융지주사를 중심으로 하는 금융업계의 판도가 짜여졌다.

1997년 외환위기 이후 은행권은 16개 시중은행이 8개로 줄어드는 아픔을 겪었다.

현존하는 8개 시중은행 중 이름이나 주인이 바뀌지 않은 은행은 국민은행, 신한은행, 하나은행밖에 없다.

국민은행은 1963년 서민금융전담 국책은행으로 출범해 1997년 외환위기 직후 대동·장기신용은행, 2001년에 주택은행, 2003년에는 국민신용카드를 합병했다.

금융지주의 발자취를 살펴보면 우리나라 금융의 역사 그 자체였다.

신한금융지주는 외환위기 직후 동남은행, 2002년 굿모닝신한증권, 2003년 조흥은행을 인수·합병한 데 이어 LG카드까지 손에 넣었다.

1899년 설립된 상업은행을 전신으로 출발한 우리금융지주는 1997년 외환위기 직후 한일, 평화은행 등을 합병하며 성장했다. 2004년에는 LG투자증권을 인수해 비금융 부분 포트폴리오를 확장했다.

하나금융지주는 한국투자금융으로 출범해 보람, 서울은행 등을 합병하며 성장해 왔다.

한미은행은 씨티은행, 제일은행은 스탠다드차타드에 매각돼 각각 한국씨티은행과 SC제일은행으로 간판을 바꿔 달았다.

2009년 6월에는 SC제일은행의 모회사인 한국스탠다드차타드금융지주가 출범했다.

외국계 금융기관이 지주회사를 설립한 것은 SC제일은행이 처음이었다. SC금융지주는 SC제일은행, SC캐피탈, SC상호저축은행 등 3개 자회사와 SC제일펀드서비스, SC증권 등 2개 손자회사로 구성됐다.

2011년 5월에는 대구은행이 금융지주사로 전환해 DGB금융지주가 출범했다.

1967년 최초의 지방은행으로 설립된 대구은행이 종합금융그룹으로 거듭난 것이다. DGB금융지주는 포괄적 주식이전을 통해 대구은행과 대구신용정보, 카드넷 3개사를 자회사로 뒀다.

'약육강식' 속 운명 바뀐 금융 전통 강자들

1997년 IMF 사태의 후폭풍으로 대대적인 금융 구조조정이 단행되면서 금융회사들이 인수와 합병 등으로 주인이 바뀌는 운명을 맞았다.

업종 내에서 가장 오랜 전통을 자랑하거나 선두를 지켰던 금융 명가들이 후발 회사에 넘어가고 외국인 손에 팔리는 수모를 겪었다.

100년이 넘는 전통으로 국내 은행의 간판임을 자임했던 조흥은행이 출범 20년을 갓 넘긴 신한은행에 합병됐고 외환 업무의 총아였던 외환은행은 미국계 펀드인 론스타를 새로운 주인으로 맞았다.

국내의 대표적인 투신사 중 하나였던 현대투자증권도 미국계 금융그룹인 푸르덴셜에 매각됐고 전업 신용카드업계의 1위였던 LG카드는 국내금융시장을 위기로 몰아넣었다.

국내 최대의 상호저축은행인 한솔상호저축은행도 미국계 펀드에 팔렸다.

조흥은행의 매각은 일대 사건이었다.

2002년 6월 공적자금관리위원회에서 조흥은행을 신한금융지주에 매각하기로 결정하자 조흥은행은 당혹감을 감추지 못했다.

외환위기 이전까지 '조(조흥은행), 상(상업은행), 제(제일은행), 한(한일은행), 서(서울은행)'의 은행 서열에서 선두 주자였던 만큼 후발 신생 업체에 넘어가게 됐다는 현실을 수용하기가 어려웠던 것이다.

조흥은행 노조는 은행 사상 초유의 전산망 가동 중단이라는 승부수를 띄우며 파업으로 맞서 3년간 독립 경영을 보장한다는 양보를 얻어냈지만, 역사를 되돌릴 순 없었다.

한성은행으로 출발해 1943년 현재의 사명으로 바꾼 조흥은행은 외환위기 이전까지 이철희, 장영자 부부 어음 편취 사건, 영동개발 진흥 어음 부정 지급 보증사건 등의 위기 속에서도 은행업 1위의 자리를 지켜 왔다.

그러나 1997년 들어 한보 사태, 삼미그룹과 기아그룹 부도 등으로 타격을 받더니 같은 해 12월 외환위기가 닥치자 정부의 공적자금을 지원받아야 하는 처지로 전락했다.

2000년 들어 대우와 현대 사태에 이어 주거래기업인 쌍용양회의 유동성 문제가 불거지자 제2차 구조조정 대상에 오른 끝에 역사의 뒤안길로 사라졌다.

외환은행도 2000년 8월 미국계 투자펀드인 론스타에게서 1조 3천 834억 원을 받고 지분 51%와 경영권을 넘겨 외국계 은행으로 탈바꿈했다가 나중에 하나은행과 합병됐다.

현대투자증권도 2000년 초 현대그룹의 유동성 위기로 부실이 야기된 지 4년여 만에 푸르덴셜그룹에 팔렸다.

현대투자증권은 1982년 국민투신으로 출발해 국내의 대표적인 투신사로 성장했지만 거듭된 경영 부실 끝에 현대그룹에 팔렸고 결국에는 외국인의 손에 넘어갔다.

전업 카드사 1위였던 LG카드는 독자 생존의 가능성을 인정받지 못해 신한에 팔려 신한카드로 유니폼을 바꿔 입었다.

LG카드는 한때 1천만 명 이상의 회원을 확보하고 삼성카드를 제치며 업계 1위에 올라 구본무 회장이 계열사 사장단 회의에서 칭찬했을 정도로 잘나갔다.

그러나 무리하게 팽창시킨 26조 원의 자산과 무분별하게 모집한 회원들의 연체가 암초로 부상했고 2002년 11월 유동성 위기에 봉착하며 국내금융시장 전체를 위기로 몰아넣었다.

채권금융단의 만기연장과 신규 자금 지원으로 부도는 면했지만 구본무 회장이 갖고 있던 지주회사 ㈜LG와 LG투자증권, LG카드 주식까지 담보로 제공하는 수모를 겪었다.

바람 잘 날 없는 금융지주…
황영기가 남긴 두 마디

2009년 9월 황영기 KB금융지주 회장이 취임 1년 만에 KB금융을 떠났다.

2008년 KB금융 회장 자리를 거머쥘 때만 해도 1년 후 이처럼 쓸쓸히 퇴장할 것이라 예상한 사람은 아무도 없었다.

황영기 회장은 삼성증권 사장과 우리금융지주 회장 겸 우리은행장을 역임한 금융업계 전문경영인이었다.

1975년 삼성물산에서 직장생활을 시작해 삼성그룹 회장비서실, 삼성투신운용 사장과 삼성증권 사장을 맡는 등 이른바 '삼성맨'의 길을 걸어왔다. 1989년 삼성에서 인수한 국제증권을 지금의 삼성증권으로 성공적으로 탈바꿈시킨 데 이어 총자산 기준으로 금융업계 3위였던 우리금융을 국내 최대 금융그룹으로 도약시키면서 재벌 출신 이미지를 금융 전문경영인으로 바꾸는 데 성공했다.

토종은행론과 맏형론 등으로 금융업계 화두를 선점했으며 직원들에게 장산곶 매 넥타이, 지휘봉 등을 나눠주며 영업을 독려해 검투사란 별명을 얻기도 했다.

2003년 11월 빌 클린턴 전 미국 대통령이 방한했을 때 라운딩을 함께 한 싱글 골퍼로도 유명했다.

이렇게 금융 판을 장악했던 황 회장은 KB금융 출범 1주년을 축하하는 자리에서 기념사와 더불어 이임사도 읽어야 했다.

황 회장은 "떠나는 자는 말이 없어야 한다"면서도 이임사 말미에 북송의 유학자 정호(程顥)가 남긴 시구 중 한 대목인 "정관자득(靜觀自得)"이라는 글귀를 언급했다. '차분한 마음으로 사물을 볼 때 세상의 진리를 깨닫게 된다'는 말이다.

앞으로 수년간 금융인으로서 다시 복귀할 수 없게 하는 결정을 내린 금융감독당국에 대한 불만과 함께 자신의 처지에 대한 아쉬움을 동시에 담고 있었다.

황 회장은 "우리은행 재직 시 당시 실무진들이 잘 해보겠다는 의욕으로 전결 규정과 리스크 관리절차에 따라 집행했던 투자가 대규모 평가손을 유발하면서 징계를 받는 사태에 이르렀다"며 자신에게 중징계 결정을 내린 금융당국에 우회적으로 불만을 표시했다.

황 회장은 KB금융 출범 1주년 기념사에서 "집사광익(集思廣益)"이라는 고사성어를 인용했다. '생각을 모아 이익을 더한다'라는 뜻이다.

황 회장은 KB금융 회장에 취임해 금융지주 내 계열사 간 시너지를 강조했다. 비대한 은행만으로는 금융지주로서의 목적을 이룰 수 없다는 이유에서였다.

황 회장은 "은행과 비은행 부문의 균형성장을 위한 '투트랙(Two track) 전략'을 통해 그룹의 비즈니스 포트폴리오를 최적화해야 한다. 그룹 수익 창출의 핵심을 이루는 은행과 신용카드 사업의 역량 강화는 물론 장차 그룹의 차세대 핵심 사업으로 육성해야 할 증권,

보험, 자산운용 등의 성장을 위한 고객기반을 구축해야 한다"고 말했다.

금융지주회사로서 은행은 물론 증권, 보험, 자산운용 등 전 분야에 걸친 시너지를 통해 수익을 극대화해야 한다는 점을 "집사광익"이라는 고사성어를 통해 언급한 것이다.

파생상품 투자 손실로 금융계를 떠난 황 회장은 차병원그룹 부회장으로 일하면서 와신상담하다가 2015년 1월 금융투자협회장에 당선해 금융권에 복귀했다.

2009년 9월 금융당국의 제재를 받고 KB금융 회장직을 떠난 이후 금융권 복귀는 5년여 만이었다.

금융그룹이 지배하는
국내금융사 현주소

국내금융시장은 은행, 특히 5대 금융그룹이 지배한다고 봐도 과언이 아니다.

이들 금융그룹 회장은 대통령 부럽지 않을 정도의 막강한 권력을 행사하고 있다. 금융그룹 산하 은행, 증권사, 보험사, 카드회사 등 수십 개 계열사의 임직원만 수만 명에 달하고 이들 금융사 직원 평균 연봉이 1억 원대에 달해 누구나 들어오고 싶어 하는 '꿈의 직장'이기 때문이다.

2001년 3월 우리금융지주를 시작으로 2013년 7월 JB금융지주가 합류하는 등 금융지주회사의 수는 꾸준히 증가해 10개가 넘는다.

2014년과 2015년에 우리금융지주, 산은금융지주, 씨티금융지주, SC금융지주 등 4개 금융지주회사가 사라졌다가 2019년에 우리금융지주가 재설립돼 2021년 말까지 총 10개 금융지주회사가 생겼다.

10개 금융지주회사의 2021년 말 총자산은 3천조 원, 당기순이익은 21조 2천억 원으로 매년 막대한 수익을 거두고 있다.

은행이 중심이 되는 금융지주 형태와 달리 메리츠금융지주는 보험과 증권사가 주축이다.

메리츠금융지주는 2023년 4월 메리츠화재와 메리츠증권을 완전자회사로 편입해 단일 상장사로 통합 출범했다.

금융지주회사와 별도로 금융감독원은 금융복합기업집단을 지정해 감독하고 있다. 금융지주 형태의 금융그룹에 대해서는 금융지주회사법을 통해 그룹 차원의 감독을 시행하고 있다.

금융복합그룹의 경우는 금융 부문에서 차지하는 비중과 금융시스템에 미치는 영향이 상당한데도 그룹 차원의 자본 적정성, 내부거래·집중 위험, 계열사 간 위험 전이 등의 금융복합그룹 차원의 위험에 있어 개별 업권별 감독이 미치기 어려운 사각지대로 남아 있었다.

정부는 2017년 '금융그룹감독'을 100대 국정과제 중의 하나로 선정해 금융복합그룹의 감독 방안 도입 논의를 시작했고 2020년 12월 법을 제정했다.

금융위원회는 2021년 7월 정례회의를 통해 삼성, 한화, 미래에셋, 교보, 현대차, DB 등 6개 기업집단을 금융복합기업집단으로 지정했다.

금융복합기업집단으로 지정되면 지정일로부터 1개월 이내에 대표금융회사를 금융감독원에 보고해야 한다. 이에 따라 각 기업집단은 삼성생명, 한화생명, 미래에셋증권, 교보생명, 현대캐피탈, DB손해보험을 대표금융회사로 선정해 금융감독원에 보고하고 있다.

일반은행이 아닌 인터넷 전문은행이 도입된 것도 우리나라 금융에서 혁신적인 일이었다.

정부는 금융 서비스 혁신과 은행 업무에 핀테크를 활용해 은행 간의 경쟁을 촉진하고자 인터넷 전문은행제도를 도입했다.

금융감독원은 2016년 케이뱅크, 2017년 카카오뱅크의 은행업 인가 이후 혁신 ICT기업이 주도하는 인터넷 전문은행의 신규 인가를 추진했다. 그 결과 2021년 6월 토스뱅크가 인터넷 전문은행 인가를 받았다.

금융시장 뒤흔든 농협 '신·경 분리'에 금융·경제지주 설립

우리나라 경제의 큰 한 축인 농협의 신용과 경제 분야 분리는 금융시장을 뒤흔든 사건이었다.

농협이라는 거대 조직이 본격적으로 금융 분야에 진출한다는 의미였기 때문이었다.

농협중앙회의 신용사업과 경제 사업을 분리하는 것을 골자로 한 농협법 개정안이 2011년 3월 국회를 통과해 1994년부터 논의돼 온 농협개혁작업이 일단락됐다.

이에 따라 농협중앙회는 2012년 3월부터 '1중앙회-2지주회사' 체제로 전환됐다.

중앙회와 자회사가 수행 중인 농축산물 판매·유통·가공 등 경제사업을 묶어 농협경제지주회사를 설립하고 신용사업을 분리해 농협은행을 설립하는 한편 공제사업은 농협생명보험, 농협손해보험으로 전환해 농협금융지주회사에 편입했다.

중앙회는 조합 및 농업인 교육·지도 등에 전념토록 하고, 경제 및 금융 사업은 시장 경쟁이 가능하도록 기업경영제체로 전환했다. 대신 중앙회가 신설 경제지주 및 금융지주의 지분을 소유해 두 지주회사의 경영 및 인사권을 통제하도록 했다.

법 개정 과정에 가장 논란이 됐던 사업구조 개편에 필요한 자본금은 우선 농협이 자체 조달 하고 모자라는 부분은 정부가 지원하는 방식으로 정리됐다.

농협이 신용사업과 경제 사업을 분리하게 된 것은 신용사업의 경쟁력을 높이고 경제 사업을 활성화함으로써 농업인에게 더 많은 혜택을 주기 위해서였다.

그동안 농협은 돈이 되는 신용사업에만 치중해 농업인이 원하는 농축산물 유통·판매 등 경제 사업은 소홀히 한다는 비판을 받아왔다.

금융환경이 급격히 변하고 있음에도 불구하고 신용사업은 협동조합이라는 제도적 한계와 사업 다각화 제약 등으로 경쟁력이 지속적으로 하락해 왔다.

2006년 1조 943억 원이었던 신용부문 순익이 2010년에는 5천 662억 원으로 반 토막 났다.

이 때문에 기존 구조로는 신용사업 건전성 유지뿐만 아니라 조합 지원 등의 협동조합 고유 기능도 위축될 수 있다는 우려가 제기돼 왔다.

농협금융지주는 농협중앙회에서 농협은행과 농협보험(생명, 손해)을 분리·신설하고 NH농협증권 등 기존 자회사를 아우르는 방식으로 설립됐다.

2010년 9월 기준으로 농협의 총자산은 국민(275조 원), 우리(247조 원), 신한(238조 원)에 이어 193조 원으로 4위에 해당돼 자산 200조 원 규모의 거대 금융지주가 출범했다. 본격적인 5대 금융지주의 시대가 시작된 것이다.

농협금융지주는 은행, 생명보험, 손해보험과 함께 기존 금융 관련 자회사 7곳을 거느리게 됐다. 전국에 퍼져 있는 지역농협의 위력까지 고려하면 농협은 기존 금융지주사들의 영역을 언제든지 무너뜨릴 수 있는 잠재력을 가졌다.

2012년 주력 자회사인 농협은행은 본부 조직과 정원을 대폭 줄이는 방식으로 영업점 마케팅 강화에 나서기도 했다. 자회사별로 대표 금융상품도 차례로 내놓았다.

농협금융은 출범 직후 신충식 회장의 사퇴로 불거진 낙하산 인사 논란, 노사 갈등, 부족자본금 지원방안을 둘러싼 정부와의 파열음, 중앙회의 옥상옥 구조에 따른 지배구조 불안, 잇따른 전산사고 등 잡음이 끊이지 않았다.

농협금융을 둘러싼 논란은 2013년 5월 신동규 회장이 돌연 사퇴를 선언하면서 정점을 찍었다. 중앙회의 경영 간섭으로 누적된 갈등이 사퇴의 배경으로 지목됐다. 신 회장은 "(농협의 지배구조를 봤을 때)제갈공명이 와도 안 될 것"이라며 일침을 가했다.

농협금융은 임종룡 회장이란 구원투수가 있었다.

관료 시절부터 중재의 달인으로 유명했던 임종룡 회장은 특유의 친화력으로 내부 소통에 공을 기울였고 우리투자증권 인수라는 성과로 이어졌다. KB금융이 우리투자증권을 가져갈 것이란 시장의 예상을 깨는 결과였다.

NH농협증권이 우리투자증권과 합쳐지면서 대우증권을 따돌리고 단숨에 증권업계 1위로 도약하게 됐다.

대통령 부럽지 않은 권력…
'금융지주 회장' 쟁탈사

금융계의 대통령이 금융위원장, 금융계의 검찰총장이 금융감독원장이라면 금융지주 회장은 삼성과 현대와 같은 금융계의 재벌그룹 회장으로 봐도 무방할 정도의 위치다.

금융권에서 막강한 권한을 행사하는 금융지주 회장 자리는 누구나 탐을 내다보니 자리다툼이 끊이지 않았다.

대표적인 사례가 신한 사태다.

신한 사태는 2010년 신한금융그룹 경영권을 놓고 라응찬 회장 및 이백순 행장 측과 신상훈 사장 측으로 갈라져 고소 고발까지 이어진 드라마 같은 사건이었다.

7년을 끌었던 이 사건은 2017년 3월 대법원 판결이 나고, 신한금융지주가 5월 이사회에서 신상훈 사장과 이백순 행장의 스톡옵션 행사를 허용하기로 하면서 마무리됐다.

신한 사태는 신한금융그룹 경영권을 놓고 라응찬 회장과 이백순 행장, 신상훈 사장의 권력다툼이 벌어져 2010년 9월 신한은행이 경영진이었던 신상훈 사장을 횡령, 배임 등의 혐의로 검찰에 고발하면서 비롯됐다.

소송이 진행되자 신한금융 이사회는 재판을 이유로 스톡옵션 행사를 보류했다. 신상훈 사장은 경영자문료 횡령 혐의와 부당 대출로 회사에 손해를 끼친 혐의 등으로 기소됐다. 이백순 행장도 금융지주회사법 위반과 배임 등의 혐의로 기소됐다.

하지만 신상훈 사장은 2017년 3월 대법원이 횡령과 배임, 금융지주회사법 위반 등 주요 혐의에 대해 무죄를 확정해 명예회복을 하게 됐다.

2009년 9월에는 금융계의 '검투사'로 불렸던 황영기 KB금융지주 회장이 금융당국의 집요한 압박에 임기를 채우지 못하고 자발적으로 사임하는 사태가 벌어졌다.

황 회장은 1989년 삼성에서 인수한 국제증권을 삼성증권으로 성공적으로 탈바꿈시켜 민간 금융계가 낳은 최고의 스타 CEO로 2004년 우리금융지주 회장 겸 우리은행장으로 발탁됐다.

황 회장은 은행권 영업 전쟁을 통해 총자산 기준으로 금융업계 3위였던 우리금융을 국내 최대 금융그룹으로 도약시켰고 시가총액도 2.7배나 늘리는 성과를 올렸다.

하지만 대주주인 예금보험공사와의 잦은 마찰 등으로 연임에 실패한 황 회장은 15개월 뒤 KB금융지주 초대 회장으로 화려하게 복귀했다.

KB금융지주 회장으로 취임하기 보름 전에 리먼 브라더스 사태로 글로벌 금융위기가 발발하면서 우리금융 회장 시절 투자했던 파생금융상품인 부채담보부증권(CDO)과 신용부도스와프(CDS)가 휴지 조각이 되면서 1조 6천억 원의 손실로 이어졌다.

예기치 못한 금융위기 때문에 공격적 투자 결정이 막대한 부실로 이어져 황 회장은 은행 부실의 책임자라는 오명을 쓰는 신세가 됐다.

2014년 5월에도 KB금융지주는 막장 드라마 수준의 내분 사태가 발생했다.

국민은행 이사회는 2014년 4월에 2천억 원의 비용이 들어가는 전산시스템을 IBM에서 유닉스로 교체하기로 했는데 국민은행장과 감사가 이 결정에 반기를 들었다.

10명으로 구성된 국민은행 이사회는 최고의 의사결정기구였다. 이 이사회에서 이건호 국민은행장과 정병기 감사가 한 팀이 됐고 나머지 인사들이 다른 팀으로 편이 갈렸다.

임영록 KB금융지주 회장은 "이사회 결정을 존중한다"며 우회적으로 이사들을 두둔했다.

은행장과 감사는 이사회 결정에 불복해 금융감독원에 특별검사를 요청했고 법원에 이사회 결정 효력정지 가처분신청을 내며 반발했다.

금융감독원은 국민은행뿐만이 아니라 국민은행을 감독할 책무가 있는 KB금융지주까지 한꺼번에 검사에 착수했다. 소비자단체인 금융소비자원은 임영록 회장과 이건호 행장 그리고 국민은행 사외이사 전원을 '배임' 혐의로 검찰에 고발했다.

진흙탕 싸움에 모두가 패자가 될 가능성이 커지자 국민은행은 긴급이사회를 열어 수습에 나섰지만 갈등 봉합에는 실패했다. 이 사태는 KB금융 최고경영진이 정상적인 판단능력을 상실했음을 여지없이 보여줬다.

당시 국민은행에서는 대형 금융사고가 빈발했다. 도쿄지점에서는 수천억 원대의 부당 대출이 일어났고 비자금 조성 의혹까지 제기됐다. 지점장들이 구속된 가운데 현지 직원 1명은 자살했다.

사상 최대의 개인정보 유출이 있었고 1조 원대의 금융 거래 확인서 부정발급 사건이 나는가 하면, 직원들이 국민주택채권을 위조해 100억 원이 넘는 돈을 횡령하는 일이 벌어졌다.

지주회사와 은행이 형식상으로는 상하관계이지만 은행의 비중이 워낙 커서 은행을 지배하지 못하는 지주회사 회장은 유명무실한 존재가 되기 때문에 알력이 끊이지 않았다.

2020년대에 접어들면서 금융지주 회장들이 연임을 포기하면서 10년 가까이 장기 집권하던 시대가 저물었다.

각종 논란에 책임이 있는 최고경영자가 이사진을 장악했다는 것만으로 임기를 '셀프' 연장하는 행태를 용인할 수 없다는 금융당국과 여론의 압박이 거세지고 사내 세대교체 요구까지 더해졌기 때문이다.

BNK금융지주의 경우 2023년 1월 임원추천위원회와 이사회를 열어 차기 회장 후보로 빈대인 부산은행장을 선정했다.

전임인 김지완 BNK금융지주 회장은 2022년 11월 회장직에서 스스로 물러났다. 2017년 취임해 2020년 연임에 성공했고 3연임을 꿈꿨지만 두 번째 임기를 5개월여 앞두고 부당내부거래 의혹 등이 불거지면서 자진 사임 했다.

5대 금융그룹 중 절반이 넘는 3곳에서 물갈이가 이뤄졌다.

조용병 신한금융지주 회장은 2022년 12월 차기 회장 후보 대상의 최종 면접 자리에서 돌연 '용퇴' 의사를 밝혀 진옥동 신한은행장이 회장 바통을 이어받았다.

신한금융 임직원들과 금융권 모두 조용병 회장의 3연임을 확신했지만 조용병 회장의 최종 임기는 9년이 아닌 6년에서 멈췄다.

2019년 1월 취임한 손태승 우리금융지주 회장도 2023년 1월 스스로 3년 임기 연장을 포기했다.

NH농협금융지주도 2023년 1월 이석준 국무조정실장을 차기 회장 후보로 내정하면서 손병환 회장의 연임이 무산됐다.

이런 금융지주 회장 인사 결과는 과거와 비교해 확연한 차이가 있다.

김정태 하나금융지주 회장은 2012년 회장직에 오른 뒤 4연임에 성공해 2022년 3월까지 무려 10년 동안 하나금융을 이끌었다. 윤종규 KB금융지주 회장도 2014년 11월 취임한 뒤 연임했다.

예전에는 실적이 좋을 경우 금융지주 회장은 최소 3연임 한다는 관행이 있었는데 2022년 들어 상황이 완전히 달라졌다.

무엇보다 금융당국이 금융지주 수장들의 '장기 집권'을 달가워하지 않기 때문이었다.

사기업의 인사에 정부가 개입할 권리가 없다는 주장도 있다. 하지만 금융당국은 펀드 사태에 책임이 있거나 개인적 비리 의혹을 받는 경우 물러나는 게 옳다는 기본 인식을 숨기지 않았다.

이복현 금융감독원장은 2022년 11월 라임자산운용 사모펀드의 환매중단 사태와 관련해 중징계를 받은 손태승 우리금융 회장에 대해 "과거 소송 시절과 달리 지금 같은 경우 급격한 시장 변동에 대해 금융당국과 금융기관들이 긴밀하게 협조해야 하는 점 등을 고려할 때 아마도 현명한 판단을 내리실 것으로 생각한다"고 압박했다.

이복현 원장은 2022년 말 조용병 신한금융 회장의 3연임 포기에 대해 "본인의 성과에 대한 공과 소비자보호 실패 잘못을 자평하면서 후배들에게 거취를 양보해 준 것"이라고 평가했다.

이처럼 금융당국의 압박이 금융지주 회장의 임기 변화에 큰 영향을 미치고 있지만 금융그룹 내부의 세대교체 요구도 만만치 않다.

고령의 회장이 3연임, 4연임까지 하면 정관상 70세 상한 연령 기준이 있기 때문에, 차세대 리더 그룹은 한 번 임기를 맡기도 어려워질 수 있다는 불만이 커지고 있기 때문이다.

연임했다 하면 수십억…
재벌 못지않은 금융지주 회장들

"돈을 벌고 싶으면 금융지주 회장을 해야 한다"

이는 금융위원회 고위 공무원들이 사석에서 자주 하는 말이다. 공무원 월급으로는 꿈도 꿀 수 없는 거액을 금융지주 회장이 되는 순간 받을 수 있기 때문이다.

금융지주사 회장들이 권력을 잡으면 100억 원에 가까운 보수를 챙겨가는 것으로 나타났다. 한 차례 정도 연임을 가정했을 때 얘기다.

문제는 이들이 받아가는 돈만큼 부가가치를 생산하는지에 대해선 회의적인 평가가 많다.

주인 없는 회사에서 주인 행세를 하면서 임기 내내 친정 체제를 구축하는 작업에만 몰두한다는 비판도 여전하다.

2018년 보수가 가장 많은 금융지주 회장은 김정태 하나금융그룹 회장이었다. 김 회장은 급여와 상여금을 포함해 17억 5천여만 원을 받았다. 연봉 공개 제도가 미비했던 2012년에 회장 자리에 오른 것을 고려하면 김정태 회장이 지금까지 회장으로 받은 보수는 100억여 원으로 추정됐다.

윤종규 KB금융그룹 회장은 2018년 14억 3천여만 원을 받았다.

윤종규 회장은 2014년부터 2017년까지 KB금융그룹 회장 겸 KB

국민은행장을 겸임했고 이후로는 회장직만 맡았다. 그동안 윤 회장이 받은 돈은 사업보고서에 공개된 것만 36억 9천여만 원이었다.

2017년부터 신한금융지주를 이끈 조용병 회장은 2018년 11억 4천여만 원을 받았다. 은행장에 올랐던 2015년부터 지난해까지 공개된 보수를 합하면 40억 원에 육박했다.

금융지주 회장들의 임기는 통상 3년이다. 한 차례만 연임에 성공해도 6년 동안 매년 십수억 원의 보수를 챙겨가고 회장직에서 물러나면서는 장기성과급을 나눠 받는다.

회장 연임 한 차례만 하면 100억 원은 가져가는 구조인 것이다.

한동우 신한금융지주 회장은 2011년 회장에 올라 한 차례 연임에 성공했다. 한동우 회장의 보수가 공개된 2013년부터 2017년까지 5년 동안 그가 받은 돈은 94억 1천여만 원이었다.

2022년 4대 금융그룹이 전·현직 회장들에게 지급한 보수는 90억 원에 육박했다.

퇴직금을 포함해 50억 원에 가까운 금액을 한꺼번에 받는가 하면, 사모펀드 사태와 관련해 금융당국으로부터 받은 징계에 불복해 소송을 벌이는 와중에도 성과급으로 수억 원을 챙겼다.

2022년 3월 퇴임한 김정태 하나금융 회장은 역대급 퇴직금을 수령했다.

김정태 회장은 급여 7억 4천여만 원, 상여금 11억 4천여만 원, 기타근로소득 240만 원, 퇴직소득 4억 2천만 원, 특별 공로금 25억 원 등 총 48억 원을 받았다.

함영주 하나금융 회장은 2022년 15억 3천여만 원 보수를 받았다. 손태승 우리금융 회장의 2022년 보수는 12억 200만원이었다. 조용병 신한금융 회장도 8억 5천 100만 원의 보수를 수령했다.

문제는 금융지주 회장들이 이렇게 많은 돈을 받아가면서 그만큼 역할을 하고 있느냐다.

금융지주 수익은 대부분 은행에 의존한다. 국내 은행은 정부가 지켜주는 진입장벽 안에서 땅 짚고 헤엄치기식 이자 장사로 매년 수조 원 이상을 번다.

이렇다 할 혁신도 없이 독과점이라는 규제 속에서 안주하면서 막대한 보수를 챙겨간다는 비판이 나올 수밖에 없다. 혁신보다는 취임과 함께 다음 연임을 위한 참호 구축에만 몰두한다는 지적도 나온다.

금융지주는 오너가 없는 회사여서 한번 회장에 오르면 막강한 권한을 휘두를 수 있다. 사외이사진과 회장후보추천위원회만 친정 체제로 구축하면 장기 집권이 가능한 구조다.

이 때문에 유일한 경쟁자라 할 수 있는 금융지주 권력 서열 2위인 은행장과 금융지주 회장의 볼썽사나운 권력다툼이 자주 벌어졌다.

2010년 신한 사태부터 2011년 이팔성 우리금융지주 회장과 이순우 우리은행장의 갈등, 2012년 ING생명 인수를 둘러싼 KB금융그룹 어윤대 회장과 임영록 사장의 갈등, 2014년 은행 주전산기 교체 문제로 불거진 KB 사태 등 금융지주 간 내부 갈등은 끊이지 않았다.

과거에는 금융당국이 강력한 입김으로 견제기능을 행사했지만 2010년대 후반 들어 관치금융이라는 비판에 이마저도 제대로 힘을 쓰지 못했다.

2017년 최종구 금융위원장과 최흥식 당시 금융감독원장이 공개적으로 하나금융그룹의 '셀프 연임'을 비판했지만, 김정태 회장은 3연임에 성공했다. 오히려 최흥식 금융감독원장이 하나금융 사장 재직 시절 채용비리 의혹이 불거지며 금융감독원장 자리에서 낙마했다.

금융권을 주름잡았던 '4대 천왕'…
4년 넘게 독식

'금융계 4대 천왕'이란 단어는 금융당국도 함부로 건들지 못할 정도로 강력한 힘을 가진 금융지주 회장 4인방이 전성기를 누리면서 나온 말이다.

금융계에서 4대 천왕은 어윤대 KB금융 회장을 비롯해 이팔성 우리금융지주 회장, 강만수 산은금융지주 회장, 김승유 하나금융지주 회장을 일컫는다.

금융계에서는 이들을 4대 천왕으로 묶어서 부르지만 출신 배경은 관료, 교수, 은행원으로 모두 달랐다. 평균 재임 기간은 4년 1개월이었다.

2011년 3월 취임해 2013년 4월에 물러난 강만수 회장의 재임 기간이 2년으로 가장 짧았다. 강만수 회장은 이명박 대통령이 '야인'으로 지내던 시절부터 인연을 맺었다.

강만수 회장은 이명박 대통령이 서울시장으로 있을 때 서울시정개발연구원장을 지냈고 이명박 정부가 출범한 2008년 초대 기획재정부 장관으로 화려하게 복귀했다.

연임을 포기한 어윤대 회장은 이명박 대통령의 모교인 고려대 교수로서 총장을 지냈고 이명박 정부 출범에 맞춰 국가브랜드위원장을 맡았다.

어윤대 회장은 황영기, 강정원 회장이 잇따라 물러난 'KB 사태'의 수혜자로 불렸다. 2010년 7월 KB금융 회장에 취임해 임기 3년을 채우고 물러났다.

이팔성 회장은 한일은행에서 은행원 생활을 시작했지만 이명박 대통령과 인연이 깊다.

이팔성 회장은 이명박 대통령이 서울시장 시절 서울시립교향악단 대표로 영입됐으며 2008년 이명박 정부 출범과 함께 우리금융 회장이 됐다.

이 회장과 함께 한일은행에서 은행원으로 출발한 김승유 회장은 6년 4개월간 회장직을 맡다가 이명박 정부가 말기에 들어선 2012년 3월 물러났다.

김승유 회장은 이명박 대통령과 인연으로 2008년과 2011년 연임에 성공해 라응찬 신한금융지주 회장에 이은 '장수 회장'으로 기록됐다.

이명박 정부에서 4대 천왕은 이름에 걸맞게 금융권의 핵심 현안을 주도적으로 추진했다.

김승유 회장은 우리금융 인수에서 외환은행 인수로 급선회하는 승부수를 던졌다. 하나금융은 시중은행을 자회사로 둔 금융지주 가운데 가장 규모가 작았으나 외환은행을 인수해 덩치를 키웠다.

강만수 회장은 이명박 정부의 공약인 산업은행 민영화를 타진하고 'KDB 다이렉트'로 대표되는 파격적인 소매금융 영업을 폈다.

어윤대 회장도 우리금융 인수를 추진한 데 이어 ING생명 한국법인 인수를 추진하는 등 KB금융의 외연을 넓히려고 애를 썼다.

하지만 이들이 하는 일에는 늘 '정권 실세'라는 꼬리표가 따라다녔다. 주어진 권한을 뛰어넘어 자회사 인사와 경영에 지나치게 간섭한다는 지적도 받았다.

강만수 회장은 정권 실세에 대한 특혜라는 비난 속에 우리금융 인수 후보에서 원천 배제 됐으며 산업은행 민영화는 사실상 폐기 됐다.

어윤대 회장도 이명박 정권 말기 ING생명 인수가 사외이사들의 반대에 좌초됐으며 내부 보고서 유출로 측근이 징계를 받는 아픔을 겪었다.

권력에는 상하도 없어…
금융지주 회장과 은행장 권력다툼

금융지주 회장에 권력이 집중되다 보니 회장과 은행장의 자리다
툼은 피를 말릴 정도였다.

2001년 우리금융지주가 국내 첫 금융지주로 출범한 뒤 대부분
금융지주 체제로 전환했지만, 대형 금융지주에선 회장과 은행장의
대립이 반복됐다.

금융지주의 기반이 은행이라는 특정 계열사에 치우친 금융환경
은 왜곡된 권력 구조를 가져왔다. 이런 구조에서 잉태된 지주 회장
과 은행장의 다툼은 대부분 파국을 맞았다.

국내 첫 금융지주인 우리금융은 회장과 행장의 불협화음이 끊이
지 않았다.

우리금융이 가장 평온한 시절은 회장이 행장을 겸직했을 때라는
말이 나올 정도였다.

윤병철 우리금융 회장과 이덕훈 우리은행장도 우리금융의 차세
대 전산시스템 도입을 놓고 맞붙었다.

우리금융의 잔혹사는 박병원 회장과 박해춘 행장 체제로 이어지
면서 심해졌고, 이명박 정부 시절 '금융권 4대 천왕'으로 꼽히던 이
팔성 회장 때는 극에 달했다.

3. 드라마 같은 한국 금융사들의 권력 투쟁기

대표적인 사례가 이팔성 회장 '매트릭스 조직' 도입 시도였다. 매트릭스 조직은 개인영업, 기업영업, 투자은행(IB) 등 사업 부문별 대표를 둬서 은행장의 권한을 축소하는 게 핵심이었다.

이팔성 회장은 재임 기간 내내 매트릭스 조직을 도입하려 했고 이종휘 행장과 이순우 행장이 연이어 반발해 무산시켰다. 이팔성 회장은 은행의 본부장 이상 임원 인사를 지주 회장과 사전 협의토록 하는 내규를 만들려다가 은행의 반발로 물러서기도 했다.

2007년부터 2008년까지 역임한 박해춘 우리은행장은 금융권 실력자인 이헌재 경제부총리 인사로 분류됐고 박병원 우리금융 회장에게 사사건건 제동을 걸었다.

지주 회장과 은행장의 대립은 각자의 출신과 선임 배경, 정치권의 풍향계와도 무관치 않았다.

2013년 취임 초기부터 임영록 KB금융 회장과 이건호 국민은행장 사이의 불화설이 꾸준히 제기된 이면에는 이들의 출신과 선임 배경이 있었다.

임영록 회장은 KB금융 사장을 지내다가 회장이 됐지만 행정고시 20회로 재정경제부 2차관까지 지냈다. 이른바 '모피아(경제관료) 금융인'이었다.

반면에 이건호 행장의 주요 경력은 금융연구원이었다. 박근혜 정부 들어 금융권에서 회자되는 이른바 '연피아(금융연구원) 금융인'이었다.

일각에선 지휘계통상 임영록 회장이 이건호 행장의 상관이지만 실질적으로는 이 행장이 임 회장의 영향력 바깥에 있다는 얘기도 나왔다.

'신한 사태'도 마찬가지였다.

신한 사태는 라응찬 신한금융지주 회장을 따르는 이백순 신한은 행장이 차기 지주 회장으로 거론되는 신상훈 지주 사장을 배임 혐의로 고소한 게 시발점이었다.

이명박 정부와 가까운 라응찬 회장이 호남 출신의 신상훈 사장을 배격함으로써 장기 집권 체제를 공고히 하려다가 벌어진 일이라는 설도 제기됐다.

금융지주 회장에 지나치게 많은 권한을 줘서 금융지주는 물론 계열사 'CEO 리스크'가 불거지는 사례도 적지 않았다.

메리츠금융지주의 조정호 회장은 고액 연봉과 배당 등을 챙겨 구설에 올랐고 이 때문에 2013년 지주 회장과 메리츠화재 사장직에서 물러났다. 조 회장은 9개월 만에 경영에 복귀해 친정 체제를 구축했다.

조 회장은 메리츠화재 사장직을 맡지 않았지만, 김용범 메리츠금융지주 사장 겸 메리츠증권 사장을 내세워 주력 계열사인 메리츠화재 경영을 좌우하고 있다는 평가를 받았다.

은행 경쟁력 갉아먹는
우리금융 '한일·상업 파벌'

우리금융은 상업·한일은행 출신으로 구분되는 계파 간 분란이 고질병으로 꼽혀왔다.

2023년 1월 손태승 우리금융 회장의 용퇴 선언으로 후임 회장 선정 작업이 벌어졌다. 전·현직 임원들이 한일·상업 출신별 라인을 형성해 유력 후보군에 이름을 올리기 위한 작업에 나섰다. 이 과정에서 후보들 간 약점과 비난 내용을 담은 찌라시가 난무해 눈살을 찌푸리게 했다.

일부 후보는 "손 회장과 이원덕 행장 모두 한일은행 출신이니 차기 회장은 상업 출신이 선임될 차례"라고 노골적으로 주장하기도 했다.

우리은행은 1998년 외환위기 당시 부실 금융기관으로 지정된 상업은행과 한일은행이 합병하면서 탄생했다. 대형 은행이 작은 은행을 삼킨 흡수합병이 아니라 비슷한 은행끼리 대등합병을 했기에 태생부터 갈등은 불가피했다.

우리은행은 2008년부터 한일은행과 상업은행 출신이 번갈아 행장을 맡고, 임원도 양쪽 출신을 거의 같은 비율로 구성하는 등 갈등을 줄이기 위해 애를 써왔다.

하지만 이순우, 이광구 등 상업은행 출신이 연달아 행장에 오르고 한일은행 출신이 맡을 것으로 예상됐던 수석부행장 자리마저 없애버리자 한일은행 출신 인사들의 불만이 커졌다.

이런 파벌 다툼은 결국 우리은행의 채용비리 폭로전을 불러왔다.

2017년 이광구 우리은행장이 중도하차 할 당시 표면적으로는 채용비리가 이유였지만 이면에서는 계파 갈등에서 비롯됐다는 게 정설이다.

은행장 등 핵심 주요 보직을 상업은행 출신이 장악하는 데 불만을 품은 한일은행 출신 전직 임원이 이를 국회의원실에 폭로하면서 불거졌기 때문이었다.

이광구 우리은행장의 중도하차로 정부의 우리은행 잔여지분 매각도 중단된 탓에 결과적으로 한일·상업 간 채널 싸움은 우리은행 민영화에도 걸림돌로 작용했다.

이광구 행장 후임으로 한일은행 출신 손태승 회장이 선임됐지만 이러한 문제는 사라지지 않았다.

손태승 회장은 취임 때부터 '파벌 종식'을 선언하고 실력과 성과로 인정받는 조직문화를 만들겠다며 탕평 인사를 시도했지만, 갈등은 쉽게 봉합되지 않았다.

손태승 회장과 같은 한일은행 출신 이원덕 행장이 선임되면서 이번엔 반대로 상업은행 출신 인사들이 소외당했다며 불만을 터트렸다. 2022년 사장직을 신설해 상업은행 출신 박화재 사장을 선임했지만 소용이 없었다.

우리금융은 합병 이후 입사한 부장급 이하 직원이 80~90%에 달하는 상황에서 낡은 파벌 싸움을 지속하느라 은행의 경쟁력을 갉아먹었다.

우리금융은 2023년 2월 임종룡 전 금융위원장을 차기 회장 후보로 낙점해 파벌 싸움을 끝내기 위한 '극약 처방'을 단행했다.

임종룡 우리금융 회장은 정통 금융관료로 재정경제부와 기획재정부, 국무총리실 등을 거친 뒤 민간으로 나와 지난 2013~2015년까지는 농협금융지주 회장도 지냈다. 2015~2017년 금융위원장을 역임하며 금융정책을 총괄 지휘했다.

임종룡 회장은 농협금융지주 회장 재직 당시는 물론 금융위원장 시절에도 우리금융과 각별한 인연을 지속해 왔다.

농협금융지주 회장일 때는 우리금융이 민영화 과정에서 내놓은 우리투자증권(현 NH투자증권)을 인수하는 과정을 총괄했다. 금융위원장 재직 당시엔 정부 보유 우리은행 지분 51% 중 30% 수준을 매각해 과점주주 체계의 기반을 만들었다.

정부와 예금보험공사의 관여 없이 과점주주 중심의 경영을 이어갈 수 있는 구조를 만드는 데 직접적인 역할을 한 셈이었다.

금융시장 질서 후퇴시킨
고질적 '관치금융'

우리나라 금융시장의 최대 과제는 바로 '관치'다.

관치는 금융시장에서 어떤 때는 독이 되지만 어떤 때는 약이 되기도 하기 때문에 금융당국이 관치라는 만능 회초리를 스스로 버리기 힘들다.

기획재정부와 금융위원회, 금융감독원이 금융사의 운영에 직접 관여하는 것도 문제가 크지만, 이들 기관 출신이 금융사 최고경영자나 임원으로 내려오면서 '관치'와 '이권 카르텔'을 형성하고 있는 것도 폐해다.

2013년 6월 이장호 BS금융지주 회장의 사퇴가 대표적인 사례다.

금융당국은 이장호 회장이 장기 집권 하면서 은행의 건전성에 영향을 미칠 수 있을 만큼 경영권을 남용했다고 주장했다. 하지만 금융당국이 징계도 받지 않은 민간 금융지주사 최고경영자에게 사퇴를 촉구한 것을 두고 금융노조와 시민사회단체는 비판의 목소리를 높였다.

이장호 회장은 금융당국이 사퇴를 촉구한 사실이 세간에 알려진 지 닷새 만에 사임을 발표했다.

금융당국은 민간기업경영진에 대해선 주주 의사에 따라 결정하는 것이 바람직하다는 입장이었다. 그러나 총자산에서 고객 예금 비중이 절대적으로 큰 은행 부문의 경우 경영 건전성을 저해하는 요인이 있다면 감독당국이 일정 부분 개입하는 것도 당연하다는 견해였다.

그런 면에서 금융감독원은 BS금융지주를 그대로 놔둘 경우 전형적인 시장 실패 사례가 될 수 있다는 논리를 댔다.

이장호 회장이 부산 지역을 대표하는 금융기관 수장으로서 국제 금융중심지 위상에 걸맞은 구실을 하지 못한 채 장기 집권을 통해 독단적인 경영을 했고 이는 은행의 건전성에 부담을 줄 수 있는 만큼 당국이 개입해 해결해야 한다는 입장이었다.

금융노조와 시민사회단체의 주장은 달랐다.

BS금융은 산은지주나 우리금융처럼 정부 지분이 있는 금융사가 아니므로 감독당국이 경영권 문제에 개입할 수 없고 이장호 회장에게 과오가 있더라도 정당한 징계 절차를 거쳐야 한다는 주장이었다.

2014년에는 학연·지연·정치권 인맥에 의지하는 '신관치금융' 논란이 일었다.

이명박 정부 때 금융권 수장 자리가 출신 대학에 따른 '학연 사조직'과 정치권에 의해 좌우되는 현상이 박근혜 정권에서도 그대로 이어졌다.

정권에 따라 고려대(이명박 전 대통령의 모교)와 서강대(박근혜 대통령의 모교) 출신이 금융사나 금융기관 최고경영자급의 요직을 차지하는 식이었다.

2014년 대우증권 사장에 서강금융인회(서금회) 멤버인 홍성국 사장이 낙점됐으며 서금회 멤버인 이광구 우리은행 부행장도 차기 은행장으로 내정됐다.

2014년 3월에는 서강대 출신으로 금융권의 대표적인 친박 인사로 알려진 이덕훈 우리은행장이 수출입은행장에 취임했다.

홍기택 산은금융지주 회장과 정연대 코스콤 사장은 서강대 출신에다가 박 대통령을 대선 후보 시절에 정치적으로 지지했던 대표적인 '정피아' 인사로 분류됐다.

이명박 정부 당시 금융권에는 어윤대 KB금융 회장, 김승유 하나금융 회장, 이팔성 우리금융 회장, 서진원 신한은행장 등 고려대 출신의 위세가 대단했다.

서진원 행장을 제외한 3명과 이명박 대통령의 핵심 인맥인 강만수 산은금융지주 회장을 '4대 천왕'이라고 부를 정도였다.

이들은 이명박 대통령의 지지모임으로 알려진 고려대경제인회 소속이었다. 어윤대 회장, 이팔성 회장, 서진원 행장은 각각 고려대경제인회 고문과 부회장으로 활동했다.

고려대 출신 금융인들이 세를 넓히자 연세대 출신 금융인들도 박종원 코리안리 사장을 초대 회장으로 한 연세금융인회(연금회)를 출범시켰다. 이주열 한국은행 총재, 권선주 기업은행장, 김한조 외환은행장, 임종룡 농협금융 회장 등이 연세대 출신이었다.

이런 현상을 두고 금융인들 스스로 학연·지연·정치권 인맥 등을 동원해 자신의 인사에 영향을 끼쳐보려는 의도가 작용한 결과라는 지적이 쏟아졌다.

　　　　　　　3. 드라마 같은 한국 금융사들의 권력 투쟁기

은행을 둘러싼 시장성과 공공성 대립은 외환위기 이후 오래된 논란거리 중 하나였다.

은행의 공공성을 강조하는 측에서는 은행이 기본적으로 정부의 진입규제에 의해 보호받고 있다는 점을 강조한다.

1997년 외환위기 때 정부가 국민의 세금으로 수십조 원의 공적 자금을 들여 은행이 무너지는 것을 막은 만큼 그만큼 사회적 책임을 져야 한다는 입장이다.

더구나 외환위기 등을 거치며 국내 시중은행의 과점 체제가 굳건해져 손쉽게 사업을 영위한다는 점도 사회적 책임을 다해야 한다는 명분으로 작용했다. 4대 은행(KB국민·신한·하나·우리)에 기존 NH농협은행이 가세하면서 5대 은행 체제로 재편됐다.

하지만 은행들은 증시에 상장돼 민간 주주들이 지분을 보유한 엄연한 사기업으로 정부가 관여해선 안 되고 시장 논리에 따라 움직여야 한다고 주장한다.

삼성전자 등 다른 기업과 마찬가지로 영업 활동을 통해 수익을 얻고 이를 다시 주주에게 배당하는 만큼 은행 역시 이윤 극대화를 추구해야 한다는 견해다.

법원 판결은 은행의 공공성과 시장성을 모두 인정하는 편이다.

헌법에 은행의 공공성을 직접 명시한 조항은 없지만 대법원 판례는 은행의 공공성을 명시적으로 인정하고 있다. 은행법 1조에도 예금자를 보호하고 금융시장의 안정과 국민경제의 발전에 이바지한다는 내용이 들어 있다.

이광구 우리은행장이 채용비리와 관련한 실형을 선고받을 당시

법원 판결문은 은행의 공공성과 시장성을 모두 인정했다.

이광구 행장에게 실형을 선고한 법원은 판결문에서 은행이 이윤의 극대화를 추구하는 사기업이라는 점을 인정하면서도 다른 사기업과는 분명히 다르다고 밝혔다. 그 근거로는 공적자금 투입 가능성과 정부의 규제에 따른 진입장벽을 들었다.

이는 우리은행뿐만 아니라 다른 은행 모두에 적용되는 만큼 은행은 사기업이지만 공공성을 띠고 있다는 점에서는 대체로 이견이 없다.

문제는 공공성을 부여받은 은행의 활동에 금융당국 등 정부가 어디까지 개입할 수 있느냐는 점이다.

은행의 공공성은 자금이 남는 경제주체로부터 예금을 통해 자금을 모은 뒤 이를 다른 경제주체에 대출하는 자금 중개 기능을 통해 실현된다. 자금 지급 및 결제 서비스도 은행의 주요 공적 기능 중 하나다.

2022년 10월 레고랜드 사태로부터 촉발된 자금시장 경색이 지속되자 금융당국은 은행을 구원투수로 동원했다.

김주현 금융위원장은 2022년 11월 5대 금융지주 회장들을 불러 모았다. 이들 회장은 연말까지 95조 원 규모의 시장 유동성 및 계열사 자금 지원을 통해 시장 안정에 기여하기로 했다.

금융당국은 대표적 우량채권인 은행채 발행을 자제해 회사채 시장 수요가 몰리지 않게 해달라는 요구도 했다. 이때는 자금시장 경색 상황에서 은행에 원활한 자금 중개와 유동성 공급을 요구한 것인 만큼 논란도 없었다.

문제는 금융당국과 정치권이 은행 예금금리와 대출금리 인하 압박까지 했다는 점이다.

대출금리가 계속 오르는 가운데 예금금리만 묶이자 소비자 불만이 커졌고 그러자 금융당국은 은행권에 대출금리 인하를 압박했다.

금융당국의 인위적 금리 개입으로 시장 왜곡은 물론 중앙은행 통화 정책을 무력화할 수 있다는 우려도 적지 않았다.

한국은행이 인플레이션을 잡기 위해 기준금리를 잇달아 올린 상황에서 당연히 올라가야 할 예금과 대출금리가 오히려 떨어지면서 통화 정책의 효과가 반감될 수 있기 때문이었다.

자금시장에 대한 금융당국의 개입은 시장의 왜곡이나 비정상을 잡기 위한 것이라는 당위성이 있기는 하다.

문제는 금융당국이 은행의 인사나 지배구조에까지 개입하는 것도 용납되느냐는 점이다.

5대 금융지주 중 윤석열 정부 들어 교체가 이뤄진 신한금융과 NH농협금융, 우리금융 등 3곳 중 2곳의 회장이 전직 관료 출신으로 교체됐다.

2022년 12월 NH농협금융이 윤석열 대통령 대선 후보 시절 캠프에 참여했던 이석준 국무조정실장을 차기 회장으로 내정하면서 손병환 당시 회장의 연임이 무산됐다.

2023년 3월에는 윤석열 정부 초대 총리 물망에도 올랐던 임종룡 금융위원장이 이원덕 우리은행장 등 내부 출신 후보를 누르고 우리금융 회장이 됐다.

금융당국은 금융지주 인사에 개입하지 않았고 임원후보추천위원

회에서 자율적으로 적임자를 뽑았다는 입장이지만, 그동안 금융당
국에서 내놓은 발언을 고려하면 이를 믿기는 어렵다는 반응이 많
았다.

이복현 금융감독원장은 손태승 우리금융 회장의 연임 도전 포기
를 노골적으로 요구했다.

금융당국은 금융지주 수장 인사에서 나아가 아예 사외이사 구성
등 지배구조에까지 손을 댔다.

금융지주 CEO들이 우호 세력으로 이사회를 구성해 임기를 두세
차례 연장하는 행태는 이번 정부에서 용납하지 않도록 은행 영업
및 경영 관행을 크게 바꿨다.

하나금융 '고졸 은행원에서 회장까지'

금융권의 제왕으로 불리는 금융지주 회장이 되기 위해선 막강한 배경이 필요한 게 사실이다.

그렇지만 고졸 은행원에서 금융지주 회장까지 오른 입지전적인 인물들이 있다. 대표적인 인물이 함영주 하나금융그룹 회장이다.

함영주 회장은 2022년 3월 상고 출신의 말단 은행원에서 금융지주 최고경영자에 올랐다.

은행장 시절부터 함영주 회장을 따라다닌 수식어는 '고졸 신화'였다.

충남 부여군 출신으로 어려운 가정 형편 때문에 강경상고에 진학해 1980년 서울은행에 들어왔다. 이듬해 단국대 회계학과에 진학해 주경야독하며 학업을 이어갔다.

서울은행과 하나은행 통합 후 하나은행에서 충청영업그룹을 이끌며 영업실적 전국 1위에 올려놓는 성과를 올렸다. 주변에선 특유의 친화력과 성실함을 강점으로 꼽는다.

시골에서 태어나 남 앞에 나서기를 수줍어했고 웃을 때 입을 가리고 웃어서 '미스 함'이란 별명이 붙었다. 함영주 회장은 어릴 적 힘들었던 경험이 오히려 자신을 낮추며 어렵고 힘든 사람들을 챙기게 된 계기가 됐다고 회고했다.

함영주 회장이 2015년 주요 후보군을 제치고 초대 통합 하나은 행장으로 선임된 것은 조직 내 두터운 신망과 소통 능력을 인정받 았기 때문이다.

통합은행장 취임 후 교차 인사발령 등을 통해 자산관리에 강점을 가진 하나은행과 외국환 업무에 강점을 가진 외환은행의 시너지를 극대화했다.

2016년 3월부터 하나금융지주 부회장을 겸직했고 2019년부터 는 경영지원부문 부회장으로 그룹의 전략, 재무 기획 등을 총괄하 며 김정태 회장의 뒤를 이을 '2인자' 역할을 해왔다.

함영주 회장은 2022년 3월 취임식에서 아시아 최고 금융그룹으 로 도약하기 위한 전략으로 강점 극대화 및 비은행 사업 재편, 글 로벌 리딩금융그룹 위상 강화, 디지털 금융혁신을 제시했다.

신한금융 의외의 선택…
고졸 출신 회장 배출

2022년 12월 신한금융에는 이변이 발생했다.

신한금융지주 회장으로 연임이 유력시됐던 조용병 회장이 전격적으로 용퇴를 선언하면서 진옥동 신한은행장이 회장에 선정됐기 때문이다.

발표 전날까지 언론에서는 조용병 회장의 연임을 확신하며 기사까지 준비했던 터라 갑작스런 변경에 따른 충격은 컸다.

이는 금융권의 예상도 뒤엎는 결정으로 윤석열 정부의 금융권 최고경영자 '물갈이 신호탄'이 아니냐는 말이 나올 정도였다.

신한금융지주는 2022년 12월 회장후보추천위원회 회의를 열어 진옥동 신한은행장을 차기 대표이사 회장 최종 후보로 선정했다.

회장후보추천위원회는 진옥동 행장과 조용병 회장, 임영진 신한카드 사장 3명을 대상으로 프레젠테이션(PT) 방식의 개인 면접을 진행해 비밀 투표로 진옥동 행장을 낙점했다.

진옥동 회장은 덕수상고와 방송통신대 경영학과를 졸업하고 중앙대에서 경영학 석사 학위를 받았으며 일본 지점에서 오래 근무한 '일본통'이다.

진옥동 회장은 신한은행이 아닌 기업은행에서 금융맨 생활을 시작했다. 1980년 기업은행에 들어와 6년 뒤 신한은행으로 이직한 뒤 인력개발실, 고객지원부, 종합기획부 등을 거쳤다.

1997년에는 일본 오사카지점에서 일했고 2002년 귀국해 여신심사부 부부장과 자금부 팀장을 지냈다. 2008년 일본으로 다시 건너가 오사카지점장을 지냈다.

2009년 9월 일본 현지 법인인 SBJ가 출범하는 데 역할을 한 뒤 대표이사 사장까지 역임했다. 일본에서 장기 근무를 하는 동안 신한은행의 재일교포 주주들의 신임을 얻었다.

2017년 신한은행 부행장으로 복귀한 진옥동 회장은 이후 신한금융 부사장에 이어 2019년 3월 신한은행장 자리에 올랐다.

윤종규 KB금융 회장이 광주상고, 함영주 하나금융 회장이 강경상고를 졸업했다는 점을 감안하면 이른바 5대 금융지주 회장 중 3명이 상고를 졸업한 인물들로 채워졌다.

배고픈 한국 금융···
새로운 먹거리를
찾아라

금융지주로 변신…
금융계 BTS 탄생 가능할까

우리나라 금융사도 그룹 방탄소년단(BTS)처럼 월드클래스로 성장할 수 있을까.

이런 물음표에 2022년 7월 취임한 김주현 금융위원장은 자신이 해보겠다고 선언해 주변에 놀라움을 안겨줬다.

금융 규제 혁신으로 BTS처럼 세계를 주도하는 금융사를 육성해 한국 금융을 선진 금융으로 도약시키겠다고 말한 것이다.

김주현 위원장은 기자 간담회와 금융 규제 혁신 회의에서 "금융 혁신을 말하는 건 기울어진 운동장을 바로 잡겠다는 것이다. BTS도 있고 대장금도 있는데 금융사도 우리 국민의 자존심을 높여줄 수 있는 그런 회사가 나오는 게 개인적 희망이다. 금융 규제 혁신의 목표는 우리 금융 산업에서도 BTS와 같이 글로벌 금융시장을 선도하는 플레이어가 출현할 수 있도록 새로운 장을 조성하는 것이다"고 언급했다.

우리나라는 우리금융, 신한금융, 하나금융, KB금융, NH농협금융 등 굵직한 금융그룹들이 있기는 하지만 어디까지는 우물 안의 개구리일 뿐 해외에서는 존재감이 별로 없다는 문제를 안고 있다.

해외에서 현지 금융사를 대형 인수합병 해 대대적인 진출을 하기

4. 배고픈 한국 금융… 새로운 먹거리를 찾아라

보다는 현지에 일부 현지 법인을 둔다든지 동남아시아를 중심으로 중소형 금융회사를 인수해 가능성을 타진해 보는 정도에 그치고 있기 때문이다.

한마디로 해외에 깃발을 꽂아놓고 글로벌 금융그룹이라는 생색만 내고 있다는 비판까지 나올 정도다.

일부 국내금융사는 최근 신흥국을 중심으로 현지 은행을 인수하거나 현지에 법인을 설립하는 움직임이 두드러지고 있다.

금융당국도 국내금융사들의 해외 진출을 독려하고 있다.

리스크 관리가 영업의 생명줄인 은행들이 위험 부담이 큰 신흥국에서 교두보를 마련하는 것은 국내금융시장이 순이자마진 감소로 더는 성장이 어렵다는 현실적인 판단 때문이다.

2015년 기준 우리은행은 191개 해외지점을 보유하고 있으며 하나금융은 2015년에만 11곳의 해외 네트워크를 구축했다. 예대 마진율이 국내보다 3~4%가량 높은 동남아 지역이 대부분이었다.

합작으로 현지화하는 방법도 이용되고 있다.

우리은행은 2015년 인도네시아에 우리소다라은행을 출범시켰고, 신한은행도 2015년 인도네시아 은행 2곳에서 교두보를 마련했다.

하나은행은 은행권으로는 최초로 중국회사와 함께 리스사인 '중민국제융자리스'를 차렸다.

국내 시장이 포화 상태인 생명보험사들도 해외시장으로 눈을 돌리고 있다. 폭발적인 성장세를 보이는 아시아 시장을 주목하고 있다.

2013년 10월 인도네시아에 진출한 한화생명은 지금까지 자카르타, 수라바야 등 인도네시아에 영업점을 열었다.

신한생명은 2015년 베트남 하노이에 주재사무소를 열고 처음으로 해외에 진출했다. DB손해보험(동부화재)은 2015년 베트남 손해보험사인 PTI를 인수했고 미얀마 양곤사무소를 개소했다. 현대해상은 국내 보험사로는 처음으로 독일에 진출, 프랑크푸르트 사무소를 설립했다.

신한카드는 2015년 카자흐스탄에서 첫 해외법인인 '신한 파이낸스'를 설립하고 현지 자동차 업체 3곳과 전략적 제휴를 맺어 할부금융업을 시작했다.

2020년 5월에는 신한금융그룹과 하나금융그룹이 글로벌 경쟁력 강화를 위한 업무협약을 하면서 글로벌 메가뱅크에 함께 도전하기로 해 눈길을 끌었다.

국내금융사가 해외가 아닌 국내경쟁사와 손을 잡는 것은 이례적인 일이었다. 신한금융과 하나금융은 이 협약을 바탕으로 공동 투자는 물론 신시장 개척, 기존 네트워크 내 협력 등을 추진하기로 했다.

그동안 국내금융그룹이 해외 M&A를 추진할 때마다 남 좋은 일만 시켜준다는 비난이 많았다. 영업력 강화를 위해 현지 금융사를 인수해야 하지만 국내 은행들과 과당 경쟁으로 해외 금융사의 몸값만 부추기는 경우가 많았기 때문이었다.

하나금융과 신한금융 간 제휴는 금융사들의 비효율적인 과당 경쟁을 자제하고 규모의 경제 효과를 노리는 좋은 사례였다.

국내금융사들을 BTS급으로 만들려면 해외 진출 못지않게 국내 금융시장의 국제적 위상을 높이는 것도 반드시 필요하다.

이에 따라 외국계 금융사들의 국내 진출을 유도해 우리나라의 금융시장 규모를 키워 아시아 금융중심지로 만드는 일도 중점 사업으로 추진되고 있다.

정부는 금융중심지 지원센터를 통해 외국계 금융회사의 국내 진입과 국내금융회사의 해외 진출을 촉진하고 국내외 금융회사의 경영 및 생활환경을 개선하는 정책을 추진하고 있다.

금융중심지 지원센터는 2021년 7월 외국계 금융회사의 인허가·상품 등록 관련 문의·신청 사항을 단일 창구에서 접수 및 신속 처리하는 원스톱·패스트트랙 서비스 체계를 강화해 외국계 금융회사의 원활한 국내 진입을 지원하고 있다.

말 많은 금융중심지 조성···
글로벌 허브 가능할까

금융중심지 조성은 역대 정부의 애물단지였다.

금융중심지라는 말은 지자체들이 생각하기에 그럴듯하지만 그런 토대를 세울만한 인프라가 갖춰진 지역은 솔직히 서울 말고는 없는 게 현실이기 때문이었다.

2009년 1월 정부는 국제금융허브 역할을 할 '금융중심지'로 서울 여의도와 부산 문현동을 지정했다.

서울 여의도를 한국을 대표하는 종합금융중심지로, 부산 문현동을 공공 금융기관과 선박·물류 산업을 기반으로 하는 특화금융단지로 조성하겠다는 취지였다.

금융위원회는 금융중심지 추진위원회를 열어 서울시와 부산시, 경기도, 인천시, 제주도 등 5개 지방자치단체가 신청한 금융중심지 후보지를 심사해 이같이 금융중심지로 지정했다.

서울 여의도의 경우 금융기관이 몰려 있고 높은 수준의 경영 인프라를 갖추고 있어 국제금융중심지로 성장할 가능성이 크다는 점에서 가장 높은 점수를 받았다.

서울시는 여의도동 일대 397만㎡에 2013년까지 서울국제금융센터를 건립하고 취·등록세 면제, 용적률을 포함한 도시계획 규제완화 등의 혜택을 주겠다는 계획을 제시했다.

부산 문현동은 이미 증권선물거래소와 기술신용보증기금이 있는데다 자산관리공사와 주택금융공사, 증권예탁결제원, 대한주택보증 등 금융공기업 이전이 고려됐다.

하지만 서울과 부산 등 2곳이나 금융중심지로 정함에 따라 논란도 지속됐다.

국내외 금융회사와 우수 인력들이 모여 금융 업무를 수행하는 금융중심지가 지역 안배 차원에서 2곳으로 분산됨에 따라 정부의 금융허브 육성 전략에 차질이 발생할 수 있다는 우려 때문이었다.

정부는 싱가포르, 두바이, 뉴욕과 같은 국제금융허브를 육성하기 위해 2007년 12월 법을 만들어 2008년 3월부터 시행에 들어갔고 그해 9월에는 금융중심지 지원센터도 설립했다.

당초 단수의 금융중심지를 지정해 집중 육성 하는 방안이 논의됐지만, 정치권과 부산 지역 시민단체를 중심으로 복수 지정을 요구하는 목소리가 커지면서 정책 방향이 바뀌었다.

금융위원회는 우리나라의 경우 도시국가인 홍콩, 싱가포르에 비해서는 국토가 넓고 제조업 등 실물경제 기반을 갖추고 있어 복수 금융중심지를 지정해도 문제가 없다는 논리를 폈다.

전문가들은 금융중심지를 복수로 지정해 지원 역량이 분산돼 아시아 다른 지역의 금융허브에 비해 경쟁력이 떨어지는 일이 발생할 수 있다고 우려했다.

정부는 2023년 6월 '제6차 금융중심지의 조성과 발전에 관한 기본계획'에서 서울 여의도를 핀테크기업 육성 지역으로, 부산 문현동을 해양특화금융 지역으로 집중 육성 하겠다는 계획을 세웠다.

미국 샌프란시스코가 핀테크·벤처캐피털, 프랑스 파리가 지속가능금융 등 특화형 금융중심지로 급부상하고 있는 만큼 우리나라도 금융중심지별 맞춤형 전략이 중요하다고 봤다.

이에 따라 서울과 부산의 여건 및 특성에 부합하는 지역별 금융중심지 전략을 수립·추진키로 했다.

여의도의 경우 유망 핀테크기업 발굴·육성을 위한 단계별 지원에 나서기로 했다. 여의도 내 '서울 핀테크랩'에서 창업 7년 내 성장기업의 스케일업을 지원하고, '제2 서울 핀테크랩'에서 창업 3년 내 초기기업 인큐베이팅을 전담하는 식이다.

부산 문현동은 해양진흥공사 및 해양금융종합센터 기능을 확대하고 해양금융 전문 인력을 양성하는 등 해양특화금융 활성화에 나서기로 했다.

전북의 금융중심지 추가 지정은 이번 기본계획과는 별도로 검토해 결정하기로 했다.

'메기' 풀어 은행권 과점 깬다···
신규 인가 확대

　과연 강에 메기를 푸는 정도의 규제완화로 은행권의 과점 카르텔을 깰 수 있을까.

　은행 개혁에 다소 미온적이었던 역대 정부와 달리 2023년 윤석열 정부는 금융시장 개혁의 대상으로 은행을 지목하고 카르텔을 깨는 데 주력했다.

　2023년 금융위원회와 금융감독원은 은행들이 이자 수익으로 역대급 이익을 챙기는 관행을 되풀이하자 '과점'이라고 규정짓고 대대적인 개편을 단행했다.

　2023년 7월에 5대 시중은행 중심으로 굳어진 은행권 과점 체제를 깨기 위해 신규 플레이어 진입을 적극 유도하는 내용의 '은행권 경영·영업 관행·제도개선방안'을 내놨다.

　은행권 과점 체제가 이자 장사에만 치중하는 관행으로 이어졌다는 판단에 따른 것이었다.

　은행업계에 신규 플레이어, 즉 '메기'를 풀고자 진입장벽을 대폭 낮춘 게 이번 대책의 핵심이었다.

　기존 지방은행의 시중은행 전환을 적극 허용하기로 했다. DGB 대구은행이 전국적 지점망을 가진 시중은행으로 전환하겠다는 의사를 금융당국에 밝혀 금융당국은 전환 요건에 대한 심사에 들어갔다. 대구은행이 시중은행으로 전환하면 1992년 평화은행 이후 30여 년 만에 새 시중은행이 등장하는 셈이다.

대구은행은 시중은행 전환에 따라 중소기업에 대한 지원이 두터워지고, 금융소비자 서비스가 늘어날 것이라고 강조했다.

1997년 IMF 외환위기 이후 지방은행이 없는 강원·충청 지역에 거점 점포를 출점하고, 아웃바운드(대외) 영업망 확충을 통해 금융 사각지대가 해소될 것으로 기대했다.

지방은행은 주 영업지역 외에 특·광역시에만 영업점을 둘 수 있으나 시중은행으로 전환할 경우 점포망을 도 단위까지 확대할 수 있다. 금융위원회는 2015년 지방은행이 경기에 영업점을 개설할 수 있도록 규제를 완화한 바 있다.

대구은행은 전국에 202개 영업점을 두고 이 중 서울 3개, 인천 1개, 경기 4개, 대전 1개, 부산 5개, 울산 1개 등을 운영하고 있다. 시중은행 전환 시 다른 지역에서도 출점 및 공격적 영업이 가능하게 된다.

대구은행은 빅데이터 분석에 기반을 둔 신용평가모형을 활용해 개인사업자에게 합리적인 금리·한도의 금융 서비스를 제공한다고 약속했다.

대구은행은 시중은행으로 전환하더라도 본거지인 대구에 본점을 두고 전국 영업을 통해 창출한 이익과 자금을 지역에 재투자하는 '지역 상생', 중소기업과 함께 성장하는 '중소기업 상생'을 다짐했다.

4. 배고픈 한국 금융… 새로운 먹거리를 찾아라

일각에서는 대구은행이 기존 5대 시중은행과 경쟁할 때 얼마만큼 경쟁력을 발휘할지 알 수 없다는 회의적 시각도 적지 않다. 대구은행의 자본금이 6천 806억 원에 불과해 수조 원 규모인 5대 은행과 체급이 다르기 때문이다.

금융당국은 시중은행·지방은행·인터넷 전문은행에 대한 인가 정책도 '오픈 포지션'으로 전환했다.

기존에는 금융당국에서 인가 방침을 먼저 발표한 뒤 신규 인가 신청·심사가 진행됐으나 자금력과 적절한 사업 계획만 갖췄다면 언제든 인가 신청을 할 수 있게 됐다.

저축은행이나 지방은행, 외국계 은행 지점 규제를 완화하고 경쟁력을 높여 시중은행과 경쟁할 수 있는 여건을 만들어주는 방안도 포함됐다. 저축은행 간 인수·합병 범위가 확대됐고 외국계 은행 원화 예대율 규제가 완화됐다.

기존 금융회사 간 대출·예금금리 경쟁도 촉진하는 방식으로 개선됐다.

신용대출을 더 낮은 금리로 갈아탈 수 있게 하는 온라인 대환대출 인프라가 확대됐다.

금융당국은 은행권 금리 및 성과급 체계도 개편했다.

시장금리의 급격한 변동이 대부분 차주 부담으로 이어지자 변동성이 상대적으로 작은 코픽스(COFIX, 자금조달비용지수)를 기준금리로 하는 신용대출 상품 출시를 유도하기로 했다.

변동형 금리가 대부분인 주택담보대출 시장에 고정금리 상품을 확대하고, 대출금리 조정 속도에 대한 관리·점검을 강화하기로 했다.

은행 홀로 과도한 성과급을 지급하며 '돈 잔치'를 이어갔다는 비판과 관련해서는 성과급 조정 및 환수 제도의 실효성을 높이기로 했다. 장기성과에 기반을 둔 성과 보수 지급을 강화하고 임직원 성과급·희망퇴직금 및 배당 현황에 대해서도 구체적으로 공개하도록 했다.

'땅 짚고 헤엄치기'식 이자 장사 대신 비이자이익 비중을 확대할 수 있도록 투자자문업과 신탁업 제도개선을 통해 은행의 종합 자산관리서비스를 활성화했다.

인터넷 전문은행…
은행권의 새바람

스마트폰으로 모든 일을 해결하는 시대가 온 가운데 인터넷 전문은행은 가장 적합한 금융 사업모델로 여겨지고 있다.

2017년 국내 최초 인터넷 전문은행인 케이뱅크가 출범한 데 이어 카카오뱅크도 영업을 개시하며 인터넷 전문은행이 은행권에 새바람을 일으켰지만 그 한계도 노출했다.

'은산분리(산업자본의 은행 소유 금지)' 규제라는 족쇄에 묶여 몸집을 키워나가는 데 어려움을 겪었기 때문이다.

케이뱅크는 급성장한 것이 오히려 어려움을 겪는 배경이 됐다.

케이뱅크는 애초 출범 2~3년 후에 2천 500억 원 규모의 유상증자를 추진할 계획이었다. 자본금 2천 500억 원으로 최소 2년은 영업하는 데 문제가 없을 것이고 그때쯤 은산분리 규제도 완화될 것이란 판단에서였다.

하지만 케이뱅크는 대출이 폭발적으로 늘어나 출범 3개월 만에 대출을 중단해야만 했다. BIS 자기자본 비율을 일정 수준 유지하려면 늘어난 대출만큼 자본도 확충해야 했다. 영업을 이어나가기 위해서는 증자가 필요했지만 일부 주주사가 증자를 거부하면서 난항을 겪었다.

당시 은행법에서는 산업자본의 은행 지분 보유 한도를 최대 10%로 제한했기 때문이었다.

규제가 완화되면 케이뱅크를 이끄는 KT 혼자서도 대규모 증자를 할 수 있지만, 법에 따라 모든 주주가 지분율대로 증자에 참여하거나 새로운 투자자를 유치해야 했다.

결국 유상증자에서 일부 주주사가 불참한 탓에 모자란 금액을 새 주주사인 부동산투자회사 MDM으로부터 투자받아 1천억 원 증자를 마무리했다.

카카오뱅크는 케이뱅크보다는 상황이 낫지만 역시 은산분리 규제에 발목이 묶였다.

은산분리 완화라는 근본적인 해결책이 없으면 인터넷 전문은행은 자본 확충에 어려움을 겪을 수밖에 없다는 점을 여실히 보여줬다.

한정된 자본금으로 인터넷 전문은행이 할 수 있는 일은 한계가 있기 때문이다. 일정 수준 이상으로 대출 규모를 늘려야 손익분기점을 넘길 수 있고, 자본이 풍부해야 다양한 대출 상품을 내놓을 수 있는데 그 수준에 이르지 못하는 문제에 봉착했다.

이런 어려움 속에서도 인터넷 전문은행이 성장하면서 위기감을 느낀 시중은행들은 뱅킹 애플리케이션(앱)을 개발하고 영업시간을 늘린 탄력점포를 확대 등 본격적인 대응에 나섰다.

케이뱅크는 1992년 평화은행이 창립된 이후로 25년 만에 등장한 새 은행이었다. 성장세도 가팔랐다. 케이뱅크는 연간 목표를 수신 규모 5천억 원, 여신 4천억 원으로 설정했지만, 출범 두 달 만에 이를 모두 달성했다.

카카오뱅크는 더 빠르게 성장했다. 2019년 7월 신규 계좌 개설 고객 수가 1천만 명을 넘어섰다. 2019년 6월 말 기준 수신은 17조 5천 735억 원, 여신은 11조 3천 276억 원이었다.

카카오뱅크의 고객들은 젊은 세대가 주류였다. 연령대별 비중을 보면 20대가 32.1%, 30대가 31.2%, 40대가 21.0%였다.

케이뱅크와 카카오뱅크는 각각 모바일슈랑스(모바일 앱을 통한 보험 판매)와 전·월세 보증금 대출 상품 등을 내놓으며 사업을 확장하고 있다.

인터넷 전문은행은 출범 전까지만 하더라도 고객과 직접 만날 수 있는 점포가 없다는 점이 한계로 지목됐지만, 이용자들은 스마트폰으로 손쉽게 예금하고 대출받는 은행에 열광적인 반응을 보이고 있다.

온라인투자연계
금융의 빛과 그림자

언론에 자주 보도되는 'P2P'가 뭘까.

불법 사금융과 제도권 금융의 선상에 있는 것으로 평가받던 온라인투자연계(P2P) 금융은 2020년 8월 제도권으로 정식 편입됐다.

요건을 갖춰 금융당국에 등록한 업체만 P2P 금융업을 할 수 있고 기존 업체도 1년 이내에 등록해야 영업을 이어갈 수 있도록 제도를 갖췄기 때문이다.

온투업은 온라인 플랫폼을 통해 다수의 개인·법인투자자로부터 투자금을 유치해 돈이 필요한 사람에게 대출해 주고 원금과 이자를 투자자에게 돌려주는 금융 서비스다. 'P2P 업'으로 주로 불렸으나 2020년 8월 온투업법 시행으로 제도권에 안착하면서 '온투업'으로 불린다.

금융당국에 등록된 온투업체는 총 49곳이며 사업모델에 따라 부동산담보대출 위주 또는 개인신용대출만을 취급하는 등 다양하다.

최근에는 부동산 시장 침체 여파로 부동산 관련 대출을 중심으로 영업하던 온투업체의 연체율이 급격히 악화하는 추세다. 그동안 자율 규제인 가이드라인을 적용받았으나 2020년 8월부터는 P2P법에 따라 금융당국의 관리, 감독에 들어갔다.

P2P 업체로 등록하려면 자기자본 최소 5억 원에 준법감시인 선

임 등 인적·물적 요건을 갖추도록 했다.

P2P 업체는 연체율이 15%를 초과하거나 부실채권을 매각하는 등 중요한 경영현황을 공시해야 한다.

개인별 대출·투자 한도도 지키도록 했다. P2P 업자는 동일 차입자에게 연계 대출 채권 잔액의 7% 또는 70억 원 넘게 연계 대출 해 줄 수 없도록 했다.

P2P금융은 제1·2금융권에서 소외된 이들에게 중금리 대출을 제공하는 대안 금융으로 주목받았지만 일부 업체의 사기, 횡령 등 불법행위가 잇따라 적발되면서 시장의 신뢰를 다소 잃었다.

2020년 10월 금융감독원이 모든 P2P 업체 237곳에 대해 감사보고서 제출을 요구했더니 92곳만 보고서를 냈다. 그마저도 최신 감사보고서를 낸 곳은 6곳에 불과했고 나머지는 오래된 보고서였다.

2015년 이후 빠르게 성장한 P2P 대출 시장은 2020년대 들어 부동산 대출 쏠림, 과도한 투자자 유치경쟁, 고금리 영업 등으로 도입 취지가 퇴색됐다는 비판을 받았다. P2P 업체의 여신심사능력 부족 등으로 부실이 증가하는 경우 대규모 투자자 피해가 발생할 수 있다는 우려도 제기됐다.

금융감독원은 2018년 P2P 업체 178곳을 대상으로 P2P 대출 취급실태 점검을 벌여 사기·횡령 혐의가 포착된 20개사에 대해 검찰과 경찰에 수사 의뢰 했다. 2023년 들어 금융당국은 온투업의 투자저변 확대를 위해 개인투자자의 연계 투자 한도를 기존 3천만 원에서 4천만 원으로 늘렸다. 부동산을 담보로 하는 연계 대출 상품에 대해서도 기존 1천만 원에서 2천만 원으로 투자 한도가 상향됐다.

도박장인가, 신세계인가···
가상화폐 광풍

2020년대 들어 가장 새로운 금융 영역은 단연 가상화폐였다.

20~30대 젊은 층뿐만 아니라 장년층까지 코인 투자를 하지 않으면 이상하게 여길 정도였다.

가상화폐로 떼돈을 벌기도 했지만 대출받은 돈까지 날릴 정도로 도박장에 가까운 광풍이 일었다.

2017년 8월 국내 최대 가상화폐 거래소 '빗썸'의 하루 거래량이 2조 6천억 원을 넘어 역대 최대를 기록했다. 빗썸은 국내 비트코인 거래의 75%를 차지했고 회원 수도 70만 명에 달했다.

빗썸에서는 비트코인과 이더리움, 대시, 라이트코인, 이더리움 클래식, 리플, 비트코인 캐시 등을 거래할 수 있었다.

비트코인과 달리 잡코인의 경우 거래량이 많지만 제대로 된 정보가 없다 보니 가격은 투자자들의 심리적 요소에 의해 크게 움직이는 경우가 많았다.

2017년 6월에는 이더리움의 개발자가 사망했다는 소식에 가격이 급락했다가 해당 개발자가 트위터에 자신이 살아 있다고 인증을 하자 가격이 다시 올라가기도 했다.

이처럼 가상화폐 시장은 각종 소문에 의해 가격이 뛰었다 내리기를 반복하다 보니 인터넷 투자자 게시판에는 각종 정보와 루머들이 넘쳐나고 있다.

대부분 특정 가상화폐가 어떤 금융회사와 계약을 맺고 화폐처럼 활용하기로 했다는 내용이 많다. 이런 소문이 나오면 해당 가상화폐 가격이 급등했다가 사실이 아닌 것으로 밝혀지면 다시 폭락하는 식이다.

정보가 제한적이고 사실 확인이 제대로 안 되며 상하한가 등 가격 제한도 없다 보니 가격이 오르면 오른다고, 떨어지면 떨어진다고 투자자가 몰리는 단타 놀이터가 됐다.

금융권 관계자는 "국내 가상화폐 시장은 정부가 손 놓은 24시간 도박장과 같다"고 평가했다.

가상화폐에 투자하는 방법은 비교적 쉽다. 먼저 빗썸이나 코인원 같은 가상화폐 거래소에 회원으로 가입한 뒤 해당 거래소의 포인트를 충전해야 한다.

포인트 충전 방식은 기본적으로는 거래소의 가상계좌를 이용해 현금 송금 방식으로 한다. 신용카드나 거래소가 자체적으로 판매하는 상품권, 기프트카드, 가상화폐 등으로 충전할 수도 있다. 이후 주식거래와 마찬가지로 상장된 가상화폐를 골라 매수 또는 매도 주문을 넣으면 된다.

가상화폐의 최대 장점은 주식처럼 세금은 발생하지 않는다는 점이다.

갈수록 투자자는 늘어나고 거래량은 많아지지만 거래소 서버가 이를 감당하지 못하면서 각종 사고 역시 끊이지 않았다.

가상화폐 거래소는 해커들의 단골 표적이기도 하다.

2017년 6월에는 빗썸 직원의 PC가 해킹당해 고객 3만여 명의 전자 우편과 휴대전화 번호, 가상화폐 계좌 자료 등의 개인정보가 유출되기도 했다.

가상화폐 거래소 이용 시 좋은 점은 값싸게 해외 송금이 가능하다는 점이다.

현금으로 비트코인을 산 뒤 송금 상대방의 전자지갑으로 비트코인을 전달한다. 비트코인을 받은 사람은 이를 다시 현지 화폐로 바꿔 가져간다.

이렇게 할 경우 은행의 해외 송금 수수료보다 훨씬 싼 가격으로 송금할 수 있으며, 24시간 전 세계 어디든 30분이면 송금이 된다.

정부가 핀테크 업체들에도 소액 해외 송금업을 등록할 수 있게 해주고, 비트코인을 매개로 한 해외 송금도 허용해 주면서 비트코인 거래소에서 합법적인 해외 송금이 가능해졌다.

2018년 1월부터는 가상화폐 거래 실명제가 시행됐다. 가상화폐 거래소 이용자가 입금하기 위해서는 우선 거래소가 거래하는 은행과 같은 은행에 계좌를 개설해야 하는 방식으로 바뀌었다.

하지만 가상화폐는 주식이나 채권처럼 제도권 내의 자산이 아니어서 정책적으로 이를 전담하는 부처가 없었다. 이에 2021년 3월 개정된 특정금융정보법을 기반으로 금융위원회 산하 금융정보분석원(FIU)이 '자금세탁 관련'이라는 단서를 달아 직접 감독을 시작했다. 금융위원회가 이제 관리·감독을 맡게 된 것이다.

FIU는 그간 은행을 통해 가상화폐 거래에서의 의심스러운 자금 흐름을 감시해 왔으나 가상자산사업자(암호 화폐 거래소)로부터 직접 보고를 받게 됐다.

이에 따라 빗썸, 업비트, 코인원 등 가상자산사업자들은 암호 화폐 거래자들의 신원 확인을 해야 하고 의심 거래나 1천만 원 이상 고액현금거래가 있을 땐 보고해야 하며 기록보관 의무도 부과됐다.

2021년 9월에는 특정금융거래정보법에 따른 가상자산 사업자 신고 마감으로 업비트·빗썸·코인원·코빗 등 4대 코인 거래소의 과점 체제가 막을 올렸다. 이후 끊임없이 해킹과 정보 유출 등으로 논란을 일으켰던 가상자산 시장은 2023년 7월 법 규제의 틀 안에 들어가게 됐다.

'가상자산 이용자 보호 등에 관한 법률안', 이른바 가상자산법이 국회 본회의를 통과했기 때문이다.

가상자산법은 가상자산의 정의 등을 규정하고 투자자 보호를 위한 필수사항을 담는 데 초점을 맞췄다.

가상화폐를 가상자산으로 인정한 특정금융거래정보법 개정안은 2020년 국회를 통과했지만, 주로 자금세탁 방지에만 초점을 맞추다 보니 이용자 보호나 시장질서 확립과 관련한 규제 공백 상태가 지속됐다.

하지만 2022년 발생한 테라-루나 사태, 글로벌 거래소 FTX 파산 등에 이어 2023년 들어서도 코인 불법 상장과 관련사기 범죄, 거래소 해킹 등으로 투자자 피해가 이어지자 입법에 속도가 붙기 시작했다.

국회 본회의를 통과한 법안은 1단계로 가상자산의 정의부터 이용자 자산 보호, 불공정거래 규제 및 처벌, 감독 및 검사 등 가상자산과 관련된 전반에 관한 내용을 담았다.

가상자산법은 특정금융거래정보법과 마찬가지로 가상화폐가 아닌 가상자산 용어를 사용하면서 '가상자산'을 '경제적 가치를 지닌 것으로서 전자적으로 거래 또는 이전될 수 있는 전자적 증표'로 정의했다.

다만 중앙은행디지털화폐(CBDC)는 디지털 형태의 법화(화폐)이므로 가상자산에서 제외했다.

가상자산 이용자 자산 보호, 해킹이나 전산장애 등 사고에 따른 책임 이행 등에 필요한 조치도 담았다.

1단계 법안이 가장 초점을 맞춘 것은 투자자 보호인 만큼 불공정거래를 규제하고 이상 거래에 대한 감시 및 신고의무를 사업자에게 부과했다.

미공개 중요정보 이용행위, 시세조종 행위, 부정거래 행위 등을 불공정거래 행위로 규정하고, 불공정거래 행위가 적발되면 금융위원회가 위반행위로 얻은 이익 또는 이로 회피한 손실액의 2배 상당 내지 50억 원 이하의 과징금을 부과하도록 했다.

1년 이상의 유기징역, 위반행위로 얻은 이익 또는 회피한 손실액의 3배 이상 5배 이하 벌금을 부과하는 벌칙 조항도 마련했다.

김남국 의원의 코인 투자와 관련해서도 미공개정보 이용 의혹 등이 제기됐지만 사실로 확인되더라도 관련법이 없어 처벌이 어렵다는 지적이 제기됐다. 하지만 이번 가상자산법 통과로 향후 미공개정보 이용, 시세조종 등이 적발되면 과징금이나 벌금은 물론 징역

형도 가능해졌다.

2022년 상반기 가상자산 시가총액은 23조 원이었고 가상자산 사업자의 총영업이익은 6천 31억 원이었다.

2022년 상반기 일평균 거래 금액은 5조 3천억 원, 가상자산 거래의 평균 수수료율은 0.16%였다. 국내에 유통되는 가상자산은 1천 371개, 중복 제외 시 638개며 이 가운데 단독 상장 가상자산은 391개였다.

원화 마켓의 글로벌 10대 가상자산 비중은 2022년 상반기 47%로 늘어난 반면 코인 마켓은 단독 상장 가상자산 비중이 86%로 높아졌다. 단독 상장 가상자산의 36%는 시가총액 1억 원 이하의 소규모로 급격한 가격 변동, 유동성 부족에 유의할 필요가 있는 것으로 분석됐다.

2022년 6월 말 가상자산 거래가 가능한 이용자는 690만 명이었다. 등록 계정 수는 1천 310만 개였다.

2022년 6월 말 가상자산 이용이 가장 많은 연령대는 30대로 전체의 31%였고 40대(26%), 20대(24%), 50대(15%), 60대(4%) 순이었다. 성별로는 남성의 이용률이 전체의 68%로 압도적이었다.

100만 원 미만의 가상자산 보유자는 505만 명으로 전체의 73%였다. 가상자산 이용자의 66%(455만 명)가 50만 원 미만을 보유했다.

1억 원 가상자산 보유자는 전체의 0.4%(9만 1천 명)에 불과했고 1천만 원 보유자 비중은 전체의 7%(47만 명)였다.

금융정보 연결하는 '내 금융비서' 마이데이터

이름도 생소했던 '마이데이터(본인신용정보 관리업)'가 국내금융시장을 바꾸고 있다.

'내 손안의 금융비서'로 불리는 마이데이터는 2022년 1월 본격서비스에 들어가면서 금융사 간 정보 공유 시대를 열었다.

API(응용 프로그램 인터페이스) 방식의 혁신 금융 서비스로, 참여업체들이 구축하는 표준 API망은 마이데이터를 통해 주고받는 개인신용정보의 통로로 이용된다.

마이데이터는 흩어진 개인신용정보를 한곳에 모아 보여주고 재무 현황·소비패턴 등을 분석해 적합한 금융상품 등을 추천하는 등자산·신용관리를 도와주는 서비스다.

금융소비자는 일일이 각 금융사의 앱에 들어갈 필요 없이 마이데이터를 통해 본인 정보를 한눈에 통합 조회할 수 있어 매우 편리하다.

예를 들어 A 은행의 대출 상품 이자 상환 및 대출 만기일부터 B 카드사의 대금 상환일, C 보험의 여행자 보험 추천, D 금융투자사의 펀드 수익률을 한눈에 볼 수 있다는 의미다.

마이데이터 사업자로 전통적인 금융사인 은행, 보험, 증권, 카드

업계들이 대거 참여했다.

카카오페이를 필두로 네이버파이낸셜, 비바리퍼블리카 등 핀테크도 참여했다.

기존에는 롯데카드 등 카드사가 마이데이터 사업자에 신용카드 이용 정보 제공 시 가맹점 이름만 제공해 어떤 업종인지 파악하기 어려운 경우가 많았다. 하지만 가맹점 사업자 등록번호를 함께 제공하기로 함에 따라 마이데이터 사업자가 가맹점의 업종과 업태를 정확히 파악할 수 있게 됐다.

다만 카드사에는 본인 조회 및 분석 목적에만 정보를 제공하도록 하고 이 서비스를 받는 마이데이터 사업자는 제삼자 정보제공을 하지 않도록 부가 조건을 달았다.

마이데이터 사업자는 개인정보보호를 위해 송금인과 수취인 정보, 금액 등 정보를 조회·분석하는 용도로만 제공해야 하며, 마케팅이나 제삼자 제공 등에는 이용할 수 없다.

마이데이터 서비스를 운영하는 사업자들은 2022년 2조 원이 넘는 매출을 기록했다. 하지만 고유 업무 수익은 아직 미미한 수준이었고, 인건비, 마케팅비 등 영업비용으로 적자를 면하지 못했다.

2022년 말 기준 전체 64개사 중 60개사가 마이데이터 서비스를 출시했으며 서비스 가입자는 6천 646만 명이었다.

조각투자 시장 등장…
토큰증권 발행·유통 제도화

'조각투자'는 굉장히 생소한 개념이다.

다비드상 같은 동상 조각에 투자하는 게 아니라 어떤 서비스나 상품, 물건을 나눠 소유해 수익을 내는 방식이기 때문이다. 즉 고가 자산을 지분 형태로 쪼갠 뒤 다수의 투자자가 공동 투자 하는 방식이다.

2022년 11월은 조각투자에 있어 중요한 기점이었다.

음악 저작권 플랫폼 '뮤직카우'는 음악 저작권으로부터 수익을 받을 수 있는 '저작권료 참여 청구권'을 판매하는 회사였다.

투자자들이 지분 비율에 따라 매월 저작권 수익을 받게 되는 구조로 2021년 누적 회원만 91만 5천 명, 거래액이 2천 742억 원에 달했다. 2022년 4월 기준 한 번이라도 실제 투자에 참여한 회원만 17만 명에 이르렀다.

뮤직카우가 2022년 11월 금융당국의 제재를 면하게 되면서 조각투자가 본격적으로 제도권에 편입됐다.

2022년 4월 증권선물위원회는 뮤직카우의 음악 저작권료 참여 청구권이 자본시장법상 투자계약증권에 해당한다고 판단하면서 사업재편을 조건으로 제재를 보류한 바 있다.

　　　　　　　　4. 배고픈 한국 금융… 새로운 먹거리를 찾아라

이에 뮤직카우는 투자자 예치금을 투자자 명의 키움증권 계좌에 별도 예치하는 등 대책을 마련한 뒤 2022년 9월 혁신금융 서비스로 지정됐다.

금융감독원은 2022년 10월 뮤직카우가 보고한 사업재편 계획 이행결과를 점검한 뒤 증권선물위원회가 부과한 조건을 모두 이행한 것으로 확인했다.

2022년 11월 증권선물위원회는 공동소유권이 있는 한우·미술품 '조각투자'를 투자계약증권으로 판단하고 다른 플랫폼에서 거래되는 조각투자들에 대해서도 유사한 판단 구조를 적용했다.

투자계약증권이란 특정 투자자가 그 투자자와 타인 간의 공동사업에 금전 등을 투자하고, 주로 타인이 수행한 공동사업의 결과에 따른 손익을 귀속 받는 계약상의 권리가 표시된 것을 의미한다.

한우 조각투자 업체 스탁키퍼는 송아지의 소유권과 함께 사육·매각·손익 배분을 수행하는 서비스 계약을 결합해 판매했다.

미술품 조각투자 업체 또한 미술품에 대한 소유권과 함께 미술품을 보관·관리·매각·손익배분을 수행하는 서비스를 결합한 상품을 팔았다.

그동안 미술품 투자 플랫폼들은 투자자들의 자금을 모아 소유권(실물)을 사들였기 때문에 증권에 해당하지 않는다는 입장이었는데 금융당국의 판단으로 조각투자 영역에 들어갔다.

금융당국은 2023년 2월 분산원장(블록체인) 기술을 기반으로 한 토큰증권의 발행·유통을 허용하고 관련 법 개정을 추진했다.

금융위원회는 토큰증권 발행·유통 규율체계 정비방안을 통해 그동안 국내에서 불가했던 토큰증권의 발행과 유통을 허용하고 '증권형 토큰' 등 여러 이름으로 불리던 명칭도 '토큰증권'으로 정리했다.

토큰증권은 분산원장 기술을 활용해 증권성이 있는 권리를 토큰 형태로 발행한 것을 말한다.

금융위원회는 전자증권법을 개정해 분산원장 기술로 증권을 디지털화하는 방식을 허용하기로 했다. 분산원장 기술을 법적 효력이 부여되는 공부(公簿)로 인정하되 조작, 변경을 방지하기 위해 일정 기술요건을 충족하도록 했다.

이에 따라 토큰증권 투자자는 전자증권법상 전자증권과 마찬가지로 투자자 보호를 받게 됐다. 토큰증권은 기존 전자증권과 동일하게 한국예탁결제원의 증권 발행 심사를 받게 됐다.

예탁결제원은 토큰증권의 양도 가능성과 대체가능성, 권리자의 권리행사 가능성 등 적법성을 살펴보고 발행 총량도 관리하게 됐다.

이처럼 토큰증권이 제도권에 편입되면서 앞으로 자본시장법상 증권과 동일하게 취급되며 공시 등의 의무, 규제를 적용받게 됐다.

2023년 토큰증권 발행(STO) 시장의 본격 개장이 다가오자 국내 주요 증권사들은 양질의 투자 자산을 확보하기 위한 조각투자사 확보 경쟁에 불이 붙었다.

대신파이낸셜그룹은 부동산 조각투자 플랫폼인 카사를 인수했고 SK증권과 유진투자증권은 해양자산 관련 토큰증권 사업을 위해 한국해양자산거래(KMAX)와 양해각서를 체결했다.

　　　　　　　　4. 배고픈 한국 금융… 새로운 먹거리를 찾아라

애플페이의 한국 상륙…
페이업계 지각 변동

　간편결제의 글로벌 최강자 애플페이가 2023년 3월 한국 시장에 상륙하면서 국내 페이업계에 지각 변동이 일었다.

　애플과 현대카드는 2023년 3월 21일 애플페이 서비스의 시작을 선언했다.

　현대카드는 여의도 현대카드 본사 사옥 로비에서 임직원들에게 사과를 증정하는 깜짝 이벤트를 열었다. 직원들이 로비 입구에 쌓인 사과를 하나씩 들고 가서 시식하는 행사를 통해 애플페이의 상륙을 자축했다.

　애플페이의 국내 도입으로 아이폰과 현대카드를 보유한 이용자는 호환 단말기를 보유한 매장에서 카드 실물 없이 휴대전화로 간편결제를 이용할 수 있게 됐다.

　현대카드 고객은 아이폰의 '지갑' 애플리케이션이나 '현대카드' 애플리케이션에서 애플페이 기능을 활성화할 수 있다.

　결제를 위해서는 측면 버튼 또는 홈 버튼을 두 번 눌러 사용자 인증을 한 뒤, 아이폰이나 애플워치를 단말기 가까이에 대면 된다. 맥과 아이패드에서는 온라인으로 이 기능을 이용할 수 있다.

　애플페이를 이용할 수 있는 곳은 전국 편의점과 코스트코, 현대백화점, 롯데백화점, 홈플러스, 다이소를 비롯한 오프라인 가맹점과 배달의민족, 대한항공 등의 웹페이지·모바일 애플리케이션이다.

정태영 현대카드 부회장은 "한국에서도 개를 데리고 산책하다가 애플페이로 물을 사 마시는 아주 평범하지만 대단히 위대한 일이 이뤄졌다"고 평가했다.

금융감독원은 2022년 12월 애플페이 관련 약관 심사를 마쳤으나, 현대카드가 제출한 NFC 단말기 보급 지원계획을 둘러싸고 부당 보조금 논란이 제기되면서 출시가 두 달 가까이 지연됐다.

현대카드가 애플페이의 배타적 사용권을 포기하면서 논란이 일단락됐고, 금융당국은 2023년 2월 "국내 신용카드사들이 필요한 관련 절차를 준수해 애플페이 서비스 도입을 추진할 수 있다"고 확인했다.

애플페이 상륙으로 위기감을 느낀 국내 간편결제 업계의 합종연횡 움직임도 빨라졌다.

삼성전자는 2023년 2월 네이버페이를 운영하는 네이버파이낸셜과 '모바일 결제 경험 활성화를 위한 업무협약'을 체결해 마그네틱 보안전송(MST) 방식으로 결제 연동 서비스를 시작했다.

애플페이는 국내에 출시된 지 100일 만에 2천 580만 건이 결제됐고 결제가 발생한 가맹점만 10만 8천여 곳에 달할 정도로 인기를 끌었다. 애플페이 이용자 중 가장 나이가 많은 고객은 90세였다. 애플페이로 한 번에 결제한 최고 금액은 4천만 원 상당의 백화점 사용 건이었다.

애플페이가 가맹점에 받는 수수료가 카드업계에 큰 부담으로 작용하는 가운데 삼성전자는 2023년 7월 삼성페이 수수료를 받지 않기로 했다.

삼성전자는 2015년 국내에서 삼성페이 서비스를 시작한 이후 카드사들과 '삼성페이-앱카드 서비스 운영 협약'을 맺고 계속 연장해 왔다.

이 협약에는 삼성전자가 카드 업체에 삼성페이에 대해 별도 수수료를 받지 않는다는 내용이 담겨 있으며, 양측 이견이 없는 한 자동 연장돼 왔다.

하지만 2023년 5월 삼성전자가 카드사에 이 협약을 연장하지 않겠다는 내용을 전달한 것으로 알려지면서 카드업계에서는 삼성페이 수수료 유료화 가능성이 제기됐다.

국내 서비스를 시작한 애플페이가 카드사로부터 결제액의 최대 0.15%의 수수료를 받는 것으로 알려지면서 삼성페이도 유료화 수순을 밟는다는 말이 나왔으나 결국 삼성전자는 카드사와 상생을 선택했다.

반려동물의 대중화…
펫보험 뜬다

강아지와 고양이 등 반려동물이 일상 속에 자리 잡으면서 펫보험이 보험사들의 새로운 시장으로 급부상하고 있다.

펫보험은 반려동물용 의료보험을 말한다.

우리나라에서 반려동물 양육가구는 증가 추세다. 반려동물은 2018년 635만 마리에서 2022년 799만 마리로 늘었다.

이에 따라 반려동물 의료비도 늘면서 펫보험에 대한 관심도 커지고 있다.

금융당국은 2022년 11월 보험업권의 대표적 규제 중 하나인 '1사 1라이선스' 규제를 완화하는 등 그동안 보험 산업을 옥죄던 빗장을 풀기로 했다.

보험 상품에 대한 소비자들의 다양한 수요를 충족하고 보험사들의 경쟁력 제고를 위해 허가정책 정비가 필요하다는 업계의 의견을 수렴해 상품별 특화된 보험회사의 진입을 허용하기로 했다.

이에 따라 기존 보험사들은 펫보험 등 전문분야에 특화된 보험 자회사를 둘 수 있게 됐다.

국내의 펫보험 가입률은 0.8%에 불과하며 관련 상품 개발도 미흡한 상황이다.

보험연구원에 따르면 반려동물의 의료비 부담 증가에도 반려동물 보험 가입률은 0.8%에 그쳐 스웨덴(40%), 영국(25%), 미국(2.5%) 등 선진국보다 낮았다.

의료기술 발달로 반려견의 수명은 늘고 진료비가 많이 드는 8세 이상의 노령견 비중이 증가하는 가운데 한국소비자연맹 조사에서 소비자의 82.9%는 동물병원 진료비가 부담된다는 반응을 보였다.

반려동물의 나이가 어릴수록 펫보험 가입 수요가 높고 가입 반려가구는 보험료 부담이 되더라도 탄탄한 보장을 원했다.

KB손해보험 펫보험의 한 달간 가입 계약을 분석해 보니 0세부터 2세까지의 어린 강아지가 전체 가입 강아지 중 절반(49.6%)을 차지했다. 고양이도 0세부터 2세까지의 고양이가 전체 가입의 42.3%를 차지했다.

펫보험의 보장 기간을 보면 5년 갱신형 상품 가입 비중이 3년 갱신형보다 높았다. 강아지의 경우 83.8%, 고양이의 경우 89.7%가 5년 갱신형 상품을 선택했다.

가입자들은 보험료가 높더라도 가장 탄탄한 보장을 찾았다.

치료비 보장 비율이 90%로 가장 높은 프리미엄 보장에 가입하면서 자기부담금이 없는 플랜의 가입 수요가 높았다.

이처럼 반려동물에 대한 의료보험 관심이 커짐에 따라 손해보험사들의 펫보험 출시도 이어지고 있다.

삼성화재는 2022년 9월 반려견을 위한 장기 펫보험 '위풍댕댕'을 출시했다. 이 상품은 반려견의 의료비, 수술비, 배상책임 및 사망 위로금 등을 종합적으로 보장한다.

2023년 4월 한화손해보험은 반려견, 반려묘의 의료비와 장례지원비 등을 보장해주는 '펫투게더' 플랜을 종합보험에 부가하는 특약 형태로 출시했다. KB손해보험은 2023년 6월 'KB 금쪽같은 펫보험'을 출시했다. 이 상품은 핵심 보장인 치료비 보장비율을 90%까지 확대하고 자기부담금이 없는 플랜을 추가해 상품 경쟁력을 대폭 강화했다.

총자산 평균
300억 원 넘는 '슈퍼리치'

총자산이 300억 원을 넘는 '슈퍼리치'는 어떤 사람일까.

2014년 기준 순자산 3천만 달러(한화 334억 원) 이상을 가진 한국의 '슈퍼리치'는 1천 500명에 달했다.

스위스 자산정보업체 웰스엑스의 2014년 슈퍼리치 보고서에 따르면 한국의 슈퍼리치는 1천 470명으로 집계됐다.

이들이 보유한 재산은 총 2천 800억 달러(312조 3천억 원)였고 성별로 보면 슈퍼리치 1천 470명 가운데 남성 89%, 여성 11%로 남성이 압도적으로 많았다.

부를 축적한 방식으로 분류했을 때 20%는 상속형, 39%는 자수성가형이었으며 나머지 41%는 자수성가와 상속의 혼합형이었다. 전체의 17%는 재벌기업 출신으로 나타났다.

슈퍼리치 가운데서도 자산이 1조 원이 넘는 '억만장자'는 21명으로 2013년보다 2명 줄었다.

2022년 기준 국내 초고액 자산가 '슈퍼리치'의 총자산 평균은 323억 원이며 이들은 경기 불확실성을 대비해 현금 비중을 늘렸다.

하나금융경영연구소에 따르면 2022년 슈퍼리치(금융자산 100억 원 또는 총자산 300억 원 보유자)의 총자산 평균은 323억 원이었다.

슈퍼리치의 자산 구성 변화를 보면 1년 새 부동산은 평균 206억 원에서 156억 원으로 줄어든 반면, 금융자산 평균은 150억 원에서 161억 원으로 늘어 부동산과 금융자산 비중이 비슷해졌다.

금융자산 중에서는 현·예금 비중이 1년 새 25%에서 58%로 2배 이상으로 늘었다. 반면 주식의 비중은 45%에서 16%로 줄었다.

금리 인상의 영향으로 예금의 선호도가 높아진 것도 있지만, 불확실성에 대비해 현금 보유 비율을 늘린 측면도 있는 것으로 분석됐다.

부자(금융자산 10억 원), 대중부유층(금융자산 1억~10억 원)과 비교해 보면 2022년 슈퍼리치의 73%는 외화자산을 보유하고 있었다. 대중부유층(38%), 일반 부자(64%)보다 그 비중이 컸다. 외화자산을 유형별로 보면 슈퍼리치는 2021년 대비 외화현금(63%→73%), 해외주식(30%→43%), 채권(10%→17%) 투자를 확대했다.

슈퍼리치는 향후 투자 의향이 높은 자산 1순위로 주식(29%)을 꼽았다. 뒤이어 부동산(27%)과 예금(15%) 순이었다.

슈퍼리치의 연평균 소득은 12억 3천만 원이었다. 일반 부자의 연평균 소득인 3억 3천만 원보다 약 4배 높은 수준이었다.

슈퍼리치의 소득 중에는 재산소득 비중이 39%(4억 8천만 원)로 가장 컸다. 일반 부자의 경우 연 소득 중 근로소득(37%)의 비중이 재산소득(22%)보다 컸다.

슈퍼리치는 월 소득의 절반 이상(57%)을 저축하고 나머지는 소비(37%)와 대출금 상환(6%)에 사용했다. 소비가 59%, 저축이 38%인 일반 부자보다 저축 여력이 높은 편이었다.

직업은 기업경영자가 29%로 가장 많고 의료·법조계 전문직이 20%로 뒤를 이었다. 슈퍼리치가 가장 많이 사는 곳은 서울 강남구, 서초구, 송파구 순이었다.

성격유형검사인 MBTI로 부자들의 특징을 분석한 결과, 슈퍼리치 중에는 'ESTJ(외향형·감각형·이성적·계획적)'가 가장 많았다. 일반 대중 사이에서 'ESTJ'의 비율은 8.5%로 알려졌지만, 슈퍼리치 중에서는 이보다 3배 이상 많은 26.8%가 'ESTJ형'이었다.

보고서는 "ESTJ형은 흔히 지도자형, 경영자형으로 불리는데, 사회적인 질서를 중시하면서 현실적이고 추진력이 있다고 평가받는다"며 "다수의 은행 PB도 부자의 특징으로 실행력을 언급했다"고 밝혔다.

국내 프라이빗 뱅킹(PB) 고객들이 4대 시중은행에 맡겨놓은 돈은 150조 원에 육박했다.

이 가운데 자산 100억 원 수준의 '슈퍼리치'가 맡긴 예치금(예·적금, 펀드)은 20조 원에 달했다.

2021년 6월 말 KB국민은행 등 4대 시중은행의 PB 고객 수는 70만 1천여 명이며 이들이 예·적금, 펀드 등에 예치한 돈은 약 143조 5천여억 원이었다.

4대 은행에 PB 고객들이 맡긴 돈은 2017년 말 108조 8천 927억 원에서 2018년 말 115조 4천 748억 원, 2019년 말 129조 5천 692억 원, 2020년 말 139조 2천 853억 원으로 꾸준히 증가했다.

100억 원을 은행에 넣어놓은 '슈퍼리치' 고객은 2021년 상반기 891명으로 4대 은행 전체 PB 고객의 0.1%였다.

이들이 예·적금, 펀드 등에 예치한 돈은 모두 20조 8천 568억 원으로, PB 고객 예치금의 14.5%에 달했다. 1인당 평균 234억 원 꼴이다.

슈퍼리치 고객의 예치금은 2017년 말 11조 6천 573억 원이었으나 2021년 상반기 20조 8천 568억 원으로 3년 반 동안 79%나 늘었다.

슈퍼리치 고객 수도 2017년 말 494명에서 2018년 말 551명, 2019년 말 637명, 2020년 말 741명, 2021년 상반기 891명으로 꾸준히 늘었다.

시중은행들은 고액 자산가 대상 특화 점포를 개설하는 등 자산관리(WM) 영업을 경쟁적으로 강화하고 있다. 이는 고액 자산가들의 자산관리를 통해 수수료 등 비이자수익을 늘려서 수익 구조를 다변화하려는 전략으로 보인다.

하나은행은 2021년 고액 자산가를 대상으로 종합자산관리서비스를 제공하는 프리미엄 자산관리 브랜드 'Club1(클럽원)' 2호점을 서울 한남동에 개점하고, 전문 PB들을 배치했다.

스마트폰으로 '신용대출 갈아타기' 대격전

윤석열 정부가 국민의 실질적 이자비용 절감을 위해 추진한 대환대출 플랫폼이 2023년 5월 말 출시되면서 금융권에 큰 변화를 가져왔다.

영업점에 방문 없이도 은행과 저축은행, 카드·캐피탈사에서 받은 기존 신용대출을 보다 유리한 조건으로 갈아탈 수 있기 때문이다.

온라인·원스톱 대출 갈아타기는 스마트폰 앱으로 이용할 수 있다.

대출 갈아타기가 가능한 앱에는 네이버페이와 뱅크샐러드, 카카오페이, 토스, 핀다, KB국민카드, 웰컴저축은행 등 대출비교 플랫폼 앱이 있다.

플랫폼 앱에서는 마이데이터를 통해 기존 대출을 확인하고, 여러 금융사의 대출조건을 비교한 후 원하는 대출 상품을 보유한 금융사의 앱으로 이동해 대출을 갈아타는 방식이다.

NH농협은행과 신한은행, 우리은행 등 개별 금융사 앱에서는 마이데이터 가입 없이 다른 금융사에서 받은 기존 대출을 확인할 수 있고, 이후 해당 금융사의 대출로 곧바로 갈아타는 것을 지원한다.

대환대출과 관련해 서비스 이용횟수에는 제한이 없지만, 중도상환수수료가 없는 대출의 경우 대출계약을 실행한 지 6개월이 경과

한 이후에만 시스템을 이용해 갈아탈 수 있다.

은행권에선 산업은행과 농협은행, 신한은행, 저축은행권에선 SBI 와 OK, 웰컴 등이 참여했고 국민카드, 롯데카드 등도 동참했다.

이번 대환대출 플랫폼 인프라의 핵심은 '갈아타기'를 선택하면서 기존 대출이 자동으로 상환된다는 점이다.

옮길 수 있는 기존 대출은 10억 원 이하의 직장인대출과 마이너스통장 등 신용대출로 국한됐다. 기존 대출에서 갈아탈 수 있는 새로운 대출 역시 동일했다.

온라인 대환대출은 큰 인기를 얻어 개시 이후 한 달간 6천 700억 원가량의 대출자산이 이동했다.

다만 아직 대부분의 대환대출이 은행 간 이동에 집중된 만큼 제2금융권에서 제1금융권으로, 제2금융권 간 대출 전환이 활성화돼야 한다는 지적이 나왔다.

2023년 5월 31일부터 6월 30일까지 22영업일 동안 대환대출 인프라를 통해 총 2만 6천 883건, 6천 684억 원의 대출자산이 이동했다.

이동 유형은 은행 간 대출 이동이 대부분을 차지했다. 제1금융권에서 제1금융권으로 이동한 액수가 6천 161억 원(2만 2천 52건)으로 전체의 92% 수준이었다.

제2금융권에서 제1금융권으로 이동한 액수는 315억 원(2천 352건)에 불과했다. 나머지는 제2금융권에서 2금융권 169억 원(2천 98건), 제1금융권에서 제2금융권 39억 원(381건)이었다.

대환대출 인프라 개시 초기 10일간 고객들은 기존 거래 은행에서 하나은행(1천 497억 원), 토스뱅크(885억 원), 우리은행(762억 원), 카카오뱅크(469억 원) 순으로 많이 옮겼다.

같은 기간 전체 대환대출 이동 금액은 3천 844억 원이었고, 제1금융권에서 제1금융권으로 옮긴 액수가 3천 636억 원으로 95%에 달했다.

온라인 대환대출은 개시 두 달 동안 1조 48억 원의 대출자산 이동이 일어나는 등 금융소비자의 호응을 받았다.

오명으로 점철된
한국 금융회사
'흑역사'

'황금알을 낳는 거위에서 천덕꾸러기로' 카드발 금융대란

2003년 카드 사태는 김대중 정부가 침체된 경기를 살리기 위해 규제를 대폭 풀어 신용카드 사용을 장려한 데서 촉발됐다.

70만 원이던 현금대출의 월 이용 한도를 폐지한 것이 카드 사태의 직접적인 원인이었다.

'황금알을 낳는 거위'로 불리던 신용카드사들은 대학생이나 실업자 등 소득이 없는 사람에게도 카드를 발급해 주는가 하면 '길거리 회원 모집'을 통해 신용등급 등을 따지지 않고 무차별적으로 카드를 남발했다. 현금서비스 이용 한도도 무제한 늘려줬다.

저신용자들은 수수료가 원금의 최고 30%에 육박하는데도 담보나 신용 없이 언제든지 쓸 수 있는 현금서비스를 적극적으로 이용했다.

한 사람이 여러 장의 카드를 소지하다 보니 소득보다 많은 현금서비스를 쓰는 과소비가 퍼져나갔다. 민간소비 가운데 카드결제 비중은 1990년 5.6%에서 2000년 24.9%, 2002년에는 45.7%까지 뛰었다.

경제활동인구 1인당 카드 수는 1999년 1.8장에서 2002년 4.6장으로 늘어났고 전체 신용카드 발급 수도 같은 기간 3천 899만 3천장에서 1억 480만 7천 장으로 엄청나게 늘어났다.

1999년 90조 원대에 머물던 카드 이용실적도 2002년에는 623조 원에 육박했다.

그러나 카드빚을 갚지 못하는 사람들이 하나둘씩 늘어나기 시작하면서 카드사의 부실은 눈덩이처럼 커졌다.

정부가 뒤늦게 길거리 모집 금지 등의 규제에 나섰지만 사태를 막기는 역부족이었다.

카드사의 실질 연체율은 2003년에 28.3%로 치솟았고 신용불량자 수는 400만 명에 이르렀다. 13% 수준이던 카드사들의 자기자본비율은 -5.4%대로 추락했다.

카드사들은 부도 위기에 직면하자 구조조정에 나섰다. 국민카드는 2003년 모기업인 국민은행의 사업부로 흡수됐고 2004년 외환카드와 우리카드도 각각 모 은행에 흡수합병 됐다.

삼성그룹은 삼성카드에 5조 원을 투입했고 LG그룹은 LG카드를 채권단에 넘겼다. 과당 경쟁의 선두에 있었던 LG카드는 2007년 신한금융지주로 넘어가 신한카드와 합병됐다.

2003년 신용카드사들은 두 차례의 카드발 금융대란을 일으키며 악몽 같은 한 해를 보냈다.

카드사들은 2003년 3월 SK글로벌 분식회계 사태로 빚어진 투신권 환매 사태로 유동성 위기를 겪으면서 금융계 전체에 큰 파문을 일으켰다.

2000년과 2001년 각각 9천 381억 원, 2조 5천 943억 원의 대규모 흑자를 내면서 금융계의 총아로 대접받던 카드사가 유동성 위기에 직면할 것이라고는 아무도 예상치 않았기에 그 충격은 컸다.

이에 따라 금융당국은 8개 전업 카드사들이 4조 6천억 원 규모의 자본 확충을 실행하도록 하는 등 카드사 경영정상화 대책을 마련하고 사태 봉합에 나섰다.

정부의 대책과 카드사들의 자구안 마련으로 삼성카드가 2003년 6월 8천억 원 규모의 후순위 전환사채(CB) 발행에 성공하면서 카드발 금융대란설이 수면 밑으로 가라앉는 듯했다.

하지만 2003년 3분기 이후 경기가 회복될 것이라는 정부당국과 카드사들의 전망과는 달리 경기침체의 골이 깊어지고 연체율이 잡힐 기미를 보이지 않자 카드사들은 또다시 유동성 위기로 내몰렸다.

결국 자산규모가 24조 원에 달하는 LG카드가 2003년 11월 말 현금서비스를 중단할 정도의 유동성 위기에 직면하면서 카드업계는 2차 카드대란을 겪었다.

LG카드는 은행권과 제2금융권 등의 자금지원과 채권 만기연장 등으로 급한 불은 껐지만 금융시장에는 언제 또다시 유동성 위기에 처할지 모른다는 불안감을 남겼다.

카드업계는 1991년부터 2001년까지 11년 동안 벌어들인 돈을 불과 2003년 한 해 동안 모두 까먹었다. 1991년부터 2001년까지 총 3조 4천억 원의 누적 흑자를 기록했지만 2003년 5조 원에 달하는 적자를 기록했다.

2000년 이후 3년 동안 급성장했던 카드사들의 몸집도 거의 '반토막'이 났다.

LG카드는 2002년 말 자산규모가 33조 5천억 원에 달했으나

2003년 23조 5천억 원으로 10조 원, 삼성카드는 28조 2천억 원에서 16조 원으로 12조 2천억 원이 줄었다.

현금서비스 한도도 2002년 말 101조 원에서 2003년 58조 9천억 원으로 41.7%가 축소됐고, 전업계 카드사의 회원 수는 8천720만 명에서 5천 473만 명으로 38%가량 줄었다.

금융계 전문가들은 카드사의 이 같은 몰락에 대해 정부 정책의 부재와 카드사 간의 과당 경쟁을 지목했다.

정부가 내수 진작을 위해 신용카드 소득공제와 복권제 등을 도입하고 카드사들이 이에 편승해 마구잡이 경쟁으로 몸집을 부풀린 것이 위기를 초래했다는 지적이다.

LG카드 사태는 재벌계가 주도해 오던 카드업계가 은행계 위주로 재편되는 계기가 됐다.

카드업계는 폭발적인 성장세를 보이기 시작한 2000년부터 LG카드와 삼성카드로 대변되던 재벌계 카드사들이 시장을 주도해 왔다. 재벌계 카드사들은 무이자할부, 할인이벤트, 길거리 모집 등의 무차별 마케팅으로 덩치를 키우며 업계 주도권을 장악했다.

하지만 LG카드발 카드대란으로 재벌계 카드사의 '고비용 영업구조' 폐해가 드러남에 따라 저렴한 조달 금리를 앞세운 은행계 위주로 카드업계의 재편이 이뤄졌다.

국민카드는 2003년 국민은행에 흡수합병 됐고 우리카드와 외환카드도 2004년 은행에 합병됐다. 수신 기능 없이 독자적으로 영업하는 전업계 카드사는 삼성, LG, 현대, 롯데카드 등 4곳으로 정리됐다.

감사원은 2004년 7월 '카드 특감' 결과를 발표했다. 신용불량자를 양산하고 카드사들의 경영위기를 초래한 2003년 '카드대란'이 정부의 1999년의 신용카드 규제완화책보다는 금융감독원의 카드사 감독부실에서 비롯됐다고 결론지었다. 감사원은 이에 따라 2002년 금융감독원 담당자를 인사 조치 할 것을 금융감독원장에 요구했다.

하지만 감사원은 특감에서 신용카드 규제완화책을 입안·시행했던 1999~2001년에 재직한 재정경제부 및 금융감독위원회 고위 관료에 대해서는 문책을 요구하지 않아 형평성 시비와 함께 카드 정책 실패에 면죄부를 주었다는 논란을 일으켰다.

감사원은 카드대란이 결제능력을 초과한 일반인의 카드 사용, 카드사의 무분별한 카드 발급과 현금대출 위주의 외형 확대 경영, 정부의 카드사 감독소홀이 원인이 됐다고 지적했다.

카드사들은 2002년에 소득이 없어 국민연금보험료 납부예외자로 등록된 184만여 명에게 431만 장의 카드를 발급했으며, 일부 카드사는 2000~2001년 사망자 189명에게 카드를 발급한 것으로 나타났다.

금융감독원은 카드사 유동성 분석을 소홀히 하는 등 형식적인 감시를 했고 카드사 영업실태 점검을 제대로 하지 않아 돌려막기식 현금융통 실태나 카드회사 유동성 위험을 사전에 인지하지 못했던 것으로 파악됐다.

재정경제부는 '사전 규제는 완화하고 사후 감독을 강화한다'는 취지로 부작용에 대한 보완책 없이 현금서비스 이용 한도 등 카드 규제를 폐지했다. 금융감독위원회도 카드회사의 경영상황을 감안하지 않은 채 연체채권비율을 적기시정조치 발동요건으로 도입했다가 1년도 안 돼 폐지하는 등 정책의 혼선을 빚었다.

규제개혁위원회는 2001년 '길거리 회원' 모집에 대한 금융감독위원회의 규제 요청을 거부했다가 1년 뒤에 수용해 감사원으로부터 "규제심사 때 현실여건을 균형 있게 검토·심사하라"는 통보를 받았다.

하지만 감사원은 재정경제부의 정책실패에 대해선 "당시 내수진작 등을 위해 그 같은 정책이 불가피하다는 점을 인정하고 정책 추진 과정에서 고의나 중과실이 없었기 때문에 문책하지 않았다"고 설명했다.

금융권 탐욕에
횡령·서류조작까지

2000년대 들어서도 금융권에서는 횡령, 비리, 서류조작 등 도덕적 해이가 끊이지 않았다.

황금만능주의 풍조가 팽배해지면서 수단과 방법을 가리지 않고 한탕 하려는 사례가 늘어나고 있음에도 감시망은 허술했기 때문이었다.

금융권 비리 피해액은 2006년 874억, 2010년 2천 736억으로 4년 만에 무려 3배가 넘는 수준으로 불어났다.

범죄 양상이 갈수록 대담해지면서 사고액이 많이 늘어난 탓이었다. 은행권 비리는 2010년 57건으로 2009년 48건보다 19% 증가했다. 그러나 피해액은 391억 원에서 1천 692억 원으로 무려 333%나 급증했다.

은행권에는 단순 비리 차원을 넘어 고객의 돈을 몰래 챙기는 횡령과 대출 사기도 끊이지 않았다.

한 은행 지점장은 2012년 2월 고객 계좌에서 38억 5천만 원을 빼내 5~6개 계좌에 나눠 이체하고 잠적했다. 우리은행 간부는 고객 6명의 예금 31억 원을 횡령한 사실이 들통나 구속됐다.

하나은행 직원은 2009년 회사 공금 1천 800억 원을 횡령한 동아

건설 자금부장의 범행을 도운 혐의로 쇠고랑을 찼다.

경남은행 직원은 2010년 신탁자금을 빼내 투기성 사업에 투자했다가 손실을 보자 저축은행에서 사기 대출을 받아 철창신세가 됐다. 이 직원은 16개 금융기관에서 은행장 이름으로 대출을 받으면서 경남은행에 3천 262억 원의 보증 책임을 지게 한 혐의가 드러났다.

우리은행의 부동산금융팀장은 2010년 1조 4천억 원대 부동산 PF 대출을 해주는 대가로 부동산 시행사에서 수백억 원의 금품을 받은 혐의로 구속됐다.

금융감독원은 2012년 5월 상품권 횡령, PF 대출 부당 취급, 이사회 결의 위반 등 비리가 적발된 하나은행에 기관 경고와 과태료 3천 750만 원을 처분하고 임직원 28명을 징계했다.

2011년 2조 513억 원의 순익을 거둬 사상 최고치를 기록한 신한은행은 은행권 부도덕의 극치를 보여줬다. 고객한테서 받는 수수료를 올리고 고객에게 주는 이자나 혜택은 낮추는 방법으로 천문학적인 수익을 올렸기 때문이다.

신한은행은 개인신용대출금리를 매길 때는 대출자의 학력 수준에 차등을 뒀다. 고졸자 이하 대출자에게 13점을 주면서 석·박사 학위자에는 54점을 줬다. 고졸자의 신용 평점은 석·박사의 4분의 1에 불과해 대출 비용이 확 올라갔다. 고졸자들은 대학에 진학하지 못한 것도 서러운데 은행 대출에서도 심각한 불이익을 받았다.

국민은행은 2012년 850여 곳의 재개발·재건축 아파트 사업장 중도금 집단대출 가운데 900여 건의 서류를 조작했다가 금융감독원에 적발됐다.

금융사 직원의 정보 유출도 심각했다.

삼성카드는 2011년 80여만 건의 고객 정보를 내부 직원이 유출했다. 하나SK카드 직원은 수만 건의 정보를 빼내기도 했다. 카드사 직원이 빼돌린 고객 정보는 스팸 메일이나 보이스피싱 등에 악용돼 고객에 치명적인 피해를 줄 수 있어 큰 문제가 됐다.

잇따른 전산사고도 금융권의 기강 해이 실태를 잘 보여줬다.

농협에서는 2011년 4월 전산망이 전면 마비되는 사태를 겪었음에도 2012년 1월 또다시 전산장애가 생겼다.

1997년 외환위기 이후 금융권의 비리와 탐욕을 질타하는 목소리가 끊이지 않았음에도 개선 조짐이 없는 데는 허술한 감시망과 솜방망이 처벌도 한몫한다는 지적이 많았다.

대형 사고를 쳤음에도 상응하는 처벌이 없어 금융사들의 도덕 불감증이 자연스레 악화했다는 지적을 받았다. 실제로 고객 정보를 유출한 현대캐피탈, 삼성카드, 하나SK카드 모두 경징계를 받는 데 그쳤다.

어이없는 농협의
금융 거래 전면 마비 사태

2011년 4월에는 농협중앙회에서 전산장애로 창구거래 등 전체 금융 업무가 마비되는 초유의 사태가 발생했다.

농협은 전산장애 발생 4일이 지나서도 금융 거래를 완전 정상화하지 못한 것은 물론 정확한 사고 원인 등도 파악하지 못해 논란을 키웠다.

금융 거래 전면 마비 상태는 20시간 만에 벗어났으나 4일째가 지나서도 완전히 복구하지 못했다.

신용카드 및 체크카드 관련 일부 서비스는 정상 가동되지 않았다. 인터넷뱅킹도 복구됐지만 고객들의 접속 폭주 및 시스템 불안정 등으로 잔액조회 정도만 됐다.

농협은 이번 사고가 IBM서버(중계 서버)의 장애로 인해 발생한 것이라며 해킹으로 인한 사고는 아니라고 설명했다.

농협은 전산상 문제가 생겨 IT 관련 직원들이 보수작업을 하던 중에 내부와 외부를 중계하는 운영파일이 삭제되면서 사태가 확산했다고 설명했다. 농협 내부에서는 직원이 고의로 파일을 삭제했을 가능성도 제기됐다.

농협은 운영시스템(OS)을 다시 깔고 복구하는 데 시간이 소요돼 고객의 불편을 샀다. 금융감독원도 농협에 정보기술(IT) 전문가 3 명을 보내 장애 원인과 대고객 피해상황 파악 등에 나섰다.

농협은 전산장애로 인한 금융 거래 마비와 관련, 고객의 경제적 피해는 전액 보상을 원칙으로 하겠다고 나섰다. 하지만 간접 피해의 경우 입증되는 피해에 대해서만 보상하기로 해 손해배상을 둘러싸고 농협과 고객 간 적잖은 논란이 발생했다.

문제는 이런 전산장애가 금융권에서 종종 발생한다는 점이다.

농협은 2010년 2월에도 4시간 동안 자동화기기 2천여 대가 서버다운 등으로 작동하지 않았다가 복구됐다.

한국씨티은행은 2010년 12월 인천에 위치한 전산센터에서 한파로 냉각기가 동파되면서 침수 피해가 발생, 주전산 시스템이 6시간 동안 장애를 겪었다.

대규모 인출 야기한
저축은행 영업정지 사태

저축은행 부실사태는 2011년 금융권을 넘어 사회 전체를 뒤흔들었다.

예금한 돈을 돌려받지 못할 수도 있다는 심각한 금융 불신의 후유증을 남겼기 때문이다.

그 첫 신호탄은 2011년 1월에 자산 1조 원이 넘는 대형 저축은행인 삼화저축은행의 14일 영업정지였다.

저축은행 영업정지는 2009년 12월 전북 전일저축은행 이후 처음이었다. 금융위원회와 금융감독원은 2010년 7월 말 기준 삼화저축은행의 부채가 자산을 504억 원 초과하고 BIS 기준 자기자본비율이 −1.42%로 지도기준에 미달한 것으로 파악했다.

1971년 설립된 삼화저축은행은 2010년 6월 말 총 자산이 1조 4천억 원으로 저축은행 총자산의 1.5% 비중을 차지했다. 하지만 부동산 PF 대출 부실로 2009 회계연도에 914억 원의 순손실을 냈다.

예금자보호법에 따라 삼화저축은행의 5천만 원 이하의 예금은 전액 보호되지만, 영업정지 소식에 예금자들이 지점에 몰려들어 불안감을 키웠다.

영업정지 당시 삼화저축은행의 예금자는 4만 3천 787명, 예금액은 1조 3천 619억 원이었다. 5천만 원 예금자는 1천 484명으로 전체 예금자의 3.4%, 5천만 원을 초과한 예금액은 모두 309억 원이었다.

한 달 뒤인 2011년 2월에는 5개 부산계열과 보해·도민 등 7개 저축은행이 추가로 문을 닫았다.

대전저축은행은 지속적인 예금인출로 유동성이 부족했고 예금자의 인출요구에 응할 수 없는 상황이라는 점이 부실금융기관 지정의 원인이 됐다.

부산저축은행은 자기자본이 완전 잠식된 상황에서 자회사인 대전저축은행이 영업정지 될 경우 예금인출 확산으로 더 이상의 예금지급이 어려워졌다.

영업정지를 당한 부산저축은행과 대전저축은행은 5개 저축은행으로 구성된 부산저축은행그룹의 주력이었다. 부산저축은행그룹은 자산 기준 업계 1위로 총 10조 원에 육박했다.

이 가운데 부산저축은행이 3조 7천 435억 원, 대전저축은행이 1조 5천 833억 원의 자산을 보유했다.

1972년 부산상호신용금고라는 이름으로 영업을 시작한 부산저축은행은 잇단 부실저축은행 인수로 규모를 키워 중앙부산, 대전 등 4개 비상장 계열사를 거느렸다.

하지만 부동산 PF 대출을 지나치게 늘린 게 화근이 되고 말았다. 부산저축은행그룹은 대출자산 가운데 PF 대출이 대부분을 차지할 정도여서 'PF 왕국'으로 불려왔다.

영업정지를 당한 모기업 부산저축은행의 경우 2010년 말 PF 대출 잔액이 2조 3천 568억 원으로 전체 대출 잔액 3조 2천 814억 원의 71.8%에 달했다.

부동산 경기가 침체에 빠지자 PF 대출의 고정이하여신비율이 2009년 6월 말 0.37%에서 2010년 말 7.18%로 높아지고, 1개월 초과 연체율이 같은 기간 0.83%에서 35.14%로 급등하는 등 PF 부실이 눈덩이처럼 커졌다.

그러면서 BIS 자기자본비율이 부산저축은행은 10.11%에서 5.13%로 낮아지고 대전저축은행은 5.46%에서 −3.18로 마이너스를 기록하는 등 은행의 건전성이 급속도로 악화했다.

대전저축은행은 순자산이 −323억 원으로 자본이 잠식된 가운데 예금지급 불능(디폴트) 상태에 빠졌으며, 부산저축은행도 순자산 −216억 원으로 예금이 급격히 빠져나갔다.

이처럼 저축은행들이 연쇄 영업정지를 당하면서 돈을 찾으려는 고객들의 뱅크런이 일어났다. 결국 금융당국의 적극 개입과 가지급금 지급 등으로 그해 2월 24일 예금인출 사태가 종료됐다.

2011년 3월 정부는 저축은행 사태 재발을 막기 위해 우량 저축은행에 대해 대출한도를 풀어주는 '88클럽'을 폐지했다.

'88클럽'은 BIS 기준 자기자본비율이 8%를 넘고 고정이하여신비율이 8% 미만인 건전성이 우수한 저축은행들을 말한다.

이들 저축은행에는 자기자본의 20% 범위를 지키면 동일인에게 80억 원까지 대출할 수 있도록 정부가 혜택을 줬는데 저축은행 사태가 터지자 이 조치를 없애버렸다.

금융위원회와 금융감독원은 2011년 7월에 85개 저축은행을 대상으로 대규모 경영진단을 벌여 토마토·제일을 비롯한 7개 저축은행을 퇴출 대상으로 분류했다. 2011년 8월 영업정지 된 경은저축은행을 포함하면 그해 하반기에도 8개 저축은행이 사라졌다.

2011년 영업정지 된 16개 저축은행의 총자산은 25조 원에 달했다. 2010년 말 80조 원이던 저축은행 총자산의 31%가 잘려나간 셈이었다.

영업정지 저축은행에서 수많은 불법대출, 정·관계 로비, 당국의 부실감독·검사, 예금자·투자자 피해사례가 쏟아졌다.

예금자들이 극도로 예민해진 탓에 저축은행에선 수시로 뱅크런이 벌어졌다.

2011년 8월 삼화저축은행 비리 사건에 연루돼 검찰 수사를 받던 금융감독원 부원장보가 한강에 투신했다가 즉시 출동한 한강구조대에 의해 목숨을 건진 일이 벌어졌다. 그해 9월에는 영업정지 된 제일2저축은행의 행장이 종로구 창신동 본점에서 투신해 사망하는 사건이 발생했다.

금융위원회는 2011년 3월 저축은행 대주주에 대한 감시와 처벌을 강화하는 '저축은행 경영 건전화를 위한 감독강화 방안'을 발표했다.

현행법상 대주주에 대한 최대 형사 처분 수준은 5년 이하의 징역과 5천만 원 이하의 벌금이지만, 10년 이하의 징역과 5억 원 이하의 벌금이 선고될 수 있도록 형량을 높였다.

대주주 불법대출이 적발되면 저축은행만 과징금을 부과하도록 돼 있던 것을 대주주에 대해서도 과징금을 부과하기로 했다. 과징금 액수도 불법대출액의 20% 이하에서 40% 이하로 상향 조정했다. 액수에 상관없이 검찰에 고발하기로 했다.

대주주에 대한 직접 검사제도도 도입했다. 기존에는 대주주의 불법행위에 대한 혐의가 있더라도 서면검사만 가능했지만, 이를 금융감독원이 직접 검사할 수 있도록 했다.

잊을만하면 금융사 해킹사고…
고객 불안 야기

금융권에서 해킹으로 인한 전산장애나 고객 정보 유출 사건은 2010년대 들어 수시로 터져 고객의 불안을 야기했다.

현대캐피탈에서는 2011년 4월 웹사이트를 통해 서버에 침입한 해커가 42만 명의 고객 정보를 유출한 사태가 터졌다.

같은 달에는 농협에서 대규모 전산장애가 발생해 며칠 동안 현금자동입출금기(CD·ATM) 사용과 인터넷뱅킹 이용이 중단되는 초유의 사태가 발생했다. 당시 피해는 복구 시스템조차 정상적으로 작동하지 못할 정도로 심각했다.

2013년 3월에는 북한 소행으로 추정되는 동시다발적 해킹이 발생해 언론사와 함께 신한은행, 농협은행 등이 피해를 입었다.

내부자가 연계된 보안 사고도 적지 않았다.

삼성카드에서는 고객관리 담당 직원이 2010년 1월부터 2011년 8월까지 자사 서버를 해킹해 고객 정보 192만 건을 조회하고 이 가운데 47만 건을 자신의 노트북에 옮긴 사실이 드러났다.

하나SK카드에서는 전화 판매 지원 업무를 하던 직원이 2011년 7월 약 9만 7천여 건의 고객 정보를 빼내 이 중 5만 1천여 건을 외부로 넘겼다.

한국인터넷진흥원은 2013년 4월 은행 고객 컴퓨터에서 유출된 공인인증서 파일 212여 개가 모여 있는 국외 서버를 발견해 금융결제원에 통보해 폐기했다.

폐기된 공인인증서는 국민은행, 신한은행 등 시중은행 고객의 인증서였다.

해커들이 파밍 수법을 이용한 것으로 추정됐다. 파밍이란 가짜 사이트를 미리 개설하고 피해자 컴퓨터를 악성코드에 감염시켜 진짜 사이트 주소를 넣어도 가짜 사이트에 접속하도록 해 개인정보를 빼내는 한층 진화된 피싱 수법이었다.

2013년 2월에도 해커들이 신한은행 등 시중은행이 발급한 공인인증서를 빼내 가자 금융결제원이 461개를 일괄 폐기했다.

신한카드와 삼성카드 등 주요 카드사 고객 100여 명은 안심클릭 결제 창을 모방한 피싱 사고로 5천여만 원 피해를 봤다.

안심클릭 결제 시 카드번호 입력 후 새로운 팝업창이 떠 신용카드 번호와 유효기간을 추가로 입력하도록 하는 수법에 당했다. 입력이 끝나면 해당 정보가 고스란히 빠져나가 게임 사이트 등 결제에 악용됐다.

이런 고객 정보 유출 사고가 빈발했지만 정보 유출 논란을 일으킨 금융사의 임원들은 모두 경징계만 받았다.

상황이 이러다 보니 해킹은 물론 내부통제가 미흡해 생긴 개인정보 유출과 관련해 해당 금융사나 담당 임원에 대한 제재수위가 너무 낮은 것이 아니냐는 지적이 나왔다.

강력한 제재를 통해 내부통제 시스템을 다잡는 것만으로도 보안 사고 방지 효과가 상당할 것으로 예상됐기 때문이다.

금융감독원은 전 금융사를 대상으로 IT·보안 실태를 점검하면서 이른바 '5·5·7' 규정을 잘 지키고 있는지를 점검했다. 5·5·7 규정이란 ▲ 금융회사 인력의 5%를 IT 부문 배치 ▲ 이 중 5%는 보안 인력으로 확보 ▲ IT 예산 중 7%는 보안예산으로 편성토록 한 것이었다.

기업어음 불완전판매 문제 일으킨
'동양 사태'

　2014년 9월 발생했던 '동양그룹 사태'는 4만 명이 넘는 피해자를 냈다.

　회사채와 기업어음(CP)의 불완전판매로 발생했던 사태로 많은 피해자가 동양그룹과 동양증권을 상대로 소송을 냈다.

　불완전판매 논란으로 영업활동에 어려움을 겪은 동양증권은 2014년 10월 유안타(元大)증권으로 사명을 바꾸고 새 출발을 했다.

　동양 사태는 2013년 9월 30일 막이 올랐다.

　동양, 동양레저, 동양인터내셔널 등 3곳이 법정관리를 신청한 것이 도화선이 됐다. 다음 날인 10월 1일에는 동양네트웍스와 동양시멘트가 추가로 법정관리를 신청했다.

　동양그룹 5개 계열사의 법정관리 신청으로 이들 회사의 회사채와 기업어음(CP)에 투자한 피해자들은 막대한 손실을 봤다. 피해자 4만 1천여 명이 입은 손실은 1조 7천억 원에 달했다.

　사태가 터지자 투자자들은 곧장 대책위원회, 협의회 등을 꾸려 손실을 보전받기 위한 대응책 마련에 나섰다.

　일부 대책위는 동양 채권자협의회에 참여하는 성과를 거뒀고 금융당국과 협상 상대로 활동했다. 불완전판매와 관련한 피해자들의 분쟁조정 신청과 소송도 줄을 이었다.

피해자들의 분노가 커지는 상황에서 금융당국은 동양 사태의 재발 방지를 위한 대책을 내놨다.

대책에는 대주주·계열사의 부당지원 제재와 특정금전신탁 관련 투자자 보호 강화 등의 내용이 담겼지만 "소 잃고 외양간 고치기"라는 비판이 터져 나왔다.

금융당국의 허술한 관리·감독이 동양 사태의 발생에 한몫했다는 감사원의 발표에 일부 투자자들은 국가를 상대로 소송했다.

금융감독원은 2014년 7월 말 동양 사태 관련 분쟁조정위원회를 열어 분쟁조정 신청 안건 가운데 67.1%(1만 4천 991건)를 불완전판매로 인정하고 동양증권이 피해액의 15~50%를 배상하도록 결정했다.

이후 피해자와 동양증권이 금융당국의 분쟁조정을 받아들이겠다고 수락한 비율은 85%(1만 2천 918건) 수준이었다.

집단소송을 낸 피해자들은 현재현 동양그룹 회장과 동양증권이 위험성을 알고도 회사채와 CP를 사기로 발행·판매했다고 주장했다.

동양증권은 사태 발생 후 어려움을 겪었다. 불완전판매 논란에 고객 자금의 이탈이 이어졌고 이미지 훼손도 심각했다.

증권업 불황까지 맞물려 구조조정 속에 많은 직원이 회사를 떠나야만 했다. 동양증권의 직원 수는 2014년 2분기 기준 1천 665명으로 1년 새 837명 줄었다.

악화일로로 치닫던 상황은 대만 유안타증권이 동양증권을 인수하면서 조금씩 나아지기 시작했다. 2014년 6월 유안타증권으로 대주주 변경과 유상증자 완료로 동양증권의 신용등급은 투기등급 직전 상태에서 최고 A등급 대까지 올랐다. 신용등급 상승으로 동양증권은 사실상 중단했던 법인·기관투자자 대상 영업을 재개했다.

동양증권은 2014년 10월 사명을 유안타증권으로 바꾸고 새 출발을 했다. 1962년 창립 이래 인수합병 등을 통한 회사의 변화에도 지켜온 '동양'이라는 명칭은 역사 속으로 사라졌다.

보험사 이어 은행, 카드까지…
정보 유출로 '쑥대밭'

　2013년에는 보험사에 이어 은행까지 대규모 고객 정보 유출 사고가 터지면서 금융권 고객 정보 관리에 비상이 걸렸다.

　금융사의 고객 정보에는 주민등록번호뿐만 아니라 각종 민감한 정보들이 들어 있어 외부 유출 시 금융 범죄에 이용될 가능성이 크기 때문이다.

　2013년 한국SC은행은 10여만 건, 한국씨티은행은 3만여 건의 고객 개인정보가 유출된 혐의로 위·수탁 업체를 포함한 관계자들이 검찰에 구속됐다.

　유출된 고객 정보에는 대출과 관련된 각종 내용이 포함됐다.

　SC은행의 경우 IT센터 수탁업체 직원이 2011년 11월부터 2012년 2월까지 대학 선배인 대출모집인의 부탁으로 신용대출 상품 상담자 고객 정보 파일을 USB에 저장해 유출시켰다.

　문제는 이런 대규모 정보 유출이 이번 외국계 은행에 국한된 게 아니었다는 점이다.

　한화손해보험과 메리츠화재도 2013년 고객 정보 유출 사건으로 곤욕을 치렀다.

　한화손해보험의 고객 정보 15만 7천여 건에 이어 메리츠화재에서도 16만여 건이 유출됐다.

메리츠화재의 경우 질병 사망담보 가입금액, 중상해 교통사고처리 지원금 가입금액, 가입상품명, 증권번호, 보험료, 고객명, 위험등급, 생년월일, 연락처, 주소 등의 정보가 유출됐다.

한화손해보험은 고객 11만 9천 322명의 이름과 주민등록번호, 차량 번호 등이 유출된 데다 2011년 5월 유출 사실을 파악하고도 금융감독원에 뒤늦게 보고해 물의를 빚었다.

2014년 1월에는 신용평가업체 직원이 카드사 고객 정보를 대량 유출한 사실이 드러나면서 카드업계가 사실상 쑥대밭이 됐다.

창원지검에 의해 적발된 이 사건은 KB국민카드 5천 300만 명, 롯데카드 2천 600만 명, NH농협카드 2천 500만 명 등 1억여 건에 달해 국내금융기관 개인정보 유출 사고로는 사상 최대 규모였다.

KB국민카드, 롯데카드, NH농협카드 대표들은 2014년 1월 대국민 기자회견을 열어 이번 사고에 대해 사과했다.

해당 카드사들은 코리아크레딧뷰로(KCB) 직원이 어떤 방식과 경위로 보안을 뚫고 고객 정보를 빼내 유출했는지 제대로 파악조차 못했다.

KCB는 은행, 카드 등 국내 19개 금융사를 회원으로 둔 신용평가사로, 나이스신용평가와 함께 개인신용평가 업계 1, 2위를 다툰다. 회원 금융사가 제공한 고객 정보를 바탕으로 신용등급 평가, 조회, 컨설팅 서비스를 제공하는 업무를 해 민감한 고객 정보가 모이는 기관이기도 하다.

검찰 수사로 구속된 KCB 직원은 2012년 5월부터 2013년까지 문제의 3개 카드사에서 부정사용방지시스템(FDS)을 구축하는 업무를 맡았다. FDS는 카드 소지자의 사용패턴 등에 이상한 점이 있다고 판단되면 거래 승인을 자동으로 중지시키는 시스템이다.

KB국민카드, 롯데카드, NH농협카드, 신한카드, 삼성카드 등 총 5개 카드사는 2012년부터 최근까지 KCB에 FDS를 새로 구축하거나 업그레이드하는 용역을 맡겼다.

그러나 시스템 구축 업무를 책임진 해당 KCB 직원이 어처구니없게도 고객 정보를 유출하는 사고를 낸 것이다. 비슷한 용역을 맡겼으면서도 문제없이 넘어간 신한카드와 삼성카드는 보안툴을 사용해 고객 정보를 이동식 저장매체에 저장할 수 없도록 하는 등 예방 조처를 했다.

이런 보안 조처는 고객 정보가 유출된 카드사들도 했기 때문에 어느 카드사가 더 보안 수준이 높다고 단정 짓기는 어려웠다.

게다가 이번 사건은 외부 직원이 보안을 뚫고 고객 정보를 유출했다는 점에서 기존에 내부 직원이 정보를 빼돌린 정보 유출 사고와도 성격이 달랐다.

이 사태는 여기서 그치지 않았다.

카드사 고객 정보 유출로 대통령부터 장관, 차관 등 사회지도층 인사와 연예인 등 2천만 명의 민감한 개인정보가 빠져나간 것으로 확인됐기 때문이다.

KB국민카드와 롯데카드, 농협카드에서 1억 400만 건의 고객 정보가 유출되는 과정에서 국민은행뿐 아니라 다른 시중은행 고객 정보도 대량으로 빠져나갔다.

농협카드와 연계된 농협은행, 롯데카드의 결제은행까지 고객 정보가 유출됐다. 신한은행, 하나은행, 우리은행 등 사실상 국내 모든 은행의 고객 정보가 외부에 노출됐다.

국민카드와 롯데카드가 정보 유출 본인 확인 서비스를 시작하자 자신이 이용하는 은행의 개인정보가 모두 빠져나갔다며 항의하는 피해자가 속출했다. 10년 전에 카드를 해지했거나 카드를 만든 적이 없는데도 개인정보가 몽땅 유출됐다는 신고도 밀려들었다.

이들 3개 카드사 고객 중 중복된 인원을 제외하면 이번 정보 유출 피해자만 최소 2천여만 명으로 추산됐다. 카드사 회원만 따지면 1천 500여만 명 수준이지만 국민은행처럼 정보가 유출된 계열사 고객까지 합친 숫자는 더 컸다. 사실상 우리나라 성인의 개인정보가 모두 노출된 셈이었다.

유출된 카드 개인정보는 성명, 휴대전화 번호, 직장 전화번호, 주민등록번호, 직장 주소, 자택 주소, 결제계좌, 신용한도금액, 카드 유효기간 등 최대 19개에 달해 어떠한 금융사기도 가능한 수준이었다.

정보 유출 피해자 명단에는 대통령, 거의 모든 부처 장·차관, 기업 최고경영자, 국회의원, 연예인 등이 포함된 것으로 알려졌다.

금융당국 수장인 신제윤 금융위원장과 최수현 금융감독원장도 피해자 신세를 면치 못했다. 국민카드 사장 등 이번 정보 유출 관련 카드사 최고경영자들과 4대 금융 등 경영진의 개인정보도 모두 빠져나간 것으로 추정됐다.

문제의 카드사 외에 금융감독원이 검찰에서 입수한 정보 유출

USB 메모리에는 시중은행 고객 24만 명, 저축은행 2천 명, 여신전문금융사 11만 명의 개인정보가 추가로 빠져나간 것으로 추산했다.

사태가 일파만파로 커지자 KB금융그룹의 지주사와 국민은행·국민카드 경영진 27명이 일괄 사의를 표명했다. 농협카드 사장도 스스로 물러났다.

KCB의 모든 임원도 카드사 고객 정보 유출 사태에 대한 도의적 책임을 지기 위해 사표를 제출했다.

금융당국은 개인정보 유출에 책임을 물어 KB국민카드·NH농협카드·롯데카드 3개사에 대해 3개월 영업정지를 내렸다. 영업정지 3개월은 법령상 부과 가능한 최고한도 수준의 제재였다.

11년 만에 카드사 영업정지…
사상 최고 수위의 징계

금융당국은 2014년 2월 14일 1억여 건의 고객 정보를 유출한 카드 3사에 대해 영업정지 처분을 내렸다.

카드사에 영업정지 처분을 내린 것은 2003년 카드대란 이후 11년 만이었다. 그러나 이번 처벌 수위는 11년 전보다도 훨씬 강했다.

2003년 카드사들은 정부가 영업 규제를 철폐하자 무차별적인 생존경쟁을 벌였다. 그러나 무자격자 카드 발급과 길거리 회원 모집 등의 위법 행위가 드러나면서 카드사들이 철퇴를 맞았다.

삼성카드와 당시 LG카드가 2개월간 신규 카드 발급과 회원 모집을 하지 못했고 외환카드도 한 달 반 동안 영업이 정지됐다.

삼성·LG카드는 2002년 12월 한 차례 주의적 기관경고를 받고 법규 준수 이행각서를 제출했는데도 또다시 위법 행위를 저질러 가장 높은 징계를 받았다.

2014년 카드사에 대한 영업정지는 11년만으로 제재수위는 가장 높았다.

우선 영업정지 기간이 3개월로 최소 1개월 이상 더 길었다. 여기에 신용카드의 신규 회원 모집만 금지한 2003년과 달리 이번에는 신용카드에 더해 체크·기프트카드 신규 회원 모집과 발급도 중단시켰다.

현금서비스나 카드론·리볼빙도 신규 약정이 안 되며 카드슈랑스·통신 판매·여행 알선 등 부수 업무도 신규 판매는 금지됐다. 공익 목적이면서 대체 가능성이 없는 카드의 신규 발급을 제외하면 사실상 모든 신규 영업을 할 수 없도록 했다.

카드 3사의 이번 영업정지 3개월로 영업·대출 기회 손실은 2조 원에 달했다.

카드 3사에 대한 역대 최고 수준의 제재는 금융시스템에 대한 신뢰를 훼손한 행위에 대해 엄벌하겠다는 금융당국의 의지가 담겨 있었다.

금융 산업은 기본적으로 고객의 신뢰에 기반해 성장하는 산업인 만큼 이를 저해하는 행위는 자칫 업계의 공멸을 가져올 수 있다는 위기감을 반영한 것이었다.

영업정지 3개월은 신용정보법상의 최고한도 처벌 수위였다. 금융당국은 1억 건이 넘는 사상 초유의 이번 개인정보 유출 사태로 전체 금융업에 대한 국민 신뢰도가 크게 떨어진 것으로 판단했다.

신제윤 금융위원장은 "신뢰가 없이는 금융의 존립 자체가 불가능하다"며 여러 차례 금융 신뢰의 중요성에 대해 강조하기도 했다.

강력한 제재를 통해 금융사에 경각심을 줌으로써 고객 정보 유출과 같은 사태의 재발 방지를 막고 신뢰를 회복하겠다는 것이었다.

그런 만큼 제재에 대한 금융당국의 태도는 단호했다. 이 사태가 발생했을 때부터 최고한도의 처벌을 강조했고, 영업정지가 과도한 대응이라는 일각의 지적에 대해서도 "엄중한 제재가 필요하다"며

받아들이지 않았다.

고객 정보를 제대로 관리하지 않은 금융사에 대해 강력한 제재가 필요하다는 데에는 어느 정도 사회적 공감대가 형성됐지만, 이번 금융당국의 결정 과정을 둘러싸고는 곱지 않은 시선도 있었다.

금융당국은 검찰이 개인정보 유출 사고를 발표한 직후부터 줄곧 "최고한도의 제재를 하겠다"고 공언해 왔다. 이 때문에 금융감독원이 해당 카드사에 나가 조사를 하는 상황에서도 영업정지 3개월은 이미 예상됐다.

자체 조사 이전에 제재수위를 이미 결정했다는 점은 징계 절차의 앞뒤가 맞지 않는다는 지적도 나왔다. 카드사로부터 해명을 받은 것도 결국 제재 절차의 형식만 갖추기 위함이라는 비판도 나왔다.

다른 금융사와의 형평성 문제도 제기됐다. 카드사의 정보 유출 사건이 불거지기 한 달 전에 검찰은 씨티은행과 SC은행에 대한 13만여 건의 정보 유출 사건을 발표한 바 있다.

같은 논리라면 검찰 수사 내용을 토대로 이들 은행에 대해 벌써 제재를 취했어야 하지만 금융당국은 한발 뒤로 물러섰다. 이 때문에 만만한 국내금융사만 강하게 처벌하고 외국계 금융사에 대해서는 눈치 보기를 한다는 비판을 받았다.

DLF·펀드 환매중단에
자본시장 불신 가속

2017년부터 가파르게 성장해 오던 헤지펀드 시장은 2019년 하반기에 각종 환매중단 사태가 터지면서 사회적 물의를 일으켰다.

헤지펀드 시장은 대규모 손실로 사회적 파장을 불러온 파생결합펀드(DLF)와 헤지펀드 운용사 1위 라임자산운용의 환매중단 사태로 위기에 봉착했다.

2019년에는 해외금리 연계 DLF에 투자한 투자자들이 대규모 손실을 봤다. 해당 상품들이 원금 손실이 가능한 상품이었음에도 판매한 금융사들이 '원금 손실이 없다', '안전하다'고 판매했다는 사실이 알려져 불완전판매 논란이 일었다.

금융감독원은 2019년 12월 분쟁조정위원회를 열어 해외금리 연계 DLF로 손실을 본 6건의 사례에 대해 우리은행과 하나은행 등에 투자손실을 최대 80% 배상하라는 결정을 내렸다.

배상 비율 80%는 역대 최고 수준으로, 은행 본점 차원의 과도한 영업과 내부통제 부실이 대규모 불완전판매로 이어진 점이 최초로 배상 비율에 반영됐다.

2018년 8월 기준 국내금융사의 주요 해외금리 연계 파생결합상품(DLF, DLS) 판매 잔액은 총 8천 224억 원이었다.

개인투자자(3천 654명)의 투자금액은 전체의 89.1%에 달했다. 전체 판매 잔액의 99.1%(8천 150억 원)가 은행에서 펀드(사모 DLF)의 형태로 판매됐고 나머지(74억 원) 중 증권사의 판매는 사모 DLS 형태였다.

금융감독원 검사에 따르면 은행들은 대규모 투자손실 사태를 부른 해외금리 연계 DLF를 판매하면서 내부 반대를 묵살하고 상품 심의기록을 조작한 정황이 파악됐다.

상품 제작과 판매·사후관리까지 총체적 부실이 드러난 DLF의 예상 손실률은 52%에 달했다. 금융회사들은 손실 위험을 전가·회피하면서 총 5%에 가까운 수수료를 챙겼다.

문제가 된 DLS는 기초자산(독일 국채 금리, 영국·미국 CMS 금리)이 만기까지 기준치 이상을 유지하면 연 3.5~4.0%의 고정 수익을 얻지만, 기준치 아래로 내려가면 손실 규모가 원금 전액에 가까워진다.

글로벌 저금리 현상으로 DLF는 줄줄이 원금 손실 구간에 진입해 만기까지 유지될 경우 예상 손실률은 약 52%다.

금융감독원은 DLF 제작·판매에 여러 금융회사가 관여했지만 은행이 중심에서 주도적인 역할을 했다고 밝혔다. 만기·배리어·손실배수·수익률 등을 은행이 정해 증권사에 이런 조건에 맞는 DLS 발행을 요청하고, 해당 DLS를 펀드(DLF)에 편입해 운용할 자산운용사도 은행이 골랐다.

은행은 이렇게 해서 만들어진 DLF를 판매할 때 내부 상품(선정)위원회의 심의·승인을 거쳐야 한다.

하지만 우리은행은 2017년 5월부터 2019년 6월까지 설정한

DLF 380건 중 2건만 상품선정위원회를 거쳤다. 하나은행도 2016년 5월부터 2019년 5월까지 설정한 DLF 753건 중 상품위원회에 부의된 사례는 6건에 불과했다. 심의율이 1%에도 못 미쳤다.

우리은행은 2019년 3월 일부 위원이 평가표 작성을 거부하자 '찬성' 의견으로 적어 넣는가 하면, 구두로 반대 의견을 표명한 위원을 상품 담당자와 친분이 있는 직원으로 교체해 '찬성' 의견을 받았다.

자산운용사는 과거 금리 추이를 토대로 DLF 수익률을 모의실험(백테스트)한 결과를 은행에 제시했다. 최근 같은 '마이너스 금리'가 과거에는 없었던 만큼, 모의실험 결과는 당연히 '손실확률 제로'였다. 은행은 아무런 검증 없이 이런 결과를 투자자에게 제시했다.

은행은 본점 차원에서 손실 가능성이나 금리 변동성 등 DLF의 위험성을 축소하면서 '짧은 만기, 높은 수익률' 위주의 내용이 담긴 교육·마케팅 자료를 직원들에게 제공했고, 일선 창구에서 이를 토대로 DLF가 판매됐다.

우리은행은 채권금리 하락으로 DLF 손실 가능성이 커지는 상황에서도 상품 판매를 중단하지 않았다. 오히려 기준치를 −0.20%에서 −0.32%로, 손실배수를 200배에서 300배로 각각 바꾸고 만기를 2개월 줄여 판매를 독려했다. 기존 고객에게도 손실 가능성을 통보하지 않거나, 높은 환매수수료(7%)를 강조해 환매를 차단하려 애썼다.

은행은 이렇게 해서 1.00%의 판매 수수료를, 자산운용사는 0.11%의 운용 수수료를 챙겼다. DLS 발행에 따른 위험을 증권사는 상품을 기획한 외국계 투자은행(IB)에 헤지, 외국계 IB는 이를 다시 선물시장에서 헤지해 각각 위험을 회피했다. 그러면서 외국계 IB가 3.43%, 증권사가 0.39%의 수수료를 각각 챙겼다.

DLF 설계·판매·관리로 금융회사들이 총 4.93%의 수수료 수입을 올린 것이다. 은행은 만기를 6개월로 짧게 설정해 연 두 차례 판매했다. 선취 수수료가 사실상 연 2.00%(1.00%×2)인 셈이다.

금융감독원은 DLF 잔존 계좌 3천 954개를 전수 점검 한 결과 서류상 하자가 발견돼 불완전판매로 볼 수 있는 의심사례가 20%라고 밝혔다. 서류상으로는 요건을 갖췄어도 실제 판매 과정에서 불완전판매가 이뤄졌을 가능성도 있다고 덧붙였다.

사모펀드 업계 1위 라임자산운용은 2019년 10월 펀드 환매중단을 발표했다.

라임자산운용이 환매중단을 발표한 펀드는 사모채권을 주로 담은 '플루토 FI D-1호'와 메자닌(CB, BW)이 주로 편입된 '테티스 2호', 무역금융펀드 등이었다.

이처럼 운용사에서 펀드 환매중단을 발표하면서 업계에서는 라임자산운용의 공격적인 운용과 리스크 관리 부족 등에 대한 비판의 목소리가 터져 나왔다. 라임자산운용의 펀드 환매중단으로 해당 펀드에 자기자본을 투자한 증권사들까지 영향을 미쳤다.

금융감독원은 2022년 11월 라임 펀드 사태와 관련해 사모펀드 등 금융투자상품 불완전판매와 금융 거래 실명 확인 의무 위반 등으로 우리은행 직원 28명에게 주의 등 조치를 했다.

우리은행은 자사가 판매한 라임 펀드의 만기상환 여부가 불확실하다는 점을 알고도 이를 영업점에 알리지 않았고 투자자에 대한 보호 조치를 하지 않았다고 금융감독원은 적시했다.

이 펀드가 신용리스크가 높은 자산에 투자하고 있어 만기상환 여부가 불확실한데도 투자자에게 A등급 채권 등 확정 금리성 자산에 투자해 만기에 자동 상환되는 안전한 상품으로 오인되도록 부당 권유 한 점도 적발됐다.

우리은행 82개 영업점은 2017년 6월부터 2019년 4월까지 일반 투자자 109명에게 사모펀드 등 114건, 721억 원을 판매하는 과정에서 제대로 설명을 하지 않는 등 불완전판매를 했다.

우리은행 23개 영업점은 2017년 7월부터 2019년 4월까지 28명 명의로 금융투자 상품 30건을 판매하면서 실명 확인 의무를 위반한 점도 적발됐다.

금융감독원은 2021년 4월 제재심의위원회를 열어 우리은행이 고객에게 라임 펀드를 불완전판매 했다고 판단하고 우리은행의 업무 일부 정지 제재안과 손태승 우리금융 회장에 대한 문책 경고 제재안을 금융위원회로 넘겼다.

금융위원회는 2022년 11월 정례회의에서 손태승 우리금융 회장에 '문책 경고' 상당의 중징계와 사모펀드 신규 판매 3개월 정지를 의결했다.

라임자산운용의 펀드 환매 중지와 DLF 사태 등으로 2019년 하반기부터 국내 헤지펀드 시장은 역성장했다.

2019년 12월 기준 헤지펀드 펀드 설정 원본액은 34조 4천 582억 원으로 그해 9월 35조 원을 넘어섰던 것과 비교하면 6천억 원

이상 줄었다.

국내 헤지펀드 시장은 2011년 말 기존 사모펀드 규제를 완화하며 출범했다. 출범 후 4년여 동안은 투자자들의 관심이 적었으나 지난 2017년부터 가파르게 성장하기 시작하며 공모펀드 규모마저 앞지르기 시작했다.

2016년 말 약 6조 6천억 원에 불과하던 한국형 헤지펀드 규모는 2017년 말 2배 가까이 늘며 12조 원을 돌파했다.

금융감독원은 2022년 11월 대규모 환매중단 사태를 일으킨 사모펀드 중 하나인 독일 헤리티지 펀드를 판매한 6개 금융사에 투자원금을 전액 반환하라는 결정을 내렸다.

이들 금융사가 투자자들에게 돌려줘야 하는 투자원금은 4천 300억 원에 달했다.

금융감독원 금융분쟁조정위원회는 신한투자증권 등 6개 금융사가 판매한 독일 헤리티지 펀드 관련 분쟁조정 신청 6건에 대해 '착오에 의한 계약취소'를 결정했다.

착오에 의한 계약취소는 민법에서 애초 계약을 체결하지 않았을 만큼 중요한 사항을 제대로 알리지 않았을 경우 계약을 취소할 수 있게 한 조항이다.

금융분쟁조정위원회는 해외 운용사가 중요 부분의 대부분을 거짓 또는 과장되게 상품제안서를 작성했고, 6개 판매사는 독일 시행사의 신용도 및 재무 상태가 우수해 투자구조대로 사업이 가능하다고 설명함으로써 투자자의 착오를 유발했다고 판단했다.

금융분쟁조정위원회는 "사업구조에 따라 투자금을 회수하는 것이 불가능함을 알았다면 누구라도 이 상품에 가입하지 않았을 것이다. 일반투자자인 신청인이 독일 시행사의 시행능력 등에 대해 직접 검증할 것을 기대하기 어려운 점 등을 고려할 때 일반투자자에게 중과실이 있다고 보기는 어렵다"고 말했다.

이에 따라 금융분쟁조정위원회는 헤리티지 펀드 판매계약을 취소하고, 이 펀드를 판매한 6개사가 투자원금 전액을 반환하도록 권고했다.

헤리티지 펀드는 독일 정부가 문화재로 지정한 '기념물보존등재 건물'을 현지 시행사인 저먼프로퍼티그룹(GPG)이 매입, 개발해 수익을 내는 구조였다.

이 부동산 프로젝트에서 발행한 전환사채(CB)에 싱가포르의 반자란자산운용이 대출펀드를 조성하고 국내 증권사가 이를 기초자산으로 한 DLS를 발행해 판매했다.

이 상품은 판매 당시 2년 후 만기 시점까지 연 환산 7%에 달하는 높은 이자를 제공하고 원금 손실 가능성이 적은 것으로 소개됐다.

그러나 독일 정부가 헤리티지 건물 재개발 인허가를 미루면서 현지 시행사로부터 수익금을 받지 못하자 2019년 7월부터 만기상환이 중단되기 시작했다.

'1조 원대 사기' 옵티머스 실상은…
거짓 제안서에 자금 횡령까지

　2020년 대규모 환매중단으로 5천억 원이 넘는 투자자 피해를 일으킨 옵티머스자산운용 사태 이면에는 거짓 투자 제안서에 거액 횡령도 모자라 당국의 검사 과정에서 개인용 컴퓨터(PC)까지 숨기는 등 심각한 도덕적 해이가 숨어 있었다.

　금융위원회는 2021년 11월 정례회의에서 옵티머스자산운용의 금융투자업 인가 및 등록을 취소하면서 이 회사에 과태료 1억 1천 440만원을 부과했다. 옵티머스자산운용의 임원 3명에 대해 해임 요구와 함께 해당 개인에 과태료 3천 240만 원 등을 통보했다.

　옵티머스 사태는 옵티머스자산운용이 '공공기관 매출채권'에 투자하는 안전한 펀드라고 투자자들을 속여 2017년부터 2020년까지 1조여 원에 이르는 투자금을 모은 뒤 부실기업 채권이나 부동산 개발 등에 투자했다가 막대한 손실이 발생한 사기 사건이었다.

　2020년 6월 18일 이후 환매중단 금액은 총 5천 146억 원이었다.

　옵티머스자산운용은 거짓 투자제안서로 무려 1조 1천 824억 원의 펀드 자금을 모집해 부정 거래 행위 금지 규정을 위반했다.

　자본시장법은 투자제안서에 금융투자상품 매매 등 중요사항에 대해 거짓으로 기재해 이익을 얻어서는 안 된다고 규정하고 있다.

하지만 옵티머스자산운용은 투자자들로부터 모집한 자금을 부동산 매입, 개발사업 투자, 부실채권(NPL) 인수 등 위험자산에 투자하거나 만기가 도래하는 펀드의 돌려막기로 사용할 목적이 있었다.

그런데도 펀드 자금이 안정적인 자산에 투자되는 것처럼 믿도록 투자제안서에 펀드 자금을 공공기관이 발주한 확정 매출채권에 직간접 투자하는 것처럼 거짓으로 꾸몄다.

이후 이 거짓 투자제안서를 이용해 2017년 6월 5일부터 2020년 5월 21일까지 7개 판매사를 통해 109개 펀드, 총 1조 1천 824억 원의 자금을 모집했다가 대규모 환매중단 사태를 야기했다.

옵티머스자산운용은 임직원의 금융상품 매매 제한도 위반했다.

임원 A 씨는 2017년 7월 3일부터 지난해 5월 21일까지 본인 명의 계좌로 'KOSPI200 선물옵션' 등 파생상품을 매매했음에도 계좌 개설 사실을 신고하지 않았다.

옵티머스자산운용은 지난해 5월 12일 금융감독원 검사반의 매출채권 양수도 계약서 제출 요구에 대해 관련 계약을 체결한 적이 없음에도 계약서 69건을 임의로 위조해 허위 자료를 제출했다가 발각됐다.

2021년 5월 말께는 금융감독원 검사에 대비해 자료를 은폐하고자 임직원 3명의 컴퓨터를 교체하고 기존 PC와 일부 서류들을 별도 사무공간에 숨기기까지 했다. 2020년 6월에는 옵티머스자산운용의 창고에 있던 PC 및 일부 서류들을 논현동의 외부창고에 은닉하는 등 금융감독원의 검사 업무를 방해했다.

2022년 5월 취임한 검찰 출신 이복현 금융감독원장은 라임·옵티머스 사태의 재발을 막기 위해 자산운용사의 상시감시시스템을 고도화에 나섰다.

금융감독원은 환매연기·중단 사태를 막기 위해 기존 자산운용사의 상감시시스템의 사모펀드 정보 미, 상시감시지표 미흡, 개선된 펀드 제도 미반영 등의 문제점을 반영해 감시시스템을 고도화하기로 했다.

사모펀드 정보 등 입수 데이터를 확대했다. 금융감독원의 공시 자료뿐만 아니라 예탁결제원의 사모운용사와 비상장증권 현황, 운용사 및 증권사의 자산 펀드 편입 및 펀드별 레버리지까지 확보했다.

펀드 자산 부실화 가능성, 펀드 손실 현황 등 상시감시 지표도 다양화했다. 비시장성 자산 현황과 펀드별 레버리지 비율도 상시감시를 추진하고 금융감독원과 유관 기관 시스템의 연계를 강화했다.

2020년 말 기준 라임, 옵티머스, 디스커버리, 독일 헤리티지, 이탈리아 헬스케어 등 주요 5대 환매연기 펀드의 설정액만 2조 8천 845억 원으로 전체 환매연기 펀드의 42%를 차지했다.

라임 펀드의 설정액이 1조 4천 118억 원으로 가장 많았고 독일 헤리티지(5천 209억 원), 옵티머스(5천 107억 원), 디스커버리(2천 562억 원), 이탈리아 헬스케어(1천 849억 원) 순이었다.

이들 5대 환매연기 펀드의 분쟁 민원 건수만 1천 370건으로 전체의 77%에 달했다. 라임 펀드 관련 분쟁 민원이 689건으로 최다였고 옵티머스와 디스커버리 펀드는 각각 334건과 80건이었다.

미등록 선불업체에 '환불 대란' 머지플러스 사태

'머지 포인트'는 2018년부터 미등록 영업을 하면서 대형 금융사와 제휴를 맺는 등 공격적 행보로 100만 명 안팎의 가입자를 끌어모았다.

하지만 2021년 8월 금융당국의 전자금융업 등록 요청을 이유로 현금성 '머지머니' 판매를 중단하고 사용처를 축소한다고 기습 발표해 대규모 환불 사태를 촉발했다.

머지플러스는 편의점, 마트, 음식점 등에서 20%를 할인받을 수 있는 전자상품권을 발행하는 업체로 '머지머니', '머지플러스' 등의 서비스를 운영했다.

'머지머니'는 이용자가 티몬, 위메프 등의 이커머스에서 할인 구매한 전자상품권을 휴대전화 앱에 등록한 후 가맹점에서 바코드를 제시하면 충전금이 차감되며 결제할 수 있는 서비스였다.

'머지플러스'는 이용자가 구독료를 지급하고 신용카드 등의 지급수단을 앱에 등록한 후 가맹점에서 바코드를 제시하면 할인된 금액으로 결제할 수 있는 서비스였다.

당시 머지플러스는 신규 서비스를 기획하면서 출시에 앞서 전자금융업에 등록하기 위해 금융감독원에 문의했다. 금융감독원은 기존에 제공하던 서비스가 선불업 등록 대상에 해당할 경우 신규 서비스 출시 시점에 맞춰 전자금융업을 등록할 것이 아니라 즉시 등록이 필요하다고 안내했다.

머지플러스는 발행 잔액이 30억 원을 넘지 않고, 머지머니로 구입할 수 있는 것은 머지플러스와 제휴한 콘사(기프티콘 발행 및 판매 회사)의 상품권뿐이므로 전자금융업 등록 의무대상이 아니라고 주장했다.

이후 금융감독원은 머지머니 발행 잔액 등과 관련한 객관적인 자료를 제출할 것을 지속적으로 요청했다.

하지만 머지플러스가 등록 심사에 필요한 재무제표를 미제출하는 등 등록 신청 절차를 지연하던 중 과도한 할인을 제공하는 서비스 구조가 폰지 사기에 해당하는 것으로 보인다는 보도가 터져 나왔다.

이를 계기로 인터넷 카페를 중심으로 문제가 생기기 전에 머지머니를 신속히 사용해야 한다는 정보가 확산되며 이용자들이 머지머니를 대규모로 사용하기 시작했다.

다급해진 머지플러스는 일방적으로 이용 가능 가맹점의 축소를 발표했다. 이는 머지플러스가 충분한 자금을 보유하고 있지 않아 이용액이 계속 늘어날 경우 이를 가맹점에 정산할 수 없었기 때문이었다.

이런 조치는 오히려 이용자들의 불신을 조장하는 결과를 초래했고 이용자들이 회사 본사를 점거하고 대규모의 환불을 요청하는 '머지플러스 사태'가 발생했다.

2022년 1월 검찰의 머지 포인트 수사 결과 발표에 따르면 머지플러스는 누적 적자를 감당할 재원이 없어 이른바 '돌려막기'식으로 머지 포인트 결제 대금을 지급했고 대표이사 등이 회사 자금을 횡령한 것으로 나타났다.

머지플러스 사태가 발생한 이후 금융감독원은 유사 사고 재발을 막기 위해 선불업자의 선불충전금 보호 현황 및 미등록 선불업자의 불법행위 사례에 대한 점검을 벌였다.

금융감독원은 상품권 발행 규모가 큰 업체인데도 전자금융거래법상 예외 사유에 해당해 등록을 회피할 수 있는 등 선불업 관련 규제의 실효성이 저하되는 문제점을 발견하고 금융위원회와 함께 제도개선을 추진했다.

현행 발행 잔액 기준의 등록 면제 기준을 조정하는 등 등록 대상을 확대하고 선불업자에 대한 영업행위 기준을 추가하는 조치가 이뤄졌다.

한국소비자원은 머지 포인트 대규모 환불 중단 사태와 관련해 거래를 중개한 이커머스 업체 등도 일부 책임을 지고 손해배상을 해야 한다고 2022년 7월 결정했다.

소비자분쟁조정위원회는 머지플러스의 손해배상 책임을 인정하고 대표이사 등이 연대 책임을 지도록 결정했다. 머지플러스가 사실상 폐업상태인 만큼 실질적인 소비자보호를 위해 대표이사 등에게도 연대 책임을 물린 것이다.

집단분쟁조정 신청인의 잔여 포인트 등을 기준으로 산정한 손해배상 총액은 약 22억 원이었다.

통신판매업자와 통신판매중개업자, 오프라인 판매 업자 등에도 신생 중소기업이 큰 폭의 할인 서비스를 제공하는 것에 대한 리스크 검토나 대책 수립이 부족했던 점 등을 고려해 책임을 부담하도록 했다.

　통신판매업자는 전자상품권을 실제 발행한 업자이고 일부 판매 업자의 경우 머지 포인트 제휴업체 확대를 지원해 준 것으로 보이는 점 등을 고려해 책임 한도를 60%로 정했다.

제2의 머지 포인트 우려에…
전자금융업 등록 봇물

머지 포인트 대규모 환불 사태로 선불전자지급수단 사업자들에 대한 불신이 커지는 가운데 한국문화진흥과 야놀자 등 관련 업체들의 전자금융업에 연이어 등록했다.

이는 금융당국의 감시 강화와 더불어 전자금융업자로 등록해 소비자들을 안심시켜야만 사업 확장이 가능하다는 판단 때문이었다.

금융위원회는 2021년 11월 한국문화진흥과 지엘엔인터내셔널, 패스고의 전자금융업 등록을 공고했다.

앞서 다모아페이와 당근페이, 야놀자, 9일에는 페이스토리, 현대 캐피탈이 각각 전자금융업에 이름을 올렸다.

전자금융업은 선불전자지급수단 발행 및 관리업을 일컫는다.

등록 요건은 발행하는 선불전자지급수단이 복수의 가맹점에서 사용 가능해 범용성을 인정받고 발행 잔액이 30억 원 초과인 경우로 제한돼있다.

야놀자 등이 전자금융업에 등록한 것은 최근 금융당국의 미등록 선불전자지급수단 사업자들에 대한 곱지 않은 시선을 피하고 제2의 머지플러스로 오인당하지 않겠다는 의지도 반영돼 있다.

'머지 포인트 소동'은 할인 결제 플랫폼 머지 포인트 운영사 머지플러스가 전자금융업에 등록하지 않고 영업한 사실이 문제가 되면서 불거졌기 때문이다.

2021년 전자금융업에 등록한 곳들이 급속히 성장하는 선불지급수단 업체라는 점은 고무적이었다.

한국문화진흥은 컬처랜드 문화상품권을 발행하는 국내 상품권 시장의 강자다. 전국 2만여 개의 오프라인 가맹점과 1천여 개의 온라인 사이트에서 현금처럼 쓸 수 있다.

야놀자는 수백만 명의 회원을 보유한 국내 1등 숙박 정보 및 여행 콘텐츠 제공 업체다. '야놀자 숙박', '야놀자 여행' 등이 유명하다. 당근페이는 당근마켓의 자회사인 당근페이가 개발한 간편결제 서비스다. 다모아페이는 결제대행 서비스다.

현대캐피탈은 전통적인 제2금융권 대기업으로 국내 최고 캐피탈 업체다.

미등록 선불전자지급수단 사업자들에 대한 감시도 강화되고 있다.

금융감독원은 스타벅스를 포함해 미등록 선불전자지급수단 발행 업체 58곳의 재무 상태를 검사하는 등 제2의 머지 포인트 사태를 막기 위해 감시망을 좁혔다.

금융감독원은 등록 요건을 충족한 업체가 확인되면 최대한 빨리 전자금융업 등록을 유도해 당국의 감독 영역 안으로 끌어들이는 작업을 하고 있다.

1년 무단결근에도 우리은행 직원 700억 원 횡령 파문

2022년 7월은 8년간 700억 원을 횡령한 우리은행 직원이 적발돼 금융권을 발칵 뒤집어 놓았다.

은행 직원의 역대 최고액 횡령 사건이었기 때문이다. 이 직원은 은행이 갖고 있던 주식에 손댔을 뿐 아니라 파견을 간다고 속이고 1년 넘게 무단결근한 것으로 조사됐다.

우리은행은 직원의 일탈을 전혀 모르고 있다가 금융감독원의 검사가 진행되고 나서야 알아차렸다.

금융감독원은 2022년 8월 우리은행 횡령 사고 잠정 검사 결과를 발표하고 우리은행 본점 기업개선부 직원이 2012년 6월부터 2020년 6월까지 8년간 8회에 걸쳐 총 697억 3천만 원을 횡령한 사실을 확인했다고 밝혔다.

우리은행 직원의 첫 범행은 지난 2012년 6월이었다. 해당 직원은 우리은행이 보유하고 있던 A사의 출자전환 주식 42만 9천 493주(당시 시가 23억 5천만 원)를 **빼돌려** 인출했다.

해당 직원은 일회용 비밀번호 생성기(OTP) 보관 부서 금고를 관리하면서, 팀장이 공석일 때 OTP를 도용한 뒤 몰래 결재하는 수법을 쓴 것으로 조사됐다.

이 직원은 2012년 10월부터 2020년 6월까지 직인을 도용해 출금하거나 공·사문서를 위조하는 식으로 대우일렉트로닉스 매각 계약금 614억 5천만 원과 대우일렉트로닉스 인천공장 매각 계약금 59억 3천만 원을 횡령했다.

이 직원은 2019년 10월부터 2020년 11월까지 대외기관에 파견을 간다며 허위로 구두 보고를 하고 무단결근까지 했다.

우리은행은 파견을 나간다는 직원의 말만 믿고 파견 기관에도 별다른 확인 조처를 하지 않은 것으로 조사됐다.

금융감독원은 우리은행의 사고 예방을 위한 내부통제 장치들이 제대로 작동하지 않아 범행이 조기에 적발되지 못하고 장기간 반복됐다고 지적했다.

우리은행은 통장·직인 관리자가 분리되지 않아 이 직원이 정식 결재 없이 직인을 도용할 수 있었다. 또한, 직원의 여덟 차례 횡령 중 네 차례는 결재를 받았으나 모두 수기 결재 문서라서 결재 전 사전확인이나 사후 점검이 이뤄지지 못했다.

우리은행은 이 직원이 꾸민 출금 전표와 대외 발송 공문의 내용이 결재 문서 내용과 다름에도 파악하지 못했고, 출자전환 주식의 출고 신청자와 결재 OTP 관리를 분리하지 않고 이 직원이 동시에 담당하도록 해 무단 인출을 방조한 것으로 나타났다.

우리은행은 대우일렉트로닉스와 관련해 은행이 보유한 출자 전환 주식의 실재 여부에 대해 부서 내 감사를 실시하지 않았고, 본부 부서의 자행 명의 통장의 거액 입출금 거래를 이상 거래 발견 모니터링 대상에 포함하지 않았던 점도 확인됐다.

이처럼 거액의 횡령 사고가 발생하자 금융감독원은 2022년 10월 금융사에 순환 근무와 명령 휴가제를 강화하는 등 강력한 내부 통제 강화 조치를 내놨다.

금융감독원은 순환 근무제와 명령 휴가제의 실효성을 높이기로 했다. 그동안 순환 근무제에도 예외 허용 기준 미비 등으로 특정 직원이 장기간 같은 업무를 하거나 명령 휴가제 미실시 또는 형식적 운영으로 금융사고를 조기에 파악하지 못하는 경우가 발생했기 때문이다.

이에 따라 명령 휴가 대상자를 위험 직무뿐만 아니라 영업점, 본부 부서 등 동일 부서 장기 근무자로 범위를 확대하고, 위험 직무 등에는 원칙적으로 강제 명령 휴가제를 의무화하기로 했다. 명령 휴가 또한 불시에 시행해 해당 직원의 전산 입력 시간을 제한하기로 했다.

업무 편의 목적으로 비밀번호의 직원 간 공유 등 금융사고 위험에 노출되는 것을 막기 위해 직무 분리 대상 업무는 원칙적으로 금융사 자율로 운영하되 필수 직무를 금융사고 예방지침에 명시하기로 했다.

직무 분리 대상 거래 및 담당자를 시스템에 등록하고 직무 분리 운영 현황을 감사 및 준법감시부서 등에서 정기적으로 점검하기로 했다.

아이디와 비밀번호 방식으로 운영 시 주기적으로 비밀번호를 바꾸도록 하거나 시스템 접근 방식을 신분증이나 핸드폰 등 본인인증 또는 생체 인식으로 고도화하기로 했다.

수기 문서에 대한 검증이 미흡하거나 외부 수신 문서의 전산 등록이 이뤄지지 않아 사고 취약점이 존재한다는 판단 아래 결재단계별 문서 등에 대한 검증 체계도 강화했다.

직인 날인 및 자금 지급 시 기안문서 번호, 금액 등 핵심 내용 일치 여부를 확인하는 등 결제 단계별 거래 확인 및 통제 기능을 의무화하기로 했다. 수기 기안문서의 전산 등록 의무화 및 외부 수신 문서 등의 문서 진위를 검증하는 통제 절차도 마련하기로 했다.

PF 대출에서 영업·자금 집행 직무 미분리 등으로 횡령 사고가 발생한 점도 고려해 PF 대출 영업 업무와 자금 송금 업무를 분리하고 지정 계좌 송금제를 도입하며 자금 인출 요청서 위변조 대책도 강화하기로 했다.

금융감독원은 우리은행 직원의 횡령처럼 채권단 공동자금을 유용하는 사례가 재발하지 않도록 기업 구조조정과 관련한 채권단 공동자금의 경우 자금관리 적정성에 대한 채권단 정기 검증 절차의 마련을 의무화하기로 했다.

금융사의 자체 내부통제 역량 제고를 위해 감사자 취급 업무에 대해 제삼자가 점검하는 등 이해 상충 방지 장치를 마련하고 감사 대상 항목에 PF 대출 자금 집행 등을 추가해 개선하기로 했다.

은행의 이상 거래 상시감시 대상에 본부 부서 업무를 포함하도록 의무화하고 고위험 이상 거래 추출 시 보고 및 처리 절차를 체계화하기로 했다.

은행의 경우 내부통제를 독립된 평가 항목으로 분리해 평가 비중을 확대하는 등 경영실태 평가 시 내부통제 중요성을 강조하기로 했다.

'김치 프리미엄' 노린 16조 원 규모의 이상 해외 송금 사태

2023년 4월 금융감독원은 금융회사들의 외화 이상 송금액이 16조여 원이며 이 과정에서 법규 위반이 있었다고 발표했다.

금융감독원은 우리·신한 등 12개 국내은행과 NH선물 등 총 13개 금융회사를 검사한 결과 총 122억 6천억 달러(약 16조 원) 규모의 이상 외화송금 거래 및 금융회사의 외국환거래법 등 법규 위반 혐의를 확인했다.

NH선물이 50억 4천만 달러로 가장 컸고 신한은행(23억 6천만 달러), 우리은행(16억 2천만 달러), 하나은행(10억 8천만 달러), KB국민은행(7억 5천만 달러), NH농협은행(6억 4천만 달러) 순이었다.

기업은행과 SC제일은행, 광주·부산·경남·대구·Sh수협은행 등 대부분의 은행들이 연루된 것으로 나타났다.

금융감독원이 파악한 수상한 자금 흐름의 출발점은 국내 가상자산거래소였다.

국내 가상자산거래소에서 시작해 '개인·법인→무역법인→은행→해외법인'으로 루트가 유사했다.

금융감독원은 국내 코인 가격이 해외보다 비싸다는 점을 노린 소위 '김치 프리미엄' 시세차익 거래로 봤다. '김치 프리미엄'은 국내 가상화폐 가격이 해외보다 높아져 국내에서 프리미엄이 붙는 현상을 말한다.

외국인들이 해외에서 코인을 산 뒤 국내에서 팔아 차익을 얻고 다시 해외로 빼어나가는 과정에서 환치기성 거래가 발생하는 것이다.

금융감독원은 은행들의 자체 점검 결과를 토대로 2022년 9~10월 10개 은행으로 검사를 확대했다.

금융감독원은 검사 과정에서 금융회사 임직원들의 다수 위법 행위도 포착했다.

대구지검은 2022년 10월 외국환거래법 등 위반 혐의로 우리은행 전 지점장 등 8명을 구속기소 하고, 지난 3월에는 NH선물 직원 1명을 추가로 구속기소 했다. 서울중앙지검도 2023년 1월 송금업체 등 관련자 11명을 구속기소 하고 9명을 불구속했다.

이상 해외 송금 거래 조사는 2022년 6월 우리·신한은행이 자체 감사에서 비정상적인 외환거래 사례를 포착해 금융감독원에 보고하면서 시작했다.

금융감독원은 보고 접수 후 다수의 검사 인력을 동시 투입해 곧바로 현장 검사에 나섰고, 이를 통해 해외로 송금된 자금이 대부분 국내 가상자산 거래소를 거쳐 나온 사실을 확인했다.

형식상 무역거래로 이뤄진 해외 송금은 대부분 신용장 없이 송장만으로 이뤄진 사전송금 방식으로 이뤄졌다. 상당수 거래에서 특수 관계인으로 보이는 법인 간 송금이 이뤄진 사실도 파악됐다.

이들 해외 송금이 국내 가상화폐 시세가 해외보다 비싸게 형성되는 이른바 '김치 프리미엄'을 노린 차익 거래와 연관됐을 것으로 추정되는 대목이다.

2021년부터 금융감독원이 외환거래법상 확인 의무 등을 강화하라고 은행들에 경고했음에도 빠르게 대처하지 않아 이번 이상 외환거래 사태가 확대됐다는 지적도 나왔다.

금융감독원은 2021년 초부터 '김치 프리미엄'을 노린 차익 거래가 늘자 같은 해 4월 5대 시중은행 외환 담당 부서장을 상대로 화상회의를 열고 주의를 당부했다.

이는 하나은행에서 3천억 원대 외환거래를 적발한 직후였다. 2021년 5월에는 하나은행에 검사를 나가 다른 은행들이 경각심을 가질 수 있도록 신호를 줬다. 당시 적발된 건으로 하나은행의 관련 영업점은 과징금 5천만 원에 4개월의 업무 일부 정지 처분을 받았다.

이상 외화송금 과정에서 은행권의 내부통제가 미흡했다는 지적에 따라 금융감독원은 2023년 6월 은행권과 함께 영업점→본점 외환부서→내부통제부서로 이어지는 '3선 방어'체계를 구축하기로 했다.

금융감독원과 은행권은 영업점이 수입대금 사전송금을 취급할 때 증빙서류를 통해 반드시 확인해야 하는 항목을 거래 상대방, 대응 수입 예정일, 거래금액 등으로 표준화하기로 했다.

기존에는 은행이 고객의 수입대금 사전송금을 취급할 때 거래 사유와 금액을 입증하는 서류를 확인해야 하지만, 세부 항목이 정해져 있지 않아 담당자별 확인하는 내용이 달랐다.

은행의 모니터링 기준 및 시스템이 제대로 갖춰지지 않아 이상 외화송금 탐지에 실패했다는 지적에 따라 은행권 공통의 표준모니터링 기준을 마련하고, 은행별 모니터링 시스템을 구축해 이상 외화송금 거래 탐지 능력을 제고하기로 했다.

본점 내부통제부서가 사후 점검을 위한 책임과 역할을 명확히 하고, 이상 외화송금 방지를 위한 사후관리를 강화하기로 했다.

자금세탁방지부는 외환부서 모니터링 결과 발견된 의심 업체에 대해 영업점에서 의심거래보고(STR)가 미이행된 경우 점검을 강화하고, 준법감시부는 수입대금 사전송금 시 필수 확인 사항을 영업점 감사 항목에 반영하도록 했다.

검사부는 이상 외화송금업체 거래유형을 상시감사 대상 요건에 추가하고, 영업점 현장검사 시 사전송금 업무처리를 적절하게 했는지 항목을 신설했다.

금융감독원 제재심의위원회는 2023년 7월에 이상 외화송금 사건과 관련해 국민은행과 신한은행, 하나은행, 우리은행, 농협은행에 영업 일부 정지 처분을 내렸다.

SG증권발 무더기 급락 부른
'라덕연 사태'

일명 '라덕연 사태'로 불려진 SG(소시에테제네랄)증권발 폭락 사태는 유명 연예인 등이 연루되면서 2023년 4월 국내 주식 시장을 강타했다.

이 사태의 핵심 인물은 투자컨설팅업체 대표 라덕연 씨로 그해 4월 24일 삼천리·다우데이타·서울가스 등 8개 종목이 돌연 하한가 랠리를 펼치면서 사태가 악화됐다.

검찰은 라 씨 일당이 4년 가까이 8개 종목 주가를 띄워 7천억 원 넘는 부당이득을 올리고 2천억 원 가까운 수익을 수수료 명목으로 투자자들에게 받은 것으로 파악했다.

이들은 2019년 5월부터 지난달까지 매수·매도가를 미리 정해놓고 주식을 사고파는 통정매매 등 방식으로 8개 상장사 주가를 띄워 약 7천 305억 원의 부당이익을 올린 혐의를 받았다.

2019년 1월부터 지난달까지 금융당국에 등록하지 않은 채 투자를 일임받아 수수료 명목으로 약 1천 944억 원을 챙긴 혐의, 같은 액수의 수수료를 식당과 갤러리 등 여러 법인 매출로 가장하거나 차명계좌로 지급받아 '돈세탁'을 하고 수익을 은닉한 혐의도 받았다.

이번 사태에 미온적인 대응을 했다고 비난받은 금융당국은 2023

년 6월 '라덕연 사태' 배경으로 지목된 CFD 관련 규제를 대폭 손질했다.

CFD는 주식 등 기초자산을 직접적으로 보유하지 않고 가격 변동분에 대해서만 차액을 결제하는 장외파생 계약이다.

실제 투자자는 개인이 96.5%지만, 현재는 주식매매 주문을 제출하는 증권사가 국내업체면 기관, 외국 업체면 외국인으로 투자자 정보가 집계돼 매매 주체에 대한 혼란을 일으키고 불공정거래에 악용된다는 지적이 있었다.

증거금 40%를 납부하면 차입(레버리지) 투자가 가능하다는 점에서 신용융자와 유사하지만, 신용융자와 달리 종목별 매수 잔량 등이 공시되지 않고 증권사 신용공여 한도에도 포함되지 않았다.

금융당국은 이번 보완방안에서 CFD에 따른 주식매매 시 실제 투자자 유형을 표기하고, CFD 전체 및 개별종목별 잔고를 투자 참고 지표로 공시해 레버리지 투자자금이 얼마나 유입됐는지 시장참여자가 확인할 수 있도록 했다.

CFD와 신용융자 간 규제차익도 없앤다. 신용융자에만 적용하던 증권사의 신용공여 한도에 CFD를 포함시켜 전체 한도를 자기자본 규모 이내로 관리하도록 했다.

CFD 중개 및 반대매매 기준 등을 포함한 'CFD 취급 관련 모범 규준'을 마련하고, 저유동성 종목 등에 대한 CFD 취급을 제한하기로 했다.

개인투자자 지정, 장외파생상품 거래와 관련된 절차도 대폭 강화됐다.

그동안 개인 전문투자자에 대한 신청과 요건 충족 여부 확인은 주로 비대면으로 이뤄졌지만 대면 확인이 의무화됐다. 증권사가 2년마다 전문투자자 요건이 지속 충족되고 있는지를 의무적으로 확인해야 하기 때문이다.

증권사의 인센티브 제공 등 개인 전문투자자 지정을 유도하기 위한 모든 권유행위도 전면 금지됐다.

기존에는 개인 전문투자자로 지정되면 특별한 조건 없이 CFD에 투자할 수 있었지만, 앞으로는 개인 전문투자자라고 하더라도 주식·파생상품·고난도 파생결합증권 등 고위험 상품에 대한 충분한 투자경험(최근 5년 내 1년 이상 월말 평균잔고 3억 원 이상)이 없으면 CFD 등 장외파생상품에 대한 투자를 제한했다.

금융당국과 한국거래소, 검찰도 SG증권발 주가 폭락 사태를 계기로 2023년 5월 불공정거래 척결을 위한 연대를 강화했다.

금융위원회와 금융감독원, 한국거래소와 서울 남부지검은 공조체계를 강화하기로 하고 앞으로 기업의 자금 수요와 공급의 큰 축을 담당하는 자본시장의 공정과 신뢰를 훼손하는 불법행위를 발본색원하기로 했다.

금융위원회는 라덕연 일당의 주가 조작 제보 건을 신속히 검찰에 이첩했으며 이번 사태로 문제가 제기된 CFD 규제를 강화하기로 했다.

금융감독원은 불공정거래 조사와 관련된 3개 부서의 유기적 기능강화를 추진하기로 했다. 증권사 최고경영자 간담회도 열어 CFD 등 레버리지 투자에 대한 투자자 보호를 요청했다. CFD 거래와 관련해 키움증권 등 3개 증권사에 대해 검사에 착수했으며 해당 증권사 임원의 불공정거래 연루 및 배임 혐의 등을 검찰에 통보했다.

금융감독원은 CFD 거래 취급 회사인 키움증권 등 3곳을 검사한 결과 업무 전반에 대한 문제점을 확인했다.

검사 과정에서 일부 증권사는 손실 위험 시나리오 분석 결과를 제시하지 않는 등 투자 위험을 제대로 알리지 않고 CFD를 판매한 것으로 드러났다.

설명서에 특정 기간에 대한 손실률인 것처럼 기재한 뒤 실제로는 특정일에 대한 손실률을 제시함으로써 투자자가 투자 위험을 축소하거나 오인하게 한 사례도 확인됐다.

CFD 레버리지 비율을 과장 광고한 증권사도 있었다. 대용 주식(현금을 대신할 수 있는 주식) 레버리지는 타사들도 적용하고 있는 내용임에도 'A 사만의 장점'이라고 내세우거나, '레버리지가 2.5배를 초과할 수 있다'고 표현한 사례들이 적발됐다.

CFD 계좌를 개설하면서 본인 확인을 제대로 하지 않은 사례, CFD 유동성 기준 등 위험관리 체계 보완이 필요한 사례 등도 확인됐다.

또 다른 증권사에서는 CFD 거래에서 매매시스템 개발 업체에 수수료 수입과 연동한 대가를 지급하거나 마케팅 지원 대금을 제공하는 등 업무상 배임 정황이 드러났다.

한국거래소는 4천 500개 CFD 계좌의 전수 조사를 위해 시장감시본부 역대 최대인 직원 20명을 투입해 CFD 계좌를 점검하는 태스크포스를 구성했고 이상 거래 감지 시 최대 10년 치 거래를 전수 검증에 나섰다.

남부지검 또한 금융·증권 범죄 합수부로 정식 편제를 전환했다.

증권사 배 불리고
공매도 유발하는 'CFD 거래'

'차액결제거래(CFD)'는 현물 주식을 보유하지 않은 상태에서 기초자산의 진입가격과 청산가격 간 차액을 현금으로 결제하는 장외파생상품 거래다.

가격 변동에 따른 차익이 목적이며 진입 시점과 청산 시점의 가격 차액에 CFD 계약 수량을 곱해 이익·손실 금액이 정해진다.

투자자는 매수와 매도 양방향 포지션을 가질 수 있는데, 주식을 실제로 가지지 않은 상태에서 매도를 할 수 있어 공매도와 같은 효과를 낼 수 있다.

증거금률은 증권사들이 종목별로 40~100% 수준에서 설정할 수 있어 최대 2.5배 레버리지(차입) 투자가 가능하다. 레버리지 활용이 가능한 만큼 투자 관련 위험 감수 능력이 있는 전문투자자에 한해서만 거래가 허용된다.

국내에는 2015년 교보증권이 CFD를 최초 도입한 후 일정 기간 침체기를 겪었으나, 이후 개인 전문투자자 자격 요건이 완화되면서 여러 증권사로 확대됐다.

2019년 키움증권과 DB투자증권, 하나증권(당시 하나금융투자)에 이어 2020년 한국투자증권, 신한금융투자, 유진투자증권 등이 서비스를 도입했다.

다만 CFD 구조상 헤지(위험분산)가 필요하기 때문에 국내 증권사들은 자신들보다 제도 및 세금 측면에서 헤지에 유리한 외국계 증권사와 협력하는 경우가 대부분이다.

즉 국내 증권사는 CFD 서비스의 '플랫폼' 역할을 하고 받은 주문은 외국계 증권사를 통해 한국거래소에 실제 주문으로 넘기는 방식이다.

증권사 신용융자 거래와 마찬가지로 CFD 역시 정해진 증거금률을 유지하지 못하면 반대매매를 통해 강제 청산된다.

CFD는 거래 구조상 투자 주체가 노출되지 않기 때문에 연예인을 비롯한 유명 고액 자산가들이 관심을 가져온 투자방식으로 전해진다.

전문가들은 CFD 거래가 사실상 익명으로 이뤄진다는 점에서 주가 조작 등 부당한 거래에 활용될 위험이 크다고 지적해왔다.

CFD 계약구조상 국내 증권사와 해외 증권사는 투자자로부터 받은 이자·주식매매 수수료를 나눠 가지며 수익을 얻을 뿐 이번처럼 주가 변동성 확대에 따른 손실은 고스란히 투자자의 몫이 되기 때문이다.

주식 카페가 이끈 '5개 종목' 동시 하한가 사태

2023년 6월 14일 주식 시장에서 '동시 하한가' 사태가 벌어졌다.

다급해진 금융당국은 해당 종목들에 대한 매매를 일제히 중단시켰다.

유가증권시장 상장사인 방림, 동일산업, 만호제강, 대한방직과 코스닥 종목인 동일금속 등 총 5개 종목이 비슷한 시각에 하한가로 진입했기 때문이다.

금융감독원은 SG증권발 폭락 사태 이후 자체적으로 이와 유사한 유형의 주식 불공정거래를 조사하면서 2023년 6월 초순께 하한가 사태와 관련한 종목 및 관련자 등에 대해 인지하고 조사해왔다.

한국거래소 역시 SG사태 이후 이상 거래 적발 기준을 장기간으로 늘려 이전 거래를 조사하는 과정에서 해당하는 종목들을 살펴보고 있었다.

앞서 SG증권발 주가 폭락 사태 관련 종목은 장기간에 걸쳐 주가가 상승해 한국거래소의 이상 거래 적출 시스템을 비껴갔다.

2023년 6월에 발생한 하한가 사태 종목 5개 역시 2021년 1월 1일보다 최고 300% 가까이 올랐다는 점에서 두 사태의 유형이 유사하다는 지적이 나왔다. 주가 폭락 종목들이 증시에서 거래량이 적고 자산주로 꼽히는 종목들이라는 점도 공통점이었다.

한국거래소는 SG사태 이후 불공정거래 혐의 종목 포착 기간을 100일 이하의 단기에서 1년 이상 장기로 확대했다.

금융감독원은 SG사태와 동일 유형 혹은 유사 유형을 살펴보다가 해당 종목들을 발견해 기관 간 정보 공유와 협력을 통해 신속하게 조치했다고 설명했다.

2023년 6월 13일 하한가 사태 이후 금융위원회, 금융감독원, 한국거래소는 긴급회의를 연 뒤 5개 종목에 대한 매매거래를 곧바로 정지했다가 7월 3일부터 거래를 재개시켰다.

검찰은 6월 15일 하한가 사태의 배후로 지목되는 온라인 주식투자 카페 운영자에 대해 출국을 금지하고 압수수색에 나섰다. 폭락한 5개 종목은 이 온라인 카페에서 매수 추천 종목으로 자주 언급돼 왔다.

검찰은 '5개 종목 무더기 하한가 사태'와 관련해 온라인 주식정보 카페 운영자가 시세조정으로 얻은 부당이득 규모를 104억 원으로 추정했다.

2020년 1월부터 2023년 5월까지 여러 상장사 주식을 매매하면서 통정매매 등 시세조종 행위로 주가를 조작하고 부당이득을 챙긴 것으로 판단했다.

통정매매는 SG발 주가 폭락 사태의 주범으로 지목되는 라덕연 씨와 유사한 수법이었다.

리딩방, 주식 카페, 유튜브로 퍼진 주식 불공정거래

자본시장의 불공정거래는 디지털 시대를 맞아 온라인을 중심으로 급격히 확산하는 추세다.

불공정거래는 2000년대 초반만 해도 투자자들이 주식 부티크에서 이뤄졌다. 하지만 정보기술(IT) 발달로 정보 유통 속도가 빨라지고 커뮤니케이션 수단이 진화하면서 신종 기법과 함께 리딩방, 포털 주식 카페, 증권방송, 유튜브, 카카오톡 등으로 무대가 옮겨졌다.

한국거래소가 해마다 이상 거래를 심리해 금융당국으로 이첩한 불공정거래 혐의 사건은 2020년 112건, 2021년 109건, 2022년 105건 등이었다.

2022년 이첩 사건을 보면 미공개정보 이용사건이 56건으로 전체의 53.3%를 차지했고 부정거래 22건, 시세조종 18건 등이었다.

부정거래 사건은 무자본 인수·합병(M&A)과 각종 테마주 관련 복합 불공정 거래가 늘어나면서 증가했다.

국내 자본시장에서 불공정거래는 자본시장법상에서 정하는 불법 행위로, 시세조종, 미공개 중요정보 이용, 부정거래, 시장질서 교란 행위로 나뉜다.

시세조종은 특정 종목의 가격, 거래량 등에 인위적인 영향을 주

고 주가를 조작해 타인에게 정상적인 시세로 잘못 알게 해 이득을
꾀하는 행위다.

금융당국이 적발해 검찰에 고발한 사례를 보면 주식 관련 유명
유튜버 A 씨는 주식 수와 일일 거래량이 적어 물량 장악이 용이한
우선주를 매입해 본인의 3개의 계좌를 시세조종에 이용했다.

A 씨는 고가 매수, 물량 소진, 허수 매수 등 이상 매매를 반복하
고 지배력을 행사해 주식매매가 성황인 것처럼 오인하게 할 목적
으로 주가를 인위적으로 상승시켜 거래 증권사로부터 불공정거래
예방조치와 수탁 거부 예고 등 경고까지 받았다.

A 씨는 주가를 인위적으로 끌어올려 13억 원의 부당이득을 실현
한 혐의로 검찰에 넘겨졌다.

미공개정보 이용은 임직원, 주요주주 등 기업 '내부자'가 투자자
판단에 중대한 영향을 미칠 수 있는 해당 기업의 중요정보를 시장
에 공표되기 전에 미리 알고 이를 이용해 주식을 매매해 이득을 얻
는 행위다.

최근에는 미공개정보 이용자의 범위가 넓어져 사주나 주요 경영
자와 이들의 친인척, 지인 등이 아니라도 기업의 미공개정보를 공
시 3시간 경과 전에 이미 알고서 이를 이용해 주식거래를 했다면
불공정거래에 해당할 수 있다.

부정거래는 시세조종 유형에는 해당하지 않지만, 허위 정보, 풍
문 유포 등 부정한 수단이나 계획 또는 기교를 사용해 부정한 이득
을 얻는 행위다. 주요 포털 증권 게시판, SNS 등을 통한 선매수 종
목 추천, 허위 사실 유포 등을 이용하는 불공정거래가 해당한다.

보유 종목 주가를 인위적으로 부양할 목적으로, 인지도를 이용해 특정 종목을 주식 투자 관련 인터넷 카페 등에서 추천하는 사례가 있다.

특정 종목을 사전에 낮은 가격에 선매수한 뒤 이를 숨기고 주식 관련 인터넷 카페 등 투자정보나 투자전략을 제공하는 매체에서 추천하는 행위는 자본시장법상 부정거래 행위에 해당할 수 있다.

B 씨는 단순 언론보도로 기사화된 종목, 단기 급등이 용이한 테마주, 저유동성 종목 위주로 주식을 선매수한 뒤 자신이 활동하는 주식 카페 회원과 자문 콘텐츠 유료 회원에게 종목 추천 후 주가가 오르면 매도하는 방식으로 수억 원의 부당이득을 얻은 혐의로 적발됐다.

시장질서 교란 행위는 기존 불공정거래 행위와 유사하지만, 위법성의 정도가 낮은 행위를 말한다. 시장의 건전성과 질서를 저해하는 행위, 정보 이용형 교란 행위, 시세 관여 교란 행위가 포함된다.

'이제는 말할 수 있다'
한국 금융
뒷이야기

007 작전을 방불케 한 '금융 실명제'

"드디어 우리는 금융 실명제를 실시합니다. 이 시간 이후 모든 금융 거래는 실명으로만 이루어집니다"

1993년 8월 12일 오후 7시 45분 김영삼 대통령은 우리나라를 발칵 뒤집어놓는 특별담화를 발표했다.

'개혁 중의 개혁' 금융 실명제가 지지부진한 논란과 두 차례 좌절을 겪은 끝에 마침내 전격 실시 됐다.

정부는 과거 지하경제를 일부 법적으로 용인하고 있었다.

1961년 제정된 '예금·적금 등 비밀보장에 관한 법률'은 국민저축을 늘리기 위해 비실명 거래를 허용하는 것으로, 과세당국은 무기명 예금 등 소득 발생을 포착하기 어려웠고 거액의 사채자금은 세무조사로부터 보호받을 수 있었다.

1982년 5공화국 시절 '장영자·이철희 부부 어음 사기 사건'이 나라를 뒤흔들자 금융 실명제를 1983년 전면 실시 한다는 방침 아래 1982년 9월 금융 실명제법이 국회에서 통과됐다.

하지만 전두환 대통령은 1986년 이후 대통령령으로 정하는 날 실명제를 시행하겠다며 기존 방침을 바꿨다.

노태우 대통령도 1988년 취임 후 1989년 4월 금융 실명제 실시단을 구성해 1990년 4월까지 1년간 실명제 준비 작업을 벌였으나 여건이 무르익지 않았다는 이유로 준비단을 해체했다. 금융 실명제법은 사실상 좌초됐다.

운명의 장난처럼 금융 실명제를 미뤘던 전두환·노태우 두 전직 대통령은 1995년 금융 실명제의 망에 걸려 법의 심판을 받았다.

표류하던 금융 실명제는 김영삼 정권이 들어서면서 추진에 급물살을 탔다. 각종 권력형 부정부패 사건 발생으로 실명제에 대한 국민적 지지가 확산된 것이 뒷받침됐다.

1993년 6월, 김영삼 대통령은 이경식 당시 부총리 겸 경제기획원 장관에게 금융 실명제 추진방안을 은밀하게 마련하라고 지시했다.

금융시장 혼란과 자금 빼돌리기 등을 우려해 실무진은 재무부 고위 관료들마저 전혀 알지 못할 정도로 철저하게 보안을 지키며 극비리에 추진했다.

양수길 부총리 자문관과 남상우 박사, 김준일 박사 등 KDI 작업팀 3명은 실명제 추진 기본계획을 만들어 부총리와 토론하며 다듬었다.

홍재형 재무부 장관으로부터 실무 작업 지시를 받은 김용진 세제실장과 김진표 세제심의관 등은 서울 강남구 휘문고 앞의 한 건물을 임대해 본격적인 작업에 착수했다.

진동수 재무부 과장, 최규연 사무관도 당시 비밀 작업팀에서 금융 분야를 맡아 실무를 함께 했다.

실무총책이었던 김용진 세제실장은 청와대 경제수석과도 접촉하지 않고 오로지 대통령과 부총리, 재무부 장관과 '직통 보고 라인'

을 유지하며 작업을 진행했다.

홍재형 장관은 실무진이 지내던 건물에 드나들 때 신분이 노출될까 봐 티셔츠 차림으로 변장을 하기도 했다. 실무진은 동료 직원들의 의심을 피하려고 '가짜 해외출장'을 떠난 척했다. 김용진 세제실장은 이들의 가족에게 국제전화를 가장해 안부전화를 하는 웃지 못할 일도 있었다.

작업이 막바지에 접어들 무렵 실무진은 업무 효율성을 위해 정부 과천청사와 가까운 아파트를 임대했다. 이들은 베란다에 나가는 것까지 금지당해 '창살 없는 감옥' 신세를 졌다.

이들은 최종안을 만든 뒤에도 인쇄 과정에서 내용이 새어나갈지도 모른다는 생각에 노심초사했다.

발표 1주일 전 한 일간지에 '금융 실명제 실시할 듯'이라는 내용의 추측 기사가 보도돼 가슴을 쓸어내리기도 했지만 보안은 끝까지 지켜졌다. 대통령 담화문이 발표될 때까지 금융 실명제 전격 실시 사실을 알았던 것은 20여 명에 불과했다.

우여곡절 끝에 김영삼 대통령은 1993년 8월 12일 '금융 실명거래 및 비밀보장에 관한 긴급재정경제명령'을 전격 발동했다.

그 내용은 비실명계좌의 실명 확인 없는 인출을 금지, 순인출 3천만 원 이상의 경우 국세청에 통보하며 자금 출처를 조사할 수 있다는 것이었다.

1993년 8월 12일 오후 8시부터 실시하며 13일은 오후 2시부터 금융기관의 업무를 시작한다는 것이 주요 뼈대였다.

다행히 우려됐던 단기적 부작용은 크지 않았다.

6. '이제는 말할 수 있다' 한국 금융 뒷이야기

예고 없는 전격 실시로 대규모 자금이탈 등 금융 혼란도 미미했다. 고소득층은 재산 규모 노출 등에 거부감을 표시했지만, 금융 실명거래는 관행으로 정착되기 시작했다.

　실명전환 의무기간이었던 1993년 8월 13일부터 10월 12일 사이 가명계좌의 실명전환율은 97.4%에 달했다. 실명으로 전환된 가명과 차명예금액은 모두 6조 2천여억 원이었다.

　이후 금융 실명제 보완론이 꾸준히 대두됐다.

　1996년께 대기업 등의 도산이 이어지며 경제난이 심화되자 '금융 실명제 완화론'이 나오기 시작했다.

　1997년 말 김영삼 정부는 장기 채권과 외평채를 무기명으로 발행할 수 있도록 예외를 두는 보완 조치를 시행했다. 이는 금융 실명제 취지를 퇴색시켰다는 비판과 함께 비자금 조성 등 악용의 불씨를 남겼다.

박현주의 신화가 쌓아 올린 '미래에셋'

'박현주 신화'로 대변되는 미래에셋이 2022년 창립 25주년을 맞았다.

박현주 미래에셋금융그룹 회장은 25주년을 맞아 임직원들에게 "'열린 마음으로 미래를 내다보고 인재를 중시하자'라는 경영이념처럼 미래에셋은 인재를 중시하는 조직 기반으로 성장해 왔다. 앞으로도 미래에셋의 성장 스토리는 계속돼야 한다"고 메시지를 던졌다.

1997년 7월 미래에셋벤처캐피탈 설립으로 시작된 미래에셋은 '최초'라는 수식어로 25년 동안 국내금융 역사를 새로 써왔다.

1997년 8월 국내 최초 전문 자산운용회사인 미래에셋투자자문이 설립된 뒤 1998년 12월 국내 최초 뮤추얼펀드인 박현주 1호를 출시했다.

1999년 12월에는 미래에셋증권도 세웠다. 2001년 2월 미래에셋증권은 국내 최초 랩어카운트 상품을 판매했고, 운용에서는 국내 최초 개방형 뮤추얼펀드인 '미래에셋 인디펜던스주식형'을 출시했다.

2003년 미래에셋은 해외로 눈을 돌려 12월에 국내 최초 해외 운용법인인 미래에셋자산운용(홍콩)을 만들었다. 2004년에는 운용의 국내 최초 사모투자펀드(PEF), 증권의 국내 최초 부동산펀드, 국내 최초 적립식펀드(적립형 3억 만들기 펀드)를 선보였다. 2005년에는 미래에셋생명이 출범했고, 국내 최초로 해외에서 직접 운용하는 펀드를 내놨다.

해외 진출도 가속해 2006년에는 인도에 미래에셋자산운용, 2007년에는 중국에 미래에셋증권을 설립했다. 2006년에는 국내 최초로 중국본토빌딩인 미래에셋상해타워에도 투자했다.

미래에셋자산운용은 2008년 첫 번째 역외펀드 룩셈부르크를 설정했고, 국내 최초로 중국 증권감독위원회로부터 적격외국인투자자(QFII) 인준도 받았다. 2009년에는 국내 최초로 시카브 펀드를 국내에 출시했다. 2010년에는 미래에셋자산운용(미국)이 국내 최초 뮤추얼펀드를 미국에 출시했고, 미래에셋의 성장 스토리는 하버드 MBA 강의교재로 채택되기도 했다.

2011년에는 미래에셋자산운용(홍콩)이 국내 최초로 홍콩증권거래소에 상장지수펀드(ETF)를 직접 상장했고, 미래에셋자산운용은 캐나다 선두 ETF 운용사인 호라이즌 ETFs를 인수하기도 했다.

대우증권을 인수한 미래에셋증권은 2016년 미래에셋대우로 재출범했다. 2018년에는 미국 ETF 운용사인 '글로벌엑스'를 인수했고, 2019년에는 일본 합작법인 '글로벌엑스 재팬'도 설립했다.

미래에셋자산운용은 기획재정부 주관 연기금투자풀 주간운용사로 선정됐고, 미래에셋증권의 자기자본은 10조 원을 넘어섰다.

미래에셋자산운용의 ETF인 타이거는 국내 시장점유율 30%를 넘어섰고, 글로벌엑스의 운용자산은 400억 달러를 돌파했다. 미래에셋증권은 사상 최초로 연간 당기순이익 1조 원을 넘어섰다. 15개 지역, 34개의 법인과 사무소를 운영하는 미래에셋은 유일하게 해외에서 더 많이 버는 금융회사가 됐다.

미래에셋금융그룹 전체 자기자본은 17조 3천억 원, 고객자산은 771조 7천억 원, 연금자산은 51조 9천억 원에 달해 자산운용사의 대표적인 성공 사례로 꼽히고 있다.

한국은행 지하 금고의 비밀…
극비 이송 작전

  우리나라 금융의 심장부인 한국은행의 본관은 4년여에 걸친 공사 끝에 1989년 6월 5일 준공됐다.

  한국은행은 1984년 종합행사건축계획을 수립해 1차로 신관건물을 1987년 11월에 완공한 데 이어 1989년 본관의 원형복원 및 기존 1, 2 별관의 증축, 개축공사를 마무리 지었다.

  이로써 한국은행은 총 6천 655평의 대지 위에 본관과 신관 그리고 1, 2 별관 등 연건평 1만 9천 900여 평의 대형 금융센터를 조성했다.

  한국은행 본점은 사적 280호로 지정돼 있는 본관 및 완벽한 금고와 첨단보안장치 등 최신시설을 갖춘 현대식 고층건물인 신관과 별관 등이 조화를 이뤄 중앙은행의 역사성과 특수기능을 보여준다.

  본관은 일제 강점기인 1912년 완공된 이후 화재와 전쟁 등으로 원래 모양이 크게 바뀌고 건물도 너무 낡아 사무실로는 적합지 못했다. 당초 설계대로 원형 돔 및 동판 지붕 등 원래의 모습대로 복원됐으며 화폐전시실과 사료전시실 등으로 용도가 변경됐다.

  한국은행은 설립 후 처음으로 2017년 서울 남대문 소재 본관을 떠나 태평로 삼성 본관으로 잠시 이주했다.

한국은행은 남대문로 한국은행 본관과 별관의 개보수 공사가 진행되는 3년간 삼성 본관을 사용했다. 이 때문에 한국은행 지하 금고에 있는 막대한 규모의 현금을 강남본부로 이송하는 특별 수송 작전이 전개됐다.

한국은행은 별관 재건축을 먼저 진행하고 본관 리모델링을 하는 등 작업을 순차적으로 진행하려고 했지만, 보안 문제와 공사 기간 단축 때문에 동시 진행으로 계획을 변경했다.

2023년 4월 한국은행은 삼성생명 본관 빌딩·소공별관 등에 배치된 본부 부서를 남대문로 한국은행 본부로 재이전했다. 2019년 하반기부터 본부 건물 안전·보안 강화를 위해 본관 리모델링·통합별관 재건축을 진행했는데 관련 공사가 마무리된 데 따른 것이었다.

한국은행은 6.25 전쟁이 발발하기 2주 전인 1950년 6월 12일 창립됐다.

한국은행은 전쟁 중에는 전비 조달과 전시 인플레 수습에 나서야 했고 1960년대 경제개발계획 수립 이후에는 개발자금 조달에 매달려야 했다.

1970년대에는 성장에 따른 인플레 수습, 1980년대에는 급격히 팽창한 외채의 관리, 1990년대에는 금리자유화 추진과 인플레 수습의 임무를 맡았다.

2001년 8월 23일에는 전철환 한국은행 총재가 IMF 신용 인출잔액의 최종 상환 서류에 결재했다. 이로써 우리나라는 1997년 IMF로부터 차입한 144억 1천 250만 달러 중 상환하지 않은 1억 1천

118만 달러를 모두 갚았다.

한국은행은 전철환 총재의 결재를 근거로 곧바로 IMF에 텔렉스를 보내 IMF가 지정한 은행들에 외환을 입금하고 입금 사실을 통지했다.

우리나라의 외환보유액은 1997년 당시 39억 달러에 불과했으나 2001년 8월에는 990억 달러에 육박하며 세계 5위에 올라섰다.

한국은행은 설립될 때만 해도 독립적인 지위를 누렸으나 5.16쿠데타 후인 1962년 한국은행법이 개정돼 정부의 영향권 아래 놓이면서 독립성을 되찾기 위해 노력했으나 아직 숙제로 남아 있다.

관심을 끄는 대목은 서울 중구 남대문로 3가에 있는 한국은행 본점과 전국 16개 지점 지하 금고에 얼마나 많은 돈이 보관돼 있는가다.

방대한 경비인력과 첨단장비로 완벽하게 지켜지고 있는 한국은행 금고에 도대체 어느 정도 현찰과 금괴가 있는지에 대해서는 루머만 무성할 뿐 정확한 규모 베일에 가려져 왔기 때문이다.

2003년 한국은행이 밝힌 바에 따르면 한국은행 본점과 16개 지점 지하 금고에 분산 보관돼 있는 은행권은 12조 3천억 원이었으며 본점 금고에만 1조 8천억 원이 쌓여 있었다.

이는 2002년 말 화폐발행잔액(민간에 유통되고 있는 돈) 24조 1천 741억 원의 절반 정도에 달하는 엄청난 규모였다.

이 가운데 주화(동전)는 모두 1천 100억 원이었고 나머지는 지폐였다. 조폐공사에서 찍어낸 '새 돈'뿐만 아니라 폐기를 위해 수집한 돈 중에서 재사용이 가능한 것으로 분류된 '헌 돈'도 있었다.

하지만 한국은행 지하 금고에 보관돼 있는 돈은 정확하게 말하면 돈이 아니라 인쇄된 종이에 불과할 뿐이다. 따라서 통화량에 포함되지는 않는다.

공식 명칭은 '발행준비자금'이며 한국은행 금고를 떠나 정문을 통과해 밖으로 나와야 비로소 발행돼 돈의 자격을 얻는다. 민간에 유통되는 것만 돈이라는 의미다.

'한국은행 지하에는 금괴가 산더미처럼 쌓여 있다'는 루머도 떠돌지만 2002년 당시 한국은행 금고에 보관된 금괴는 4.5톤(600억 원 상당) 정도였다. 이 금괴도 본점 지하 금고에 있는 것이 아니라 대구지역본부 금고에 모두 보관돼 있었다.

당시 한국은행은 9톤(1천 200억 원 상당) 정도의 금을 추가로 보유하고 있었지만 이는 모두 영국의 영란은행에 보관, 운용됐다. 이들 금괴는 가만 놔두면 무수익자산이므로 다른 국가나 기관에 연 1% 정도의 이자를 받고 빌려주기도 한다. 이자는 돈이 아닌 금으로 받고 있다.

상상을 초월한
한국은행 '지폐 절도' 사건

우리나라 중앙은행인 한국은행에서 지폐 절도 사건이 있었다면 믿을 수 있을까.

놀랍게도 지금까지 두 차례나 발권은행인 한국은행에서 지폐 유출 사건이 발생했다.

한국은행 부산지점과 옥천조폐창에서 발생한 사상 초유의 지폐 유출 사건은 국가 경제의 근간인 화폐의 제조 및 관리체계에 허점을 드러낸 충격적인 사건이었다.

한국은행에서 화폐의 관리가 제대로 되지 않는다는 것은 곧 경제질서의 교란과 국가의 신뢰성 추락으로 직결된다.

한국은행 내부에서 범행이 저질러진 데다 한국은행이 조기에 진상을 밝히지 않고 은폐에 급급했던 사실이 드러나는 바람에 김명호 한국은행 총재가 사퇴하고 고위간부들이 무더기 사법 처리 되는 등 엄청난 파장을 불러일으켰다.

한국은행 부산지점의 한 서무직원은 1993년 12월부터 헌 지폐를 가려내 잘게 썰어 폐기하는 정사실의 세단기 칼날 간격을 조작해 1994년 4월까지 아홉 차례에 걸쳐 한 번에 1천만~7천여만 원씩 모두 3억 4천 500여만 원을 빼돌렸다.

이 직원은 마지막에 7천 265만원을 훔치려다 돈이 기계 밖으로 흘러나오는 바람에 발각됐다. 하지만 한국은행은 이 직원을 해임하고 당시 지점장 등 상급자 5명을 경징계하는 선에서 사건을 덮었다.

그러나 1995년 8월 뒤늦게 이 사실이 밝혀지면서 경찰이 수사에 나서 문제의 직원과 지점장 등이 구속됐다.

이에 앞서 옥천조폐창의 한 직원은 1995년 5월 사무실에 아무도 없는 틈을 타 1천 원 보충권 보관함 속의 지폐 100장 묶음 10개 (100만 원)를 훔쳐 유흥비 등으로 탕진한 사실이 드러나 구속됐다.

이들 사건은 한탕주의를 노린 한국은행 직원의 무모한 주식 투자와 20대 여직원의 방탕한 사생활에서 비롯된 것으로 밝혀졌다.

증권 열풍이 몰아친 1989년부터 소규모로 주식에 손을 대기 시작한 한국은행 부산지점의 직원은 증권에서 재미를 보자 1992년 6월 살던 이층집을 1억 5천만 원에 팔아 주식에 투자했다. 하지만 모두 날리고 빚까지 얻는 바람에 결국 세단기 칼날을 조작하는 기상천외한 방법으로 폐기용 지폐를 훔치기에 이르렀다.

이 직원은 훔친 돈을 주식에 투자했다가 잃으면 또다시 돈을 훔치는 일을 되풀이했다.

옥천조폐창에서 절도한 직원 역시 1994년 12월부터 애인과 여관에서 동거하면서 유흥비가 필요하자 사무실 금고의 보충권 지폐 100만 원을 훔쳤다. 이 가운데 60만 원은 옷을 사 입거나 유흥비로 탕진했고 나머지 40만 원은 곗돈으로 내는 등 1주일 만에 모두 써버렸다.

이들은 범행 후에도 태연히 출근하면서 더 큰 금액을 훔치는 등

양심의 가책을 느끼지 않아 도덕 불감증을 드러냈다.

한국은행 부산지점은 지폐 절취 사건을 김명호 한국은행 총재 등 본점 수뇌부에 보고했으나 본점은 수사당국에 신고하지 않았다. 이뿐만이 아니라 사고금액을 고의로 축소하도록 지시하는가 하면 추가 범행 여부 등에 대해서는 조사하지 않은 채 경징계하는 선으로 사건을 축소했다.

옥천조폐창 역시 범행 사실을 알고도 4일이나 상부에 보고하지 않았다.

이 사건이 대외적으로 발각되자 한국은행과 재정경제원은 옥천조폐창과 부산을 비롯한 전국 지점 정사실 출입통제를 강화했다. 세단기의 칼날 간격을 고정시키고 폐쇄회로 TV의 대수를 늘리는 한편 선명도를 높였다.

옥천조폐창에 대해서는 외곽 울타리에 최신 전자감응 장치를 설치하는 등 첨단 감시통제 시스템을 도입했다.

하지만 20년 만에 비슷한 유형의 사고가 또다시 발생했다.

2015년 한국은행 부산본부 지폐 분류장에서 용역회사 직원이 돈을 훔쳐 건물을 빠져나간 사건이 발생했다.

다행히 돈은 회수됐지만 한국은행에서 통화가 무단으로 외부로 빠져나갔다는 점에서 큰 파문을 일으켰다.

경찰은 한국은행 부산본부의 외주업체 직원을 절도 혐의로 긴급 체포했다. 이 용역 직원은 한국은행 부산본부 지폐 분류장에서 5만 원권 지폐 1천 장을 훔친 혐의를 받았다.

한국은행은 매일 시중에 유통되다가 입금된 지폐 가운데 다시 사용할 수 있는 돈과 폐기할 돈을 분류하는 작업을 한다.

작업에 사용하는 기계인 정사기를 수리하는 외주업체 직원인 정씨는 돈을 훔쳐 서류봉투에 넣고 "우체국에 다녀오겠다"며 건물을 빠져나온 뒤 훔친 돈을 집에 가져다 놓고 다시 태연하게 은행으로 돌아와 근무했다.

오전 업무를 마치기 전 정산작업을 하던 한국은행 직원들은 돈이 모자란다는 사실을 알고 곧바로 대대적인 수색 작업을 벌였다.

100여 대가 넘는 CCTV를 분석해 이 직원이 건물을 빠져나갔다가 돌아온 사실을 확인한 한국은행은 청원경찰과 함께 이 직원의 집을 찾아가 숨겨놓은 돈다발을 찾아내고 범행 일체를 자백받았다.

새 화폐를 발행해 유통하고 헌 화폐를 폐기하는 화폐관리 업무는 중앙은행의 가장 기본적이고 핵심적인 고유 업무라는 점에서 일련의 직원 횡령 사건은 충격을 줬다.

김구 선생이 모델이 될 뻔했던 '10만 원권 발행' 백지화

만약 10만 원권 화폐가 나왔다면 지폐 모델은 김구 선생이 될 확률이 100%였다.

한국은행이 화폐개혁의 일환으로 5만 원권과 함께 10만 원권 발행을 검토했으나 2009년 1월 금융통화위원회에서 10만 원권 발행의 추진을 중지하기로 했다.

이 결정은 정부의 요청에 따른 것으로 결국 5만 원권만 계획대로 2009년 상반기에 발행했다.

한국은행은 2007년 5월에 고액권 발행계획을 발표했고 화폐도안자문위원회의 자문을 거쳐 같은 해 연말에 최종 도안을 확정했다.

당초 10만 원권 앞면에는 김구 선생의 초상화, 뒷면에는 대동여지도의 목판본을 넣기로 했다. 그러나 목판본에 독도 표시가 없다는 사실이 드러나 필사본을 바탕으로 독도를 그려 넣기로 했지만 정부의 요청에 의해 발행 작업이 중단됐다.

정부는 10만 원권 지폐에 들어갈 대동여지도에 대한 논란이 있었고 신용카드를 비롯한 전자화폐가 활성화된 상황에서 굳이 고액권이 필요하지 않으며 물가불안을 초래할 가능성이 있다는 점 등을 들어 10만 원권 발행에 부정적인 의견을 제기했다.

한국은행은 노무현 정부 당시 2008년부터 화폐단위를 '원'에서 '환'으로 바꾸는 화폐개혁을 시도하기도 했다.

박승 한국은행 총재는 회고록에서 노무현 정부 당시 화폐개혁을 추진했던 일화를 공개했다.

회고록에 따르면 박 전 총재는 2002년 취임 직후 17명으로 구성된 '화폐개혁추진팀'을 구성해 1천 원을 1환으로 바꾸고 고액권 100환(10만 원)과 50환(5만 원)을 발행하고 지폐 크기를 줄이는 방안을 마련했다.

이러한 리디노미네이션(화폐 액면단위 변경)이 성공하면 달러화 대비 원화 환율은 거의 1대1로 맞춰질 수 있었다.

새로 도입할 화폐에는 100환과 50환권에 김구와 신사임당 도안을 넣고 5환(5천 원)과 1환(1천 원)의 도안도 기존의 이이와 이황에서 정약용과 장영실로 바꿀 계획이었다.

그러나 이러한 화폐개혁안은 관료들의 반대에 부딪혀 백지화됐다. 인플레이션을 유발하고 뇌물 등 부패 소지가 있다는 이유에서였다.

결국 화폐개혁은 5만 원권을 새로 도입하는 선에서 마무리돼서 김구를 도안으로 한 10만 원권 발행은 무산됐다.

'리보 금리'
역사 속으로 사라지다

　국제금융시장의 대표적인 준거 금리였던 리보(LIBOR, 런던 은행 간 금리)가 2023년 7월 역사 속으로 사라졌다.

　리보 금리는 국내외 금융 거래에서 준거 금리로 광범위하게 쓰였다. 지난 60여 년간 글로벌 금융시장의 기준금리로 역할을 해왔으나 2012년 대형 은행들의 담합사건을 계기로 신뢰를 잃었다. 이후에도 국내에서 10년간 주요 거래에 사용되어 왔으며 2022년부터 단계적으로 산출이 중단되다가 결국 금융시장에서 퇴출됐다.

　리보 금리의 산출 중단의 가장 근본적인 원인은 2012년 발생한 리보 금리 담합사건이었다. 2012년 바클레이즈와 도이체방크, 소시에테제네랄(SG), UBS, 로열뱅크오브스코틀랜드(RBS) 등 일부 대형 은행들이 허위 자료를 제출해 금리를 조작한 사실이 발각됐다. 일부 은행 직원들이 공모해 자신들에게 유리하게 금리를 조작했던 것이다.

　금리 조작의 장본인은 바클레이즈에서 2005~2007년 동안 근무한 선임 트레이더 필립 모리 유세프였다. 평소 알고 지내던 다른 은행의 트레이더들과 접촉해 금리 조작을 시도한 혐의를 받았다.

　당시 영국금융청(FSA)은 바클레이즈에 4억 5천만 달러의 벌금을 물렸다. 2006~2008년 사이에 리보 금리를 올리거나 내려달라는 최소 스무 차례의 요청이 다른 은행에서 바클레이즈로 전달된 혐의를 받았다.

리보 금리 조작으로 대형 은행들은 총 26억 달러가 넘는 벌금을 부과받았으며 대형 헤지펀드들과 연기금 등 기관 투자자와 개별투자자들이 손해배상 청구 소송에 나섰다. 이를 계기로 영국 잉글랜드 은행(BOE) 총재는 2012년 9월 미국 연준 의장 및 유럽중앙은행(ECB) 총재 등과 만나 리보 산출 과정에 대한 근본적인 개혁을 위한 논의를 제안했고 점차 리보 금리는 다른 금리로 대체되기 시작했다.

리보 금리는 자본시장에서 하나의 기준점 역할을 하는 금리로 '기준금리의 기준금리'라고 불렸다.

리보는 런던 금융시장에 참가하는 주요 은행 간 자금 거래 시 활용되는 호가 기반 산출 금리로 미국 달러화(USD)와 영국 파운드화(GBP), 일본 엔화(JPY), 유럽 유로화(EUR), 스위스 프랑화(CHF) 등 총 5개 통화로 산출돼 왔다.

과거 영국의 금융 산업이 발달해 영국 은행들의 신용도가 세계 최고 수준을 자랑하던 시절에 영국 은행 간 자금 수요를 맞추기 위해 단기로 주고받는 금리 조건을 정하게 됐다. 이때부터 리보 금리가 글로벌 금융 거래에서 벤치마크 금리로서 역할을 하기 시작했다.

이후 금융중심지로서 영국의 위상이 축소되고 미국 뉴욕시장의 글로벌 영향력이 강력해지면서 리보 금리도 점차 역할이 줄었지만 준거 금리로서의 상징성만은 유지됐다.

금융감독원은 2022년부터 모든 비USD 리보와 일부 USD 리보(1주일물·2개월물) 산출이 일차적으로 중단했고 2023년 7월부터는 잔여 USD 리보(익일물, 1·3·6·12개월물)의 산출도 중단했다.

구세주 아닌 '먹튀 자본'의
상징이 된 론스타

국제 헤지펀드인 론스타는 우리나라 금융의 역사에서 빼놓을 수 없는 존재다.

론스타를 빼놓고 1997년 외환위기 이후 한국 금융사를 말한다는 것 자체가 어렵기 때문이다.

한국 정부를 상대로 한 투자자—국가 간 소송(ISD) 전쟁을 벌여온 미국계 사모펀드 론스타의 한국 기업 사냥은 외환위기 직후에 시작됐다. 범람하는 국내 부실채권을 싹쓸이한 론스타는 당시만 해도 국내 부동산 시장, 금융시장의 '구세주'로 불렸다.

하지만 현재는 외국계 자본 가운데 '먹튀' 논란의 상징이 됐다. 수사·재판 과정에서 외환은행 불법 인수·매각 의혹이 불거졌지만 수조 원의 차익을 챙겨 한국을 무사히 빠져나갔기 때문이다.

론스타는 1995년 미국 텍사스주 댈러스에서 설립됐다. 텍사스주의 별칭인 '외로운 별(Lone star)'에서 이름을 따왔다. 설립 후 미국 은행의 부실채권 정리를 맡아 수익을 거두며 명성을 날렸다.

한국에 눈을 돌린 것도 기업의 부도·파산의 냄새를 맡았기 때문이다. 외환위기 당시 외국자본이 탈출하는 한국에서 론스타는 국내 부동산·기업 부실채권을 헐값에 청소기처럼 빨아들였다.

큰 이득을 본 론스타는 직접투자에도 눈을 돌렸다. 2000년대 들어 론스타는 저평가된 부동산과 기업을 사들였다. 현금 부족에 시달리는 기업들이 먹잇감이 됐다.

여의도 동양증권, SK증권 건물이 넘어갔다. 현대산업개발이 완공을 앞둔 강남구 역삼동 I-타워(스타타워·현 강남파이낸스센터)를 인수했다. 극동건설도 당시 론스타의 품에 안겼다.

론스타는 2002년 서울은행 인수전에도 뛰어들었다.

론스타는 금융당국에 서울은행뿐만 아니라 다른 은행도 인수해 금융그룹으로 발전시키겠다고 약속했다. 하지만 막판경쟁 끝에 하나은행에 밀려 서울은행 인수에 실패했다.

이 때문인지 론스타는 다음 목표인 외환은행 인수는 사활을 걸었다.

론스타의 외환은행 인수설은 2002년부터 흘러나왔다. 외환은행이 외환위기 때 생긴 부실자산으로 허덕이다가 겨우 회복하던 시점이었다. 정부와 2대 주주인 독일 코메르츠방크는 외환은행의 지분 매각을 추진했다.

당시 은행법상 론스타와 같은 산업자본은 국내은행을 인수할 수 없었다. 론스타는 극동건설, 스타타워, 미국 레스토랑 체인 등을 보유했기 때문이다. 하지만 론스타는 산업자본 일부를 빠뜨린 서류를 금융당국에 들이밀었다.

론스타는 외환은행을 부실 금융기관으로 만들어 인수 명분을 확보하려 했다. 외환은행의 BIS 기준 자기자본비율을 적정 기준치(8%) 아래로 조작하는 수법이었다. BIS 비율이 낮으면 은행이 그

만큼 부실한 것으로 여겨져 매각이 불리해질 수밖에 없다.

론스타는 관가에도 접근했다. 론스타의 제안을 수락한 관료들은 2003년 7월 서울 소공동의 호텔에서 '10인 비밀회의'를 열고 론스타에 인수 자격을 주기로 했다.

이 자리에서 외환은행의 연말 BIS 비율이 5%대로 떨어질 수 있다고 판단해 외환은행은 '외자 투입이 급히 필요한 부실은행'이 됐다. 동시에 론스타는 외환은행을 인수할 명분이 생겼다. 론스타는 결국 2003년 8월 외환은행 주식 50.5%를 1조 3천여억 원에 사들였다.

외환은행을 인수한 론스타는 기업 가치를 단기간에 높이려고 힘을 썼다. 점포와 직원 수를 줄이고 주주에게 고배당을 했다. 남은 직원에게는 월급을 올려주며 내부 반발을 최소화했다.

론스타는 외환카드도 헐값에 흡수합병 할 계획을 세웠다. 외환카드의 주가를 인위적으로 떨어뜨려서 소액주주 보상 등 합병 비용을 줄이려는 주가 조작이었다.

론스타는 외환카드에 대한 유동성 지원을 중단했다. 당시 2천억 원의 유동성 부족에 시달리던 외환카드는 결국 2003년 10월 고객들에게 현금서비스를 중단하는 초유의 사태를 빚었다.

외환카드 허위 감자설도 퍼뜨렸다. 감자하면 주주는 손해를 볼 확률이 높기 때문이었다. 언론이 감자설을 보도하자 주가는 추풍낙엽처럼 떨어졌다.

외환카드는 외환은행에 지원을 요청하고 채권을 발행해 자금을 조달하려 했다. 론스타는 이를 막고 2003년 11월 말 합병을 결의

했다. 예고했던 감자는 실제로 이뤄지지는 않았다. 론스타는 2004년 외환카드마저 손쉽게 흡수했다.

론스타는 2012년 11월 한국 정부가 외환은행 매각 과정에 부당하게 개입해 46억 7천 950만 달러의 손해를 봤다며 세계은행 국제투자분쟁해결센터(ICSID)에 국제중재를 제기했다.

중재판정부는 10년 동안 심리한 결과 2022년 9월 한국 정부에 2억1천650만 달러를 지급하라고 판정했다.

중재판정부는 판정문에서 유죄 판결을 받은 론스타의 주가 조작 사건에 대해 "소위 '먹튀(Eat and Run)' 비유를 더 발전시켜 론스타가 '속이고 튀었다(Cheat and Run)'"고 평가했다.

다만 당시 한국 금융당국이 정치인과 여론의 비판을 피하려고 외환은행 매각 승인 심사를 지연시킨 잘못이 있으니 양측이 동등하게 책임을 나눠서 져야 한다고 판단했다.

저축은행업계의
우량아 모임 '88클럽'

저축은행이란 이름은 2002년 생겨났다.

정부가 서민 금융기관의 활성화를 위해 2002년 3월 상호신용금고의 명칭을 상호저축은행으로 바꿨다.

당시 상호신용금고는 금융사고의 대명사라 해도 과언이 아니었다. 신용금고 사장들은 명칭 변경을 앞두고 '임직원 자정결의문'을 채택해 뼈를 깎는 자정노력과 함께 경영의 투명성 확보를 다짐하기까지 했다.

저축은행으로 전환은 신용금고의 공신력과 경쟁력을 높여줬다.

이를 상징하는 게 바로 우량 저축은행의 상징인 '88클럽'이었다.

2009년 금리 혜택을 기대하고 저축은행을 찾을 때면 "88클럽인지 아닌지를 먼저 확인하라"는 말이 유행했다.

'88클럽'은 BIS 기준 자기자본비율이 8% 이상이면서도 고정이하 여신비율이 8% 이하인 재무구조가 튼튼한 저축은행들을 말한다.

금융당국은 2005년 말 대출한도 제한을 완화하고 여신전문출장소 설치를 허용하는 등 다양한 규제완화를 내용으로 법적 근거를 새롭게 만들었다. 이를 계기로 저축은행의 자산 건전성을 판단할 수 있는 대표적인 지표로 활용되기 시작했다.

BIS 자기자본비율과 고정이하여신비율 모두 8%를 기준으로 해 '88클럽'이란 명칭이 붙여졌다.

'8%'라는 수치는 1997년 외환위기 당시 은행권 퇴출에 중요한 잣대가 됐으며, 국제 업무를 하는 경우에도 8% 이상의 BIS 비율 유지가 불가피했다.

2009년 전국 106개의 저축은행 중 '88클럽'은 솔로몬, 현대스위스, 부산, 제일저축은행 등 총 61곳이었다.

2008년 글로벌 금융위기와 경기침체 여파로 저축은행들이 '88클럽'에 들어가기 힘들어지면서 대형 저축은행들도 대규모의 후순위채를 발행해 자본 확충에 열을 올렸다.

금융위원회는 2010년 '88클럽' 폐지와 대주주에 대한 금융감독원 직접 검사제 도입, 불법행위 대주주에 대한 과징금 부과와 제재 강화 등의 내용을 골자로 제도개선방안을 마련했다.

공무원도 결정이 두렵다
'변양호 신드롬'

월급도 박봉인데 고위 공무원이라는 이유로 민형사상 책임까지 져야 하는 게 과연 맞을까.

'변양호 신드롬'이란 2003년 외환은행 매각을 주도했던 변양호 재정경제부 금융정책국장이 검찰 수사로 재판까지 받자 공무원들 사이에서 책임이 뒤따르는 정책 결정은 피하려는 분위기를 말한다.

변양호 국장은 2006년 대검찰청 중수부로부터 론스타와 공모해 외환은행 자산을 저평가하고 부실을 부풀리는 수법으로 정상가보다 낮은 가격에 외환은행을 매각한 혐의로 기소됐다.

대법원은 재판이 시작된 지 4년여 만인 2010년 10월 변양호 국장에게 무죄를 선고했다.

무죄 판결에도 변양호 국장의 명예는 이미 4년 이상 지속된 재판 때문에 많이 실추된 상태였다. 이를 계기로 중요한 결정을 내려야 하는 고위 공무원들이 정책 결정을 미루는 '변양호 신드롬'이 퍼질 것이라는 우려가 커졌다.

하나금융의 외환은행 인수에 대한 금융당국의 승인 문제를 두고 '변양호 신드롬'이 작용한 게 아니냐는 우려가 나왔다.

2010년 금융당국은 론스타가 외환은행 대주주로서 자격이 있는

지를 판단하지 못한 채 하나금융의 외환은행 인수 승인을 내리지 못했다. 외환카드 주가 조작 혐의에 대한 법적 불확실성을 어떤 식으로 해석할지에 대해 방향을 잡지 못했기 때문이다.

2016년 9월에는 한진해운의 법정관리 신청에 따른 물류 대란 후폭풍이 거세지자 관료들이 책임질 의사결정을 하지 않고 미루는 '변양호 신드롬' 때문이라는 지적이 나왔다.

해운경기가 갈수록 악화하고 경영상황이 갈수록 심각해지고 있는데도 수년간 실질적인 구조조정을 미루다가 상처가 곪아 터지자 '원칙에 따라' 수술만 하고 모두 나 몰라라 하고 있다는 게 전문가들의 지적이었다.

금융당국과 채권단은 '대마불사' 관례를 깨고 국내 1위 해운선사를 법정관리에 보냈는데도 '변양호 신드롬'으로 비판을 받는 것은 억울하다는 입장이었다.

임종룡 금융위원장은 "구조조정 원칙이 훼손된다면 그게 바로 제2의 변양호 신드롬일 것"이라며 이런 비판을 정면으로 반박했다.

하지만 국책은행이 주된 영향력을 행사하는 채권단이 구조조정 원칙을 지킨다면서 한진해운의 지원요청 거부를 결정한 것은 '변양호 신드롬'에 따른 행태와 다를 바가 없다는 지적도 나왔다.

2008년 금융위기를 뒤흔든 인터넷 논객 '미네르바'

　리먼 사태로 인한 금융위기가 한창이던 2008년에는 때아닌 인터넷 논객이 등장해 정부를 애먹인 사건이 벌어졌다.

　2008년 12월 인터넷 논객 '미네르바'가 정부의 외환시장에 대한 노골적인 개입을 의미하는 유언비어를 퍼뜨려 시장참여자들이 확인에 나서고 정부가 해명자료를 내는 등 한바탕 소동을 벌였다.

　미네르바는 2008년 12월 29일 포털 사이트 다음의 토론광장 '아고라'에 "정부가 긴급업무명령 1호로 29일 오후 2시 30분 이후 7대 금융기관 및 수출입 관련 주요 기업에 달러 매수를 금지하라고 긴급 공문으로 전송했다"는 글을 올렸다.

　기획재정부는 해명자료를 통해 "미네르바가 게재한 내용은 전혀 사실무근이며 허위사실을 인터넷에 유포하는 것에 대해 깊은 우려를 금할 수 없다"고 밝혔다.

　총리실 고위 관계자도 "금방 들통이 날 텐데 정부가 달러 매수를 금지하라고 하는 건 말이 되지 않는다. 연말 환율이 중요하긴 해도 처음 들어보는 얘기"라고 황당해했다.

　정부는 미네르바의 주장이 민감한 부분을 건드린 데다 미네르바가 인터넷상에서 발휘하는 위력이 커서 조기 대응하지 않을 수 없었다.

미네르바의 긴급 공문설은 외환당국이 2008년 12월 29일과 30일 환율 관리에 골머리를 앓는 상황에서 나왔기 때문에 더욱 문제가 됐다.

2008년 12월 31일 국내 외환시장의 휴장으로 30일 시장평균환율(MAR)이 기업 외화자산과 부채를 평가할 때 기준이 되기 때문에 29일의 환율은 매우 중요한 상황이었다. 이날 달러화에 대한 원화 환율은 지난 주말보다 달러당 36.00원 하락한 1,263.00원으로 거래를 마쳐 11월 3일 이후 최저 수준을 기록했다.

문제의 이 글은 정부의 반박이 나온 뒤 삭제됐다.

미네르바는 두 번째로 올린 글에서 "한국의 경제시스템 메커니즘은 대학 기초 경제학만 보고 정책 하나 만들고 밀어붙이면 만사 장땡인 70년대 경제가 아니다. 과거 모델, SOC 투자에 집중하는 데서 모든 비극은 시작된다"고 주장하기도 했다.

미네르바는 이후 사과의 글을 통해 "난 닭은 닭이라고 하고 고양이를 고양이라고 한 거밖에 없는데 문화적 충격을 받은 것 같다. 강만수 장관님께 사죄드린다. 고의는 아니었다"고 한발 물러섰다.

기획재정부는 미네르바의 허위 글 때문에 원·달러 환율이 급등했고 이를 방어하는 과정에서 외환보유액을 20억 달러 이상 추가 소진한 것으로 추정했다.

연말 환율이 갖는 특수 성격상 정부는 비공식적으로 원·달러 환율을 낮추기 위해 움직이고 있었는데 미네르바의 글로 인해 개인 투자자들의 달러 매수 규모가 급증했기 때문이었다.

연말 환율은 외화부채가 많은 기업의 결산이나 은행권의 BIS 비율에 큰 영향을 미치기 때문에 기업과 금융기관 모두 촉각을 곤두세운 채 지켜보는 상황이고 정부 역시 외환시장 안정화 노력을 기울인다는 점은 여러 차례 노출된 바 있다.

1억 달러의 외화부채가 있는 기업의 경우 매매기준환율이 938원일 때는 부채가 938억 원으로 잡히지만, 이듬해 연말 환율이 1,300원으로 상승하면 부채는 1천 300억 원으로 껑충 뛰는 것이다.

2008년 연말에는 키코(KIKO) 등 환율변동 파생상품 가입 기업의 손실 규모가 연말 환율에 의해 결정되는 상황이어서 정부의 물밑 작업이 어느 때보다 활발했다.

다만 이런 작업은 은행과 공기업, 대기업 등에 대해 권유 이상을 넘지 않는 범위에서 이뤄졌다는 것이 기획재정부의 해명이었다.

이런 상황에서 미네르바의 글은 시장의 불안을 자극해 갑작스러운 달러 매수세 급증을 불러왔다.

기획재정부는 2008년 12월 29일 오후 2시 미네르바의 글이 인터넷에 게재된 뒤 달러 매수세가 폭증하는 바람에 오후 2시 30분 이후 달러 매수 주문이 1일 거래량의 39.7%에 이를 정도로 증가한 것으로 분석했다. 이는 평소 오후 2시 30분 이후 달러 매수 주문이 1일 거래량의 10~20%에 불과한 것에 비하면 2~4배가량 늘어난 것이었다.

외환시장 일각에서는 문제가 된 12월 29일 미네르바의 글이 외환보유액에 20억 달러의 손실을 끼쳤을지는 의문이라는 분석도 내놨다.

미네르바가 인터넷상에서 경제 비평가로 유명하지만, 프로인 외환딜러들이 주도하는 외환시장이 외환거래를 해본 적도 없는 비평가의 글에 휘청거린다는 것은 다소 과장된 주장이라는 것이다.

고물상에 고객 정보
1만 건 넘긴 농협은행

2013년 6월 농협은행이 고객 정보 1만여 건이 담긴 고객 전표를 고물상에 넘겨준 것으로 확인돼 큰 파문이 일었다.

농협은행 모 지점은 2013년 6월 보관 중인 고객 관련 전표 뭉치를 파쇄업체가 아닌 고물상에 넘겼다가 적발됐다. 다행히 고물상이 개인정보업자에 팔지 않고 파쇄업자에게 매각해 고객 정보 유출로는 이어지지 않았다.

그러나 농협은행은 고객 정보 관련 서류의 경우, 보관 기간이 지난 뒤 위탁계약을 체결한 파쇄업체를 이용해야 하는 규정을 어겼다.

해당 지점에서 17년간 창고에 있던 전표들을 폐기하는 과정에서 원칙대로라면 파쇄업자에게 80만 원을 주고 파쇄를 의뢰해야 하는데 평소 안면이 있던 고물상에게 무상으로 넘긴 것이다. 이 고물상은 마대자루에 이 전표 뭉치를 담아 파쇄업자에 30만 원을 받고 팔았다.

고물상이 딴마음을 먹었다면 대형 정보 유출 사건으로 이어질 뻔했다. 이 전표에는 해지된 신용카드 발급 신청서, 거래해지 신청서, 해지 통장 등 각종 고객 정보가 가득 담겨 있었기 때문이다.

금융감독원은 이런 농협은행의 문제점을 보고받고 농협은행 해당 지점을 대상으로 고객 서류 보관 실태를 조사했다.

해당 지점장은 "파쇄업자가 문제가 된 고물상도 함께 운영하고 있으며, 운송업자가 서류를 넘기는 과정에서 잘못을 저질렀다"고 내부 감찰반에 해명한 것으로 알려졌다.

문제는 은행들의 이런 허술한 고객 정보 관리가 고쳐지지 않고 있다는 점이다.

2011년에는 한 고물상의 마대자루에서 경남은행 한 지점의 은행 전표와 서류 뭉치가 대규모로 쏟아져 나와 사회적 문제가 됐다. 자동화기기 전표와 영수증, 대출 서류, 고객 이름과 주소, 계좌번호까지 모두 노출됐다.

카드 정보 유출로
전 금융권에 도입된 '두낫콜'

고객이 수신거부 의사를 밝히면 해당 금융사가 영업 목적의 연락을 할 수 없는 '두낫콜(Do not call)' 제도가 2014년 대규모 카드 정보 유출 사태를 계기로 기존 보험업권에서 금융업권 전반으로 확대됐다.

정부는 2012년 3월 금융 분야 개인정보 유출 재발 방지 종합 대책을 통해 금융소비자의 자기정보 결정권을 확실히 보장하겠다는 의지를 밝혔다.

금융소비자가 본인 정보가 어떻게 활용되는지 알지 못하고, 본인 정보의 제공·조회·삭제 등을 스스로 결정할 수 없었던 문제를 해결하겠다는 것이었다.

두낫콜 제도는 다른 말로 '연락중지 청구권'이라고 할 수 있다. 금융소비자가 자신의 정보 이용현황 조회, 정보제공 철회, 정보보호 요청, 신용조회 중지 요청 등이 포함된 개념이다.

두낫콜은 2012년 12월 보험사가 자동차보험 계약정보로 무차별적인 전화·이메일 영업을 하는 행태를 제한하고자 최초로 도입됐다.

당시 보험사는 대형할인점, 카드사 등의 제휴업체로부터 받은 개인정보를 활용, 보험개발원에서 구축한 정보망을 통해 고객의 자동차보험 만기정보 등을 확인할 수 있었다.

보험사는 이를 자동차보험 가입자의 만기(보통 만기 전 30일 전후) 즈음에 자사 상품 가입 권유를 위한 텔레마케팅(TM)에 활용했다.

이처럼 보험사의 빈번한 보험 가입권유로 소비자 민원이 늘어나는 동시에 정보제공·조회 및 전화마케팅의 적법성과 적정성에 대한 논란이 일었다.

이에 금융당국은 마케팅 목적의 자동차보험 계약정보 제공은 원칙적으로 제한하고, 소비자가 자신의 개인정보가 어떻게 활용될 것인지 명확히 인지하고 동의할 경우에만 허용하기로 했다.

보험개발원은 2013년 4월부터 보험정보 민원센터를 설치하고 정보제공 기록 조회시스템을 구축해 소비자가 자신의 계약정보가 어떤 근거로 누구에게 언제 제공됐는지에 대한 기록을 확인할 수 있도록 했다.

보험개발원은 기존 팩스, 이메일, 방문접수 등 오프라인으로만 신청할 수 있었던 두낫콜에 대한 온라인 신청 서비스를 제공해 금융소비자의 접근성을 높였다.

뱅크런 사태 야기한
새마을금고의 비밀

2023년 7월 뱅크런 사태를 야기한 새마을금고 문제는 우리나라 금융감독의 사각지대에 대한 관리 소홀이 금융시장 전체를 흔들 수 있음을 보여주는 사례였다.

새마을금고의 뱅크런 사태는 금리 급등에 따른 부동산 시장 침체가 가장 컸다. 아울러 금융위원회와 금융감독원이 아닌 행정안전부가 주관하는 감독체계의 부실과 더불어 새마을금고중앙회와 금고 사이의 낙후된 지배구조 등이 함께 작용한 결과였다.

새마을금고는 마을 공동체 단위 비영리 조직으로 설립됐다. 태생부터 지역 유지들로 구성된 '지역금고'라는 특수성 때문에 수십 년간 관리·감독을 제대로 받지 못했다.

지역 토착세력 위주로 유착돼있는 지배구조 탓에 선거 과정에서 각 지역금고의 이해와 맞물려 각종 전횡이 일어날 수밖에 없는 구조인데 금융과 관련이 없는 행정안전부가 자산 284조의 새마을금고를 감독하는 시스템은 문제였다.

새마을금고는 경남 산청 '하둔신용조합'에서 시작했다.

1961년 국가재건최고회의는 재건국민운동본부를 설치하고 국민 계몽과 협동 단결과 자립을 통한 사회 재건을 추진했는데, 그 역점 사업 중 하나가 마을금고였다.

자율적 협동조직인 계, 향약, 두레 등 마을 공동체 정신을 계승하고 협동조합 원리에 의한 신용사업 등으로 지역 공동체의 발전을 도모한다는 취지의 조직이었다.

새마을금고는 박정희 대통령 시절 새마을운동을 기점으로 폭발적으로 성장했다. 시중은행에 비해 높은 예금금리를 제공하고 서민들에게 낮은 금리로 대출을 내어주면서 규모를 키웠고 이때 명칭이 새마을금고로 통일됐다.

1982년 새마을금고법이 만들어지면서 주무부처가 누가 될지 논란이 시작됐다. 주식회사의 형태로 영리조직인 은행은 은행법을 적용받지만 새마을금고는 비영리조직이라는 점에서 별도의 법 제정이 필요했다.

새마을금고가 수신 기능이 있어 일반은행과 유사한 기능을 하지만 태생 자체는 은행이 아니었기 때문이다.

은행은 주식을 소유한 주주가 주인이다. 하지만 새마을금고는 회원이 주인이자 고객이다. 예금·대출 등 신용사업을 하고 있지만 문화 복지, 지역사회 개발사업 등을 하고 있는 특수한 형태였다.

당시 입법 과정에서 내무부와 재무부가 새마을금고 주무부처 지정을 놓고 첨예하게 대립했다. 새마을금고를 금융기관으로 볼 것인지, 주민 자치조직으로 볼 것인지에 따라서 주무부처가 달라졌기 때문이다.

논의 초기 신용사업 부분은 재무부, 조직·운영·관리 등 전반적인 감독·지도사항은 내무부 소관으로 나눠 감독하는 방안이 논의됐으나 조정하는 데 실패해 최종적으로 내무부로 일원화됐다.

새마을금고가 지역이나 직장별 회원의 출자로 설립됐고, 개별 금고가 독립된 개별법인이라는 점 등을 주장한 내무부의 입김이 더 세게 작용한 결과였다.

새마을금고법에 따르면 행안부는 새마을금고와 중앙회에 대해 포괄적으로 관리·감독하고 신용공제사업은 행정안전부와 금융위원회가 협의해 감독한다고 돼 있다.

이에 따라 행안부에서 요청하지 않은 한 금융당국이 자발적으로 나서서 새마을금고를 점검하기 어려운 구조다. 요청이 오더라도 단독검사나 행안부 위탁검사는 할 수 없다.

문제는 금융당국으로부터 감독을 받지 않는 상호금융사는 새마을금고가 유일하다는 점이다.

농협협동조합과 수산업협동조합은 산림조합 등은 신용협동조합법의 특례조항을 따라 금융위와 직접적인 관리·감독을 받고 있다.

농협과 수협의 경우 농림축산식품부와 해양수산부가 포괄적으로 감독하고, 조합의 신용사업은 금융위가 감독 및 명령을 할 수 있도록 규정돼 있다.

새마을금고는 독특한 조직체계를 갖고 있다.

전국 지점은 독립채산제로 운영한다. 새마을금고라는 이름은 같지만 각각 다른 법인이다. 중앙회가 존재하지만 각 새마을금고를 통제하기 어렵다는 의미다.

각 지역금고에 대한 1차 감독 권한은 중앙회에 있다. 행정안전부와 금융감독원·중앙회가 매년 30~40개의 지역 새마을금고를 대상으로 벌이는 정부 합동 감사는 감사 인력이 10명도 채 되지 않아 실효성이 없다.

중앙회 차원에서 연 600곳 안팎을 대상으로 정기 감사를 벌인다. 하지만 지역금고 이사장이 중앙회장을 선출하는 관계이다 보니 공정하고 독립적인 관리·감독은 어려운 게 현실이다.

각 지역 금고 이사장들의 무제한 연임이 가능하고 이들에 의해 선출된 중앙회장 역시 별다른 견제를 받지 않다 보니 횡령, 배임 등 금융사고와 갑질 논란 등 각종 비리·비위행위도 끊이질 않았다.

100주년 메리츠화재…
최초 손해보험사에서 혁신 아이콘으로

우리나라에서 사실상 가장 역사가 오래된 손해보험사인 메리츠화재가 2022년 10월 1일 창립 100주년을 맞았다.

메리츠화재는 조정호 회장 취임 후 20년 만에 30배가 성장하는 등 손해보험업계에서 인재 경영과 성과주의를 앞세워 혁신의 아이콘으로 떠올랐다.

메리츠화재는 1922년에 설립된 우리나라의 최초 손해보험사다.

일제 강점기인 1922년 조선화재로 창립해 1950년 동양화재, 2005년 메리츠화재로 사명을 변경하는 등 우리나라 보험의 역사 그 자체였다.

일본보험사가 지배하던 1922년에 민족자본을 기반으로 조선화재를 만들었고 1935년에는 경성의 명물이었던 태평로 사옥을 짓는 등 명맥을 이어갔다. 1950년 동양화재로 이름을 바꾼 뒤 1956년 보험업계 최초로 증권거래소에 상장했으며 1967년 한진그룹에 편입됐다.

2005년 한진그룹에서 계열 분리 뒤 '제2의 창업'이란 정신으로 메리츠화재로 변경한 뒤 새롭게 거듭났다.

2015년 이후 보수적인 보험업계에서 '혁신의 아이콘'으로 떠오르

면서 삼성화재, DB손해보험, 현대해상 등 빅3의 아성을 위협할 정
도로 성장세를 구가했다.

2005년 한진그룹에서 계열 분리될 때만 해도 메리츠화재의 자산
은 2조 7천억 원, 시가총액은 1천 700억 원에 불과했다.

'만년 5위'로 존재감이 약했던 메리츠화재는 자산 28조 원, 시가
총액 4조 5천억 원으로 업계의 판도를 바꿀 만큼 성장했다.

한진그룹 창업주인 고 조중훈 회장이 2002년 세상을 떠나면서
조정호 회장은 당시 그룹 내 가장 규모가 작았던 금융 계열사를 물
려받았으나 이제 메리츠화재는 그 당시 한진 계열사 중 잘나가는
회사 중에 하나로 탈바꿈했다.

메리츠화재는 2019년부터 당기순이익 업계 3위로 올라섰고
2005년 264억 원에 불과했던 순이익은 2021년 말 기준 25배나 급
성장했다.

메리츠화재는 이런 도약의 비결을 조정호 회장의 '인재 경영'과
'철저한 성과주의'로 꼽았다.

메리츠화재는 "회사의 성장 및 발전에 최적이라고 생각되는 우
수한 전문경영인을 영입한 뒤 이들을 믿고 사업을 맡긴다. 최고경
영자가 책임지고 진행하며 긴급한 의사결정이 필요할 경우 몇천억
원짜리 투자까지 사후보고로 진행된 적이 적지 않다"고 말했다.

승진 연한이 따로 없어 40대 젊은 임원이 배출되고 학력이나 직
급이 아니라 회사 기여도에 따라 보상을 하다 보니 회장, 부회장보
다 연봉이 더 많은 임원이나 팀장이 적지 않다.

메리츠화재는 2015년 김용범 부회장이 대표이사로 취임한 뒤 회

사 조직을 부문별 소집단으로 나눠 개개인이 경영자 의식을 갖고 조직이 굴러가게 하는 '아메바 경영'을 도입해 모든 조직을 성과형 조직으로 탈바꿈시켰다.

보험업계의 획일화된 영업 조직 구조에서 벗어나 영업 관리 조직에서 본부 및 지역단을 모두 없애고 본사 밑에 영업 점포로 직결되는 구조로 슬림화했다.

보험설계사 출신 본부장 승격 제도를 도입해 영업 조직에 잔재했던 직업적 커리어의 한계도 없앴다.

이익치의 실패한 꿈 '바이코리아'

'바이코리아' 펀드 신화의 주인공인 이익치 현대증권 회장의 꿈은 일장춘몽으로 끝났다.

1997년 외환위기 이후 '바이코리아' 펀드 돌풍 속에 주가 상승의 견인차 역할을 하며 '이익치 주가'라는 신조어까지 만들어 냈던 이익치 회장이 2000년 8월 사직서를 제출하면서 증권업계에 들어온 지 4년여 만에 물러났다.

이 회장은 1969년 현대건설에 입사해 현대엔지니어링과 현대중공업 등 비금융부문에서 잔뼈가 굵은 전형적인 현대그룹 가신이다. 1990년 현대해상 전무이사를 시작으로 금융계에 발을 내디뎠다.

이 회장은 증권업계와는 1996년 현대증권 사장으로 임명되면서 인연을 맺었다.

외환위기 이후 침체를 거듭하던 증시에 199년 3월 '바이코리아' 펀드를 선보이면서 세간의 주목을 받았다.

'바이코리아' 펀드를 출범시킨 뒤 단 6개월 만에 11조 원의 수탁고를 기록하며 증권업계의 스타로 급부상했다.

이 펀드 덕분에 1998년에 300포인트 선까지 떨어졌던 종합주가지수는 1999년 중 1천 포인트를 돌파하는 등 증시가 활황국면에 접어들어 증권업계는 이를 '이익치 주가'라고 불렀다. 당시 이 회장은 투자설명회의 단골 연사로 참석, '증시의 전도사'로 불리기도 했다.

이 회장은 1996년 부임 당시 약정고 기준으로 업계 7위에 불과했던 현대증권을 순식간에 5위로 끌어올렸고 1999년에는 정상의 자리에 앉혔다.

컴퓨터 같은 정확성과 불도저의 저돌성을 합쳐놓았다는 뜻의 '컴도저'란 별명이 말해주듯 위험 선호적 성향을 지녔다는 우려도 끊이지 않았다. 결국 1999년 9월 현대전자 주가 조작 사건에 연루돼 구속되는 시련을 겪었다.

이 회장은 교도소에서도 매일 직원들을 면회하면서 업무에 강한 의욕을 보였다. 1999년 11월 석방된 뒤에도 곧바로 회사로 출근해 임원회의를 주재하는 등 재기하려고 애썼다.

하지만 금융감독위원회가 1999년 12월 현대전자 주가 조작과 관련해 이 회장에게 3개월 업무집행 정지처분을 내리면서 현업에서 물러나야만 했다.

2000년 3월에는 이익치 회장을 고려산업개발 회장으로 전보하는 현대그룹의 전격적인 인사 때문에 이른바 '왕자의 난'으로 불리는 현대 사태가 본격화되는 계기가 됐다.

이 때문에 현대그룹과 관련된 사태가 불거질 때마다 이익치 회장이 막후 인물로 떠올랐고 현대그룹의 계열 분리 등 구조조정을 가로막는 걸림돌이라는 지적도 없지 않았다.

알고 보면
재밌는 금융권
비밀 노트

'국민카드 역발상'
체리피커에게 경영 자문

2012년에는 신용카드회사가 업계의 골칫덩어리인 체리피커 (Cherry picker)에게 경영 자문을 해 눈길을 끌었다.

체리피커란 신 포도는 먹지 않고 단맛 나는 체리만 쏙쏙 골라 먹는 사람으로 기업의 상품·서비스를 구매하지 않으면서 실속만 챙기는 '얌체 소비자'를 뜻한다.

모든 신용카드사가 꺼려온 체리피커를 KB국민카드는 경영 조언자로 활용하는 역발상을 했다.

최기의 KB국민카드 사장은 체리피커를 초청해 카드 이용 고객이 가장 원하는 서비스가 무엇인지를 경청했다.

체리피커 앱을 만든 조규범 씨와 만나 경영에 필요한 다양한 의견을 구하고 앱 운영과 관련한 자료를 최대한 제공하겠다는 약속도 했다.

최 사장은 "체리피커 애플리케이션이 등장해 카드는 별로 안 쓰면서 혜택만 최대한 뽑아내 카드사를 괴롭히는 게 사실이다. 대부분 카드사는 체리피커에 당하지 않을까 전전긍긍하지만 나는 발상의 전환을 했다"고 전했다.

체리피킹을 당하더라도 향후 고객의 충성도가 높아진다면 적극적으로 대응할 필요가 있다는 판단에서다.

신용카드 체리피커 앱이 널리 퍼진 상황에서 한동안 손해를 보더라도 나중에 체리피커에게 가장 인기 있는 카드가 되는 방법을 알아보고자 조규범 씨에게 조언을 구한 것이다.

최기의 사장은 체리피커의 득세로 카드 상품의 가격 경쟁 시대는 끝났다고 평가했다.

그는 "체리피커 등의 발달로 고객의 가격 민감도가 높아져 카드 상품 가격으로 경쟁하던 시대는 저물고 있다. 카드 브랜드 가치, 취향이 중요해지고 있다"고 밝혔다.

2020년대 들어 SNS 등을 통한 카드 체리피커들이 더욱 치밀해지면서 신한카드가 도마 위에 올랐다.

신한카드는 2023년 6월 더모아카드 등 개인신용카드의 통신·도시가스 요금 분할결제를 7월부터 제한한다고 공지했다.

더모아카드는 2020년 11월 출시된 이후 분할결제 등을 이용해 적립금을 최대한 받는 방법으로 이른바 '짠테크족'에게 인기를 끌었다.

이 카드는 5천 원 이상 결제부터 1천 원 미만 잔돈을 포인트로 돌려준다. 예를 들어 통신요금을 결제하면서 5천 999원씩 쪼개 반복 결제 해 적립금을 최대로 올리는 방법이 짠테크로 널리 퍼졌다.

하지만 체리피커들의 과도한 이용으로 신한카드가 적자를 감내하기 힘들어지자 중단이라는 극약처방을 꺼내 들었다.

하지만 이 혜택을 애용하던 고객들이 일방적인 혜택 축소라며 금융감독원에 민원을 접수하면서 결국 신한카드는 잠정 보류로 방향을 틀 수밖에 없었다.

신한카드는 "통신사 및 도시가스 요금에 대한 분할납부는 취약 계층을 위해 예외적으로 운영해 온 제도지만 최근 제도의 취지와는 다르게 포인트 확보를 위한 비정상 쪼개기 분할결제로 오용돼 왔다. 약관에 따라 분쟁 소지를 예방하기 위해 그간의 예외적 운영을 중단하려고 했던 것이다"고 설명했다.

신한카드의 사례처럼 이제는 카드 상품과 부가 서비스를 정밀하게 계산해서 출시하지 않으면 체리피커들의 먹잇감이 돼 회사의 생존 자체가 위협받을 수 있는 세상이 됐다.

2020년대 들어서는 체리피커 대신에 '체리슈머'가 뜨는 분위기다.

체리슈머는 한정된 자원을 극대화하기 위해 최대한 알뜰하게 소비하는 전략적 소비자를 말한다.

MZ세대(1980년대 초~2000년대 초 출생자)로 대변되는 이들은 자신이 필요한 만큼만 딱 맞춰 구매하고 함께 모여 공동 구매 하며 필요한 만큼만 계약하는 실속 있는 소비를 추구한다.

체리슈머는 제품이나 서비스를 구매하지 않으면서 관련 혜택만 챙기는 체리피커와 다르다. 체리피커는 부정적인 의미로 사용됐지만 체리슈머는 합리적 소비자란 의미로 통용된다.

좀비에 물려 죽으면
보험금 받을 수 있을까

넷플릭스 드라마 '지금 우리 학교는'과 영화 '부산행'처럼 좀비에게 물려 죽을 경우 보험금을 받을 수 있을까.

결론부터 말하면 생명보험의 일반 사망 지급 사유에 해당해 생명보험 가입 고객의 유족들은 보험금을 받을 수 있다.

좀비 드라마나 영화를 보면 사람들이 좀비로 변하고 죽임을 당하게 된다. 좀비 때문에 죽게 될 경우 보험금 지급 여부를 판단하려면 우선 재해 사망인지 일반 사망인지를 판단해야 한다.

일반 사망은 원인을 막론하고 죽게 되는 경우로 생명보험의 기본이 되는 사망 개념이다. 재해 사망은 우발적 외래 사고 및 감염병 등으로 사망한 경우다.

생명보험 상품마다 다르지만, 일반적으로 재해 사망 보험금이 일반 사망 보험금의 2배 이상이다.

재해 사망에 감염병이 들어 있어 좀비에 물리는 것도 감염병이 아니냐고 주장할 수 있지만, 현실은 다르다.

금융감독원이 발표한 '생명보험 표준 약관'에 따르면 에볼라 바이러스병, 페스트, 사스(SARS·중증급성호흡기증후군), 중동호흡기증후군(MERS·메르스), 신종인플루엔자, 신종 감염병 증후군 등 제1

급 감염병에 해당해야만 재해 사망으로 인정되기 때문이다.

반면 일반 사망은 생명보험의 기본이 되는 사망으로 2년 이내 자살 등을 제외한 어떤 이유로든 죽으면 정해진 보험금이 지급된다.

현행법에서는 좀비를 전염병으로 간주하지 않고 있기 때문에 일반 사망으로 처리되는 것이다. 다만, 드라마나 영화처럼 좀비가 전국에 퍼져 정부가 법령 개정을 통해 신종 전염병으로 지정한다면 재해 사망으로 인정받을 순 있다.

수능과 보험은
어떤 관계일까

　대학수학능력시험(수능) 시험 감독관들도 보험에 가입한다는 걸 아는 사람이 있을까.

　수능 감독관들은 만일의 사태에 대비해 단체 보험에 가입한 후 시험 당일 고사장에 들어간다.

　수능은 작은 변수 하나가 영향을 줄 수 있기 때문에 수험생들이 실제 감독관을 상대로 손해배상을 청구하는 경우가 적지 않기 때문이다.

　이런 이유로 교육부는 수능 감독관을 대상으로 관련 소송비용을 지원하는 단체 보험에 가입했다.

　한국교육과정평가원의 '2022년 대입 수능 감독관 배상책임보험' 과업 지시서에 따르면 보험 기간은 수능 시험일 기준 1년간이며 계약자는 한국교육과정평가원, 피보험자는 수능 시험 당일 전국 시험장의 감독관 전원이다.

　보장 내용은 수능 감독관의 업무 수행 중에 발생한 사고에 대한 손해 배상금, 소송 후 법률 재판 진행 시 피보험자가 지급한 변호사 비용, 중재 및 조정에 따른 비용 등이다.

　이에 따라 보장 한도액은 청구당 최고 1억 원이며 총보상액은

20억 원이다.

수능 역사상 최초로 보험 관련 지문이 출제된 적도 있다.

2016년 실시된 '2017 수능'에서 국어영역 비문학 37~42번 문제 지문이었다.

보험의 경제학적 원리와 소비자가 보험 가입하기 전에 질병 내역 등 중요사항을 알려 하는 고지의무에 대한 이해를 묻는 글이었다.

하지만 지문 분량이 무려 2천 600자에 달하고 보험의 기댓값, 보험료, 보험료율 등 수험생들이 평소 접하기 어려운 용어들이 포함돼 국어영역 중 '최고의 난이도'로 꼽혔다.

한 보험사 관계자는 "보험업계에서는 수능에 문제가 출제돼 반색했지만 어려운 난이도에 수험생들이 보험에 대한 반감을 갖게 될까 봐 걱정했다는 후문도 있었다"고 전했다.

'오징어 게임'의 무차별 폭행…
보험 보장 가능할까

넷플릭스 드라마 '오징어 게임' 속에서 주인공들에 대한 무차별 폭행 장면들이 나오는데 이들에 대한 보험 보장이 과연 가능할까.

정답은 주인공들이 전혀 몰랐던 게 아니라 자발적으로 폭행 상황에 직면했다는 점에서 보험 적용이 어렵다.

'오징어 게임'에서 주인공 성기훈을 포함한 456명의 게임 참가자는 저마다 돈에 목숨을 걸어야 하는 사정이 있다.

게임에 참가한 뒤 라운드마다 새로운 게임에서 탈락하면 죽어야 하는 처지다 보니 폭력배 덕수와 그의 무리는 참가자를 직접 제거하는 방법을 택한다.

주인공 성기훈과 노인, 여성 등 신체적 약자들은 폭력배 무리에게 무차별 폭행을 당하게 된다. 다만 성기훈 일행은 무차별 폭행이 일어나는 가운데 나름의 준비 태세를 갖춰 엄청난 폭행 속에서도 살아남게 된다.

결국 성기훈은 자발적으로 폭행 상황에 직면했고 쌍방 폭행이 가해졌기 때문에 보험으로는 치료비 등을 보장받기 어렵다.

현실로 돌아와서 대낮 많은 인파 속에 전혀 모르는 한 사람이 맞은편 사람의 머리를 둔기로 치고 유유히 사라지는 '묻지마 폭행'이

심심치 않게 발생해 뉴스에 보도된다.

이처럼 가해자가 밝혀지지 않는 이러한 일방적 폭행 피해는 건강보험을 적용받을 수 있다.

흔히 '묻지마 폭행'으로 불리는 제삼자의 일방적 행위로 다치거나 교통사고 및 폭행 사고의 경우 국민건강보험공단을 통해 건강보험 적용 여부를 확인해 치료 등 건강보험을 적용해 주는 '급여 제한 여부 조회 제도'가 있기 때문이다.

이는 2015년부터 경찰청이 국민건강보험과 업무협약을 통해 시행하고 있으며 일방적인 폭행이나 교통사고 등의 경우 심사를 통해 건강보험의 적용을 받을 수 있다.

다만 일부 본인 부담금이 있는데 입원 치료 시 20%, 통원 치료 시 50% 수준이다.

실손의료보험 가입자라면 고의 없이 일방적으로 폭행을 당한 사실이 확인되면 실손보험 보상도 받을 수 있다.

폭행당한 사실 확인을 위해서 사건이 접수된 경찰서나 지구대를 방문해 사실 확인서를 발급받은 뒤 보험사에 제출하면 된다.

보험업계 관계자는 "건강보험이든 실손보험이든 쌍방 폭행처럼 범죄의 원인을 제공하거나 고의로 사고를 일으킨 경우는 관련 혜택을 받을 수 없다는 점을 주의해야 한다"고 말했다.

'오징어 게임'하다 죽으면 보험금 받을 수 있을까

넷플릭스 드라마 '오징어 게임' 속의 게임 참가자들은 과연 보험금을 받을 수 있을까.

이 드라마에서는 수많은 게임 참가자들이 죽거나 다쳤기 때문에 손해보험업계에서조차 '오징어 게임'을 가정한 보상 시뮬레이션을 돌려볼 정도라고 한다.

'오징어 게임'의 참가자 중 첫 번째 게임인 '무궁화 꽃이 피었습니다'에서 탈락해 숨진 사람들은 보험약관에 따라 일반 및 재해, 상해 보험금을 지급받을 수 있다.

두 번째 게임부터는 사망자들이 일반 사망 보상금밖에 받을 수 없다.

오징어 게임은 456억 원의 상금이 걸린 의문의 서바이벌 게임에 참여한 사람들이 최후의 승자가 되기 위해 목숨을 걸고 도전하는 이야기다. 참가자들은 게임에서 탈락하는 즉시 사망하게 된다.

보험에서 사망의 종류는 일반, 재해, 상해, 질병으로 구분되며 이에 해당해야 유족은 보험금을 받을 수 있다.

일반 사망은 생명보험의 기본이 되는 사망으로 자살이나 고의 사망이 아니면 보상받을 수 있다. 질병 사망은 몸에서 발생한 질병이 직접 원인이 돼서 사망했을 경우다.

재해 사망은 우발적인 외부의 사고를 대상으로 해 외래성과 우연성이 충족돼야 한다. 상해 사망은 재해 사망과 유사하지만 급격하고 우연하거나 우발적인 외래 사고로 숨진 경우다.

그럼 '오징어 게임'에서는 어떨까.

첫 번째 게임인 '무궁화 꽃이 피었습니다'에서는 몸이 움직여 탈락한 참가자들은 그 자리에서 사망하게 된다.

이 경우 일단 '일반 사망'의 조건에 해당해 보험금 지급 요건이 된다. 그렇다면 나머지 재해, 상해 사망의 조건인 우연성, 외래성, 급격성에도 해당할까.

참가자들은 이 게임에서 탈락 시 죽는다는 것을 몰랐다. 따라서 이는 사고의 원인과 결과를 예측할 수 없다는 우연성에 해당한다. 또한 갑자기 진행요원들의 총을 맞고 죽었기 때문에 외래성도 충족해 재해 사망 보험금을 받을 수 있다.

죽는다는 걸 인지하지도 못한 채 갑자기 총에 맞았다는 점에서 급격성도 충족해 상해 사망에도 해당한다.

문제는 두 번째 게임부터다.

첫 번째 게임이 끝난 후 참가자들이 게임 진행 여부를 투표한 결과, 과반수가 게임을 중단하겠다고 해서 생존자들은 일상으로 돌아간다. 하지만 경제적으로 힘든 삶을 연명하다 보니 다시 게임에 참가하게 된다.

그리고 두 번째 게임인 '달고나 게임'이 시작된다. 이 게임부터 마지막 여섯 번째 게임까지 참가자들은 사망의 원인과 결과를 예측할 수 있다. 그렇기에 우연성을 충족하지 못한다.

죽음을 감수하고 게임에 참가했기 때문에 재해, 상해 사망의 보험금을 지급받을 수 없다는 말이다.

하지만 죽고 싶어서 죽은 게 아니라서 고의성이 없기 때문에 일반 사망은 인정돼 이에 해당하는 보험금은 지급받을 수 있다.

로또만큼 힘들다는 '홀인원'…
보험사기 단골 메뉴

2022년 '홀인원 보험'에 가입한 A 씨는 평생 한 번도 어렵다는 홀인원(단 한 번의 샷으로 골프공을 홀컵에 집어넣는 것)을 엿새간 두 번이나 성공했다.

A 씨는 1차 홀인원 성공으로 보험금을 받고 나서 5일 후 새로운 홀인원 보험에 가입했고 공교롭게도 다음 날 다시 홀인원에 성공해 보험금을 또 받았다.

같은 보험설계사를 통해 홀인원 보험 계약을 체결한 B 씨와 C 씨는 각각 홀인원에 성공한 후 같은 음식점에서 200만 원 이상을 결제한 영수증을 내고 보험금을 타갔다.

통상 아마추어 골퍼 기준 홀인원은 성공 가능성이 0.008%(주 1회 라운딩 시 약 57년 소요)로 알려졌을 정도로 매우 드물게 일어나는 일이다.

금융감독원은 2023년 9월 이런 희박한 홀인원을 단기간에 여러 차례 성공하거나, 허위의 홀인원 비용 영수증을 제출하는 등 보험사기가 의심되는 사례를 다수 확인했다.

금융감독원은 이와 관련한 기획조사를 시행해 보험금을 부당하게 받은 것으로 추정되는 혐의자 168명을 확인했다. 편취 금액은

7. 알고 보면 재밌는 금융권 비밀 노트

10억 원가량으로 추정했다.

2023년 5월 금융감독원은 홀인원을 이용해 보험사기를 친 보험 설계사들이 무더기로 적발했다.

보험사를 위해 보험 계약의 체결을 중개하는 보험설계사가 보험의 허점을 노리고 사기를 저질렀다는 점에서 충격을 줬다.

삼성화재의 한 보험설계사는 홀인원 축하 비용을 신용카드로 결제한 후 취소했음에도 이 비용을 지출한 것처럼 가짜 카드 영수증을 제출해 보험금 500만 원을 타냈다가 적발됐다.

홀인원 보험은 보험에 가입한 골퍼가 홀인원 샷에 성공하면 기념품 구입, 축하 만찬, 축하 라운드 등에 들어가는 비용을 보상해 주는 특약보험으로 가입비가 저렴해 수십만 명이 가입해 있다.

지드래곤도 자랑하는
VVIP 카드의 진실은

2017년 현대카드가 연회비 250만 원인 최고등급 카드를 내놓으면서 카드업계에서는 일명 'VVIP 카드' 경쟁이 재점화됐다.

국내에서 발급하는 카드 중 연회비가 가장 비싼 카드는 현대카드 '더 블랙'과 삼성카드 '라움 O', 하나카드 '클럽 1', KB국민카드 '탠텀'으로 연회비는 200만 원 수준이다.

2017년 6월에 현대카드는 연회비만 250만 원인 '더 블랙 에디션 2'를 내놓기도 했다.

부담스러운 가격이지만 일단 발급만 받으면 혜택은 연회비를 넘어선다는 게 카드사 관계자들의 전언이다.

카드사 입장에서는 적자만 나는 상품이지만 상위층 고객을 확보해야 한다는 자존심 때문에 포기할 수 없는 게 현실이다. 유명 자동차 회사가 수천억 원의 개발비를 들여 몇 대 못 파는 고급 스포츠카를 만들어 내는 것과 같은 이치다.

그래서 VVIP 카드는 일반 소비자도 한번 갖고 싶지만 돈만 있다고 해서 아무나 가질 수 없는 카드다.

VVIP 카드의 대표적인 혜택은 항공권 업그레이드 서비스다.

하나카드의 '클럽 1'으로 국제선 비즈니스 클래스를 구매하면 미국·중동·유럽·오세아니아는 연 1회, 동남아·일본·중국은 연 3회까지 퍼스트 클래스로 업그레이드해 줬다.

인천에서 뉴욕까지 대한항공 비즈니스 좌석 왕복 티켓 가격은 500만 원 수준이지만 퍼스트 클래스는 1천만 원이 넘어 업그레이드만 한번 받아도 연회비를 뽑는 셈이었다. 매년 특급호텔이나 명품 브랜드의 할인권이나 무료 이용권들로 구성된 쿠폰도 줬다.

'더 블랙'은 에르메네질도 제냐, 갤러리아 백화점 명품관이나 스위스퍼펙션 뷰티숍 이용권이 담긴 바우처를 줬다.

VVIP 카드 고객들이 가장 만족하는 서비스는 따로 있다.

대표적인 것이 개인 비서 역할을 하는 '컨시어지(Concierge)' 서비스다. 365일 24시간 콜센터를 운영하며 온갖 부탁을 들어준다. 이를 위해 카드사들은 글로벌 컨시어지 전문 업체와 제휴를 맺기도 한다.

VVIP 카드 회원만 모아놓고 소규모 행사를 열어 취미 생활도 하고 인맥도 쌓게 해준다.

회원 20~30명만 초청해 세계에서 가장 비싼 보석으로 알려진 핑크 다이아몬드를 감상하고 다이아몬드 감별법을 배우거나, 뉴욕 크리스티 경매장을 재현한 세트장을 만들어 모의 경매를 진행해 보는 식이다.

전투기 조종사가 꿈이었던 중년 회원에게 전투기를 타고 비행훈련을 받을 수 있도록 일정을 잡아준 카드사도 있다.

이 같은 특별 서비스를 받는 VVIP 카드는 누가 쓸까.

카드업계에서는 카드 사용액이 월 1천만 원이 넘는 일명 '월천'

고객은 돼야 VVIP 카드를 신청할 수 있는 사람이라고 말한다.

한 카드사에 따르면 100억 원 자산가나 서울 4년제 대학 또는 지방 국립대 교수, 대학병원 과장급 전문의, 1급 공무원이나 검사장 이상이어야 카드를 신청할 수 있다.

기업인은 30대 그룹 계열사나 은행, 증권사, 시가총액 500억 원 상장사 임원 이상, 전문직은 연봉 2억 원 변호사·회계사 등이다. 연봉 2억 원 프로 스포츠 선수도 대상이다.

그러나 이들이 모두 VVIP 카드의 주인이 될 수 있는 것은 아니다. 카드사 심의위원회 심사를 통과해야 하는데, 경제적 능력뿐 아니라 사회적 영향력까지 본다.

한 카드사 관계자는 "카드를 신청했다가 가장 많이 떨어지는 고객은 연예인과 금수저 20대들"이라고 말했다.

'더 블랙'은 특히나 가입이 까다롭기로 유명하다. 현대카드가 먼저 초청하는 사람만 지원할 수 있다.

해당 고객이 가입 의사를 밝히면 정태영 현대카드 부회장을 비롯한 8명의 위원이 직접 심사해 만장일치로 승인이 나야 '더 블랙'을 가질 수 있다.

2005년 출시하면서 최대 회원 수를 9천 999명으로 못 박아 놨지만 가입자는 2천~3천 명 대에 머물러 있는 것으로 알려져 있다.

이 카드의 1호 주인은 정몽구 현대차그룹 회장이었다. '더 블랙' 고객으로 알려진 가수 지드래곤은 노래 가사에 "내 카드는 블랙, 무한대로 싹 긁어버려"라고 쓰기도 했다.

소수 '귀족' 고객들에게 돈 주고도 못 사는 특별한 혜택을 주다 보니 이 같은 VVIP 카드들은 대부분 적자인 것으로 알려졌다.

소비자단체에서는 카드사들이 서민을 대상으로 고금리 카드론 장사나 일반 카드의 부가 서비스 혜택 축소 등으로 돈을 벌어 부자들에게 선심성 장사를 한다고 비판하고 있다.

2012년 카드사들이 부유층을 위한 VVIP 카드를 운영하면서 23억 원의 적자를 낸 것으로 나타났다. 부자 마케팅 등으로 152억 원이나 썼기 때문이었다.

신한카드 등 전업 카드사 6곳은 2012년 VVIP 카드 운영으로 23억 2천여만 원 손실을 봤다. 이들 카드사가 VVIP 카드로 벌어들인 돈은 128억 3천여만 원이었지만 마케팅과 부가 서비스 제공 등에 들어간 비용은 151억 6천만 원에 달했다.

카드업계 1위 신한카드는 VVIP 카드를 운영하면서 17억 5천900만 원의 적자를 냈다. 신한카드는 VVIP 카드 고객에게 포인트와 마일리지 등을 중복으로 적립해 주는 등 큰 혜택을 주다 대규모 손실을 냈다. 삼성카드(3억 5천여만 원), KB국민카드(2억여 원), 하나SK카드(1억 1천여만 원)도 적자를 봤다.

금융감독원은 VVIP 카드 운영에 따른 손익을 점검할 것을 카드사에 강력히 요청했지만, 카드사들은 회사 이미지 유지를 위해 손익과 관계없이 여전히 VVIP 카드를 운영하고 있다.

외계인에 납치돼도
보험금은 준다

2015년 영국에서는 외계인에게 납치되면 보험금을 주는 상품을 내놨다.

영국의 한 회사는 외계인의 공격에 대비한 보험을 출시했는데 가입자가 2만 명을 넘어섰다.

이처럼 보험은 우발적으로 발생하는 특정 사고에서 생기는 경제적 타격이나 부담을 덜어주려고 다수 경제주체가 협동하여 합리적으로 산정된 금액을 조달하고 지급하는 경제적 제도로 정의된다. 통계와 수학을 바탕으로 한다.

이런 현대식 의미의 보험과는 다르지만 위험의 분산과 이전, 손해보전 측면에서 보자면 보험의 역사는 굉장히 길다.

기원전 2~3세기 중국과 바빌로니아 상인들이 그 원조다. 중국 상인들은 위험한 강을 건널 때면 화물을 여러 배에 분산시켰고, 바빌로니아 상인들은 상선을 사기 위해 돈을 빌릴 때 화물이 해상에서 도난당하거나 분실됐을 경우 이 대부금을 갚지 않는 조건으로 추가의 비용을 냈다. 이런 보험의 개념은 기원전 1750년께 만들어진 바빌로니아의 함무라비 법전에도 기록돼 있다.

대부 계약 등이 연계되지 않은 최초의 단독 보험 계약은 1347년

이탈리아 제노바에서 체결됐다. 상인들이 부동산 저당권을 자본금으로 해서 세운 일종의 보험회사가 제공한 것으로 알려져 있다.

세계에서 처음으로 '생명보험' 계약이 체결된 지도 450년이 지났다.

영국 엘리자베스 1세 여왕 시절인 1583년 6월 18일 런던 부시장이었던 리처드 마틴 경이 윌리엄 기번스라는 사람을 위해 30파운드 13실링 4펜스의 보험료를 냈다.

마틴 부시장은 이 계약에 따라 기번스가 죽을 경우 383파운드를 받기로 했다. 금세공인 출신에 조폐청장 그리고 런던시장까지 역임했던 마틴 경에게 왜 이 보험이 필요했는지, 기번스가 뭘 하던 사람인지 등에 대해서는 알려지지 않았지만 보험금이 보험료의 13배에 달했던 셈이다.

러시아에서도 대화재로 모스크바의 절반이 불탔던 1571년에 보험이라는 개념이 등장했다.

정작 보험의 실현은 그 후 20년이 지난 1591년에 이뤄졌다. 대형 화재가 다시 발생해 보리스 고두노프 황제가 궁전재건을 위해 국고에서 5천 루블을 대부금(보험금)으로 적립할 것을 지시한 게 시초다. 이후 러시아에 일종의 보험회사가 처음 등장한 때는 1786년으로 모스크바와 상트페테르부르크의 국영대부은행 내에 보험국이 신설됐다고 한다.

세상에서 가장 비싼 보험은 역사상 가장 성공한 영화감독 중 1명인 미국의 스티븐 스필버그 감독이 든 생명보험으로 12억 달러(1조 3천 261억 원)였다.

미 항공우주국 소속 우주인들의 '엽서 보험'도 주목받았다.

나사가 달 탐사를 준비하던 시절에는 어느 보험회사도 우주인들에게 '생명보험'을 제공하기를 원치 않았다. 임무 자체가 너무 위험해 보였기 때문이다. 이 때문에 나사는 '특별 우편엽서'라는 변칙 수법을 쓰기로 했다.

우주인들이 출발 직전 여기에 서명하도록 함으로써 누군가가 사망하면 가족들이 이를 좋은 가격에 팔 수 있도록 배려한 것이라고 한다. 하지만 이 엽서보험은 쓸모가 없었다.

인류가 처음 달에 착륙한 1969년 7월 아폴로 11호부터 1972년 4월 다섯 번째 유인 우주선인 아폴로 16호까지 모든 유인 달 탐사 비행이 아무런 사고 없이 완료됐기 때문이다.

신체 일부 보험은 무성영화 시절 미국의 배우인 벤 터핀이 '이색' 보험의 첫 가입자다.

코미디 배우였던 터핀은 1920년대 자신의 눈에 2만 달러의 보험에 가입했다. 이후 수많은 스타가 신체 일부 보험에 가입했다.

모델 클라우디아 쉬퍼가 자신의 다리에 500만 달러(55억 2천 500만 원)의 보험에 들었고 영국의 축구 선수인 데이비드 베컴은 자신의 다리에 7천만 달러(773억 5천 700만 원) 가치를 매겼다. 미국 배우 겸 가수인 제니퍼 로페즈는 자신의 엉덩이에 3천만 달러(331억 5천 300만 원), 러시아의 가수 젬피라는 손가락에 보험을 들었다.

직원 복권 당첨용 보험도 있다.

영국에서는 고용주들이 직원들이 복권에 당첨돼 퇴직할 경우에 대비한 보험에 가입하고 있다. 만일 2명 이상의 직원이 복권에 당첨돼 퇴직할 경우 보험회사는 새로운 직원을 물색해 주는 조건이다.

'처녀출산' 보험도 있다.

영국의 한 보험회사는 '처녀출산' 보험 상품을 내놨는데 가입자가 무려 4천 명에 달했다. '성모 마리아'가 되고자 한 가입자가 납부해야 할 보험료는 연간 150달러(16만 5천 원)였다. 대신 이 보험사는 성서에 기록된 이 기적이 재현하면 150만 달러(16억 5천만 원)의 보험금을 지불한다.

'도덕적 일탈' 대비 보험도 있다. 미국의 한 보험사가 내놓은 상품으로, 연예계 스타는 물론 정치인과 유명 인사들이 경솔한 행동으로 인해 명예가 실추될 것에 대비한 상품이다.

5만 원권 등장에
그 많던 '사과상자' 사라져

2010년대 중반 들어 정치권 뇌물에 단골로 등장하던 돈을 넣은 사과상자가 5만 원권의 등장으로 사라졌다.

2014년 각종 명목으로 뒷돈을 받은 여야 국회의원들에 대한 검찰 수사가 전 방위적으로 이뤄지면서 5만 원권의 위력이 드러났다.

과거 의원 비리 때마다 단골로 등장하던 1만 원권으로 꽉 채운 사과상자는 찾아볼 수 없었다. 이는 2009년부터 발행되기 시작한 5만 원권 영향 때문이었다.

철도부품 업체로부터 금품을 받은 혐의로 구속영장이 청구됐던 한 국회의원은 1억 6천만 원을 모두 5만 원권 현금으로 받은 것으로 조사됐다.

다른 국회의원과 관련한 거액의 뭉칫돈 의혹도 발단은 그의 운전기사가 차량에서 발견한 5만 원권 다발이었다. 검찰이 운전기사로부터 확보한 현금다발은 5만 원권이 100장씩 은행 띠지로 묶인 돈뭉치 6개(3천만 원)였다.

과거에는 대표적인 뇌물 운반수단은 사과상자였다.

1993년 8년 금융 실명제 이후 출처와 경로 추적이 가능해진 10만 원짜리 수표를 더 이상 뇌물용 돈으로 사용할 수 없게 되자 큰

지막한 크기의 사과상자에 1만 원권 다발, 그것도 헌 돈으로 채워넣는 방법이 각광받았다.

1만 원권 지폐로 사과상자 하나를 가득 채우면 보통 2억~2억 5천만 원이 들어갔다. 액수별로 007 가방, 골프가방, 라면상자 등도 애용됐다.

검찰의 2002년 대선자금 수사 당시에는 대기업들이 각각 100억이 넘는 돈을 트럭이나 승합차에 실어 '차떼기'로 한나라당에 전달한 사실이 밝혀지기도 했다.

2009년 6월 5만 원권이 유통되면서 뇌물 전달이 용이해졌다.

뇌물수수, 비자금 조성, 범죄수단 등으로 악용될 것이라는 시민사회의 우려도 있었지만, 일반 거래의 화폐관리 편의성, 수표발행 비용 절감 등을 이유로 발행이 시작됐다.

5만 원권을 이용하면서 같은 공간에 전보다 5배 많은 돈을 담을 수 있게 됐고, 이 때문에 종전보다 가볍고 은밀하게 검은돈이 오갔다.

한 국회의원이 지인인 사업가로부터 불법 정치자금 3천만 원을 받을 때에는 5만 원권이 들어 있는 쇠고기 선물 택배박스와 중국산 녹각(사슴뿔)상자가 사용됐다.

건설업자로부터 청탁과 함께 금품을 받은 혐의로 기소된 고위 공무위원의 경우 와인상자에 담긴 현금 5천만 원과 미화 1만 달러를 건네받은 것으로 조사됐다.

'카드 포인트 비밀' 풀렸다…
20~30대 사용률 최고

신용카드나 체크카드를 쓰면 자동으로 쌓이는 포인트는 과연 누가 가장 많이 쓸까.

경제활동의 주력 연령대인 30~40대는 포인트를 많이 적립하고서도 제때 사용하지 못해 사라지는 비율이 가장 높은 것으로 나타났다. 20~30대의 카드 포인트 사용률이 가장 높았다.

롯데카드가 포인트제를 도입한 2006년부터 2012년까지 실태를 분석해 보니 30~40대의 포인트 소멸 비중이 다른 연령층보다 월등히 높았다.

유효기간 경과 등 이유로 소멸하는 포인트의 24.6%가 30대, 23.7%가 40대였다. 30~40대 카드 이용자는 10명 가운데 2~3명꼴로 포인트를 제대로 쓰지 못한 셈이다. 20대(13%)나 50대(15.3%)가 꼼꼼히 포인트를 챙기는 것과 대조를 보였다.

30~40대는 경제활동 주력 계층으로 카드 사용액이 커서 적립된 포인트도 많았다. 최근 30대의 포인트 사용 인구가 많아졌으나 30~40대 전체로는 포인트에 큰 관심이 없어 사장하는 사례가 여전히 많았다.

20대와 30대의 포인트 사용이 꾸준히 늘지만 40대 이상의 포인

7. 알고 보면 재밌는 금융권 비밀 노트

트 사용은 계속 감소한 것도 특징이었다.

롯데 포인트 사용 고객 가운데 20~30대가 차지하는 비중은 2006년 말 29.7%, 2008년 말 36%, 2010년 말 42.3%, 2012년 말 45%로 매년 증가했다. 이는 20~30대의 알뜰한 소비성향이 포인트 사용에도 영향을 미치는 것으로 분석됐다.

40~50대의 포인트 사용은 2006년 말 54.4%, 2008년 말 49.6%, 2010년 말 47.1%, 2012년 말 47.9%로 감소세다.

40~50대도 카드를 많이 사용하지만 20~30대보다 포인트 활용률은 떨어졌다. 포인트 사용은 복잡하고 번거롭다는 인식 때문에 중·장년층의 비중이 줄어드는 것으로 해석됐다.

실속파 남성의 포인트 사용도 꾸준히 늘었다.

2006년 말 22%에서 2008년 말 26%, 2010년 말 27.1%, 2012년 말 31.3%로 상승했다. 전통적으로 포인트는 여성의 관심사라는 인식이 강했지만, 최근에는 남성도 포인트를 꼼꼼히 챙기면서 비중이 느는 것으로 풀이됐다.

포인트 사용이 가장 많은 곳은 서울(27.7%)이었다.

가장 낮은 지역은 제주(0.4%)였다. 매년 포인트 사용이 가장 많이 늘어난 지역은 부산이었다. 부산의 포인트 사용은 전체 지역의 10.6% 수준이지만 연평균 사용 증가율은 66%로 1위였다.

'1억 장 발급' 체크카드
주 고객은 누굴까

    은행 계좌에 입금된 돈만 쓸 수 있는 체크카드 발급량이 1억 장을 돌파할 정도로 높은 인기를 누리고 있다.

    체크카드 시장 규모가 급증하는데도 신용카드와 달리 어떤 사람이 어디에 주로 쓰는지는 제대로 공개된 적이 별로 없었다.

    비씨카드가 처음으로 그 비밀의 문을 열었다.

    비씨카드에 따르면 체크카드의 최대 손님은 30~40대 남성이다. 체크카드는 발급 연령 제한이 없어 20대 대학생이 가장 많을 것이라는 예상과 동떨어진 결과다. 30~40대는 콩나물값 한 푼이라도 아끼려는 주부 비중이 높을 것이라는 관측이 있었다.

    30~40대 남성이 체크카드를 선호하는 것은 경기침체로 주머니 사정이 퍽퍽해졌기 때문으로 분석된다.

    부채 우려와 소득공제 혜택 등을 고려해 신용카드를 버리고 체크카드로 갈아타는 30~40대가 많이 늘어났다는 얘기다. 체크카드 연말정산 소득공제율은 신용카드보다 높다.

    체크카드 활용은 음식점이나 대형할인점, 백화점이 아닌 온라인 쇼핑몰과 홈쇼핑에 집중됐다.

    소비 습관이 의류 판매장 등 오프라인 대신에 온라인 방식으로 집에서 편하게 구매하려는 추세가 커졌기 때문으로 보인다.

2013년 비씨카드에서 가장 많이 발급한 체크카드인 '비씨 TOP 카드'는 전체 회원의 49.2%가 40대였다. 20대는 2.2%에 불과했다. 남성 회원이 전체의 54.7%에 달했다. 최다 방문 가맹점은 '씨제이오쇼핑'과 '우리홈쇼핑', '현대홈쇼핑'이었다.

주유 할인 서비스를 탑재한 '농협 ok CHECK카드'도 30대 회원이 전체의 33.4%, 40대가 33.3%로 20대(25.9%)를 압도했다. 이들은 'G마켓'과 '11번가', '옥션' 등 온라인쇼핑몰 단골이었다.

'우리V체크카드' 회원도 52.2%가 남성이었고 'G마켓'과 '11번가', '옥션'을 집중하여 방문했다.

'NEW우리V카드'는 30대가 전체 회원의 35.8%로 최다였다. 남성 비율이 54.4%에 달했다. 'G마켓'과 '11번가', '씨제이오쇼핑'이 단골이었다.

'우리V체크 그린카드'는 30대 회원이 전체의 36.3%, 40대가 29.8%였으며 남성 회원이 53.3%였다. 이들 또한 'G마켓'과 '11번가', '옥션'이 최다 방문지였다.

SC은행의 'NEW두드림 체크카드'는 남성 회원이 51%, 30대가 34.2%, 40대가 29.1%, 20대가 24.3%였다. 'G마켓'과 '롯데쇼핑', '옥션'을 애용했다.

'보험설계사 꿈' 보험왕
어떻게 만들어지나

2020년대 들어 공식 석상에서는 사라졌지만 과거 보험사들은 매년 최고 실적을 올린 보험설계사에게 '보험왕'이란 타이틀을 줬다.

일반 기업으로 따지면 최고경영자가 되는 것과 마찬가지다. 보험 업계에서는 보험왕을 '걸어 다니는 중소기업'이라고 부를 정도였다.

2013년 12월 금융감독원은 삼성생명과 교보생명 점검을 통해 보험왕의 리베이트 정황을 포착했다.

이런 문제가 발생했다는 것은 그만큼 보험왕이 되려면 치열한 경쟁이 불가피하다는 방증이었다.

당시 국내 보험설계사는 40여만 명이었다. 보험사에 소속된 설계사가 24만여 명, 보험대리점 소속 설계사가 16만여 명이었다. 우리나라 10가구당 1곳은 보험설계사 관련 일을 하는 셈이었다.

그러나 보험설계사 자격증을 따고 영업 일선에 나서 성공하는 경우는 흔치 않았다.

2013년 기준 1억 원 고액 연봉 보험설계사는 1만여 명 남짓이었다. 이들 중에서도 보험왕에 오르는 사람은 회사당 1명이니 전체적으로 40여 명에 불과했다.

보험왕의 평균 연령은 50대 초반이며 90% 이상이 여성이었다.

대부분의 보험왕이 2회 연속으로 '보험왕 타이틀'을 받았으며 매출은 평균 70억~100억 원이었다.

일단 보험왕이 되면 해당 보험사에서 사무실과 최고급 자동차, 기사 등을 제공하며 각종 배려를 아끼지 않았다. 한 해 수입은 대략 10억 원이었다. 2012년 보험설계사의 월평균 소득은 295만 원이었다.

보험왕이 되면 각종 매체와 강연에 초청을 받아 유명세를 탈 수 있으며 책까지 출간해 베스트셀러 작가가 되기도 했다. 영업 측면에서도 '보험사 보험왕'은 일종의 신뢰 인증서로 인정받아 더욱 많은 고객을 유치할 수 있었다.

한 보험사 관계자는 "보험왕이 되면 누릴 수 있는 혜택만 50여 개가 넘었던 걸로 알고 있다. 보험사에서는 명예 전무나 상무로 임명해 초특급 대우를 해줬다"고 말했다.

보험왕의 겉모습은 화려했지만 속내는 복잡했다는 게 보험업계의 중론이다.

100억여 원에 달하는 매출을 올리려면 기본적으로 혼자서는 할 수 없어서 보험왕 자신이 자비로 법무사나 세무사 등 직원들을 고용해 운용하고 의사, 기업체 사장 등 부유층 고객 관리를 위해 골프, 리조트 접대 등을 수시로 해야 했기 때문이다.

이 과정에서 보험왕은 많은 유혹에 노출될 수밖에 없었다.

성실하게 활동하는 보험왕도 많지만 실적에 대한 압박이 크기 때문에 무리한 영업을 할 수밖에 없는 게 현실이기 때문이다.

고객이 거액의 보험 계약을 하겠다면서 리베이트를 요구하면 거부하기 쉽지 않기 때문이다. 이처럼 거액의 보험을 유치하고자 보험사에서 받은 수수료 일부를 가입자에게 주는 게 고액 연봉 보험 설계사들에게는 관행처럼 돼 있었다.

일부에서는 몇 달치 보험료를 대신 내주기도 하고 고액 보험을 들어준 대가로 고객에게 해외여행 혜택을 주기도 했다.

한 고액 연봉 보험설계사는 "고객 중에는 억대의 보험을 들 테니 이에 걸맞은 대가를 달라고 요구하는 경우도 있다"면서 "내가 이 제안을 받아들이지 않으면 다른 보험설계사한테 가버리기 때문에 울며 겨자 먹기 식으로 받아들일 수밖에 없다"고 말했다.

2013년 경찰에 적발된 삼성생명과 교보생명의 보험왕 경우도 유사했다. A 씨는 모 인쇄업체 대표가 조성한 200억 원 상당의 불법자금을 비과세 보험 400여 개를 통해 관리하면서 2005년부터 2012년까지 이 인쇄업체 대표의 부인에게 보험 가입 대가로 여섯 차례에 걸쳐 3억 5천만 원을 준 혐의를 받았다.

B 씨도 200억 원 상당의 고객 보험 200여 개를 관리하면서 2005년 10월부터 2009년 9월까지 보험 가입 대가로 2억 2천 500만원 상당의 금품을 제공했다는 의혹을 받았다.

이처럼 보험왕에 대한 문제가 커지자 삼성생명은 2015년 들어 51년 만에 처음으로 매년 뽑는 '보험왕' 대신 일정 기준을 충족한 보험설계사들을 모두 축하하는 방식으로 연도상 시상식을 바꿨다.

교보생명도 2019년부터 상위 1%의 보험설계사들을 축하하는 자리인 연도대상에서 '대상(보험왕)'을 없애고 시상을 간소화했다.

'신의 직장' 옛말… 금융감독원 직원 처우, 금융사 중간 턱걸이

2010년대 초중반만 해도 국내 최고 연봉으로 '신의 직장'이라고 불렸던 금융감독원의 직원 처우가 국내금융사의 중간 수준에 그치는 것으로 나타났다.

금융감독원은 국내금융시장 안정을 관리하고 금융사를 감독 및 검사, 제재하는 중요한 역할을 하고 있는데 이러한 처우 하락으로 직원의 사기가 떨어지면서 이직 등이 이어지고 있다.

2022년 금융감독원 정규직 직원의 평균 연봉은 1억 1천 6만 원이었다.

금융감독원 정규직 직원의 평균 연봉은 10년 전인 2012년에는 9천 196만 원으로 은행 등 금융사들을 압도했고 심지어 현대자동차나 삼성전자보다 많아 '고액 연봉'의 대명사로 불렸다.

하지만 2018년 금융감독원 정규직의 평균 연봉이 1억 538만 원을 기록한 이래 2019년 1억 517만 원으로 줄었고 2020년 1억 657만 원, 2021년 1억 673만 원으로 최근 5년간 연봉 인상액이 468만 원에 그쳤다.

제조업 등 일반 기업에 비하면 금융감독원 직원들의 평균 연봉이 여전히 높기는 하지만 금융감독원이 감독, 검사하는 금융사와 비교해 보면 겨우 중위권 수준이다.

　은행의 경우 하나은행의 2022년 평균 연봉이 1억 1천 459만 원, KB국민은행은 1억 1천 369만 원이었다. 인터넷 전문은행인 토스뱅크의 평균 연봉은 1억 1천 900만 원, 카카오뱅크는 1억 4천 600만 원에 달했다.

　제2금융권인 카드사도 금융감독원보다 처우가 좋았다. 삼성카드의 2022년 직원 평균 연봉은 1억 3천 900만 원, 신한카드와 KB국민카드는 각각 1억 2천 700만 원, 현대카드는 1억 2천만 원, 하나카드는 1억 1천 300만 원이었다. 재보험사인 코리안리는 1억 5천 700만 원이었다.

　보험사의 경우도 삼성화재의 직원 평균 연봉이 1억 3천 600만 원, 신한라이프가 1억 2천 400만 원, 메리츠화재가 1억 2천만 원, 현대해상이 1억 1천 100만 원이었다.

　18개 증권사의 2022년 평균 연봉은 1억4천538만원으로 메리츠증권은 직원 평균 연봉이 2억30만원에 달했다.

　금융사 중 직원 처우가 가장 낮은 저축은행 중에서는 상상인플러스저축은행이 2022년 평균 연봉이 9천 800만 원, 페퍼저축은행이 8천 800만 원, SBI저축은행이 8천 500만 원이었다.

　금융감독원 직원의 처우가 매년 나빠지는 가운데 업무 강도는 세지자 2022년에만 30여 명이 은행과 보험, 가상자산업계 등으로 이직했다. 이러다 보니 금융감독원은 인력 보강을 위해 공채 외에 경력직 수시 채용까지 하고 있다.

　금융감독원장 연봉은 2022년 성과급 1억 3천여만 원을 포함해

3억 6천 3만원으로 일반 금융사 최고경영자가 받은 연봉의 하위권 수준이었다.

금융감독원장 연봉은 2018년 3억 1천 104만 원, 2019년 3억 4천 563만 원, 2020년 3억 4천 402만 원, 2021년 3억 5천 396만 원이었다.

2022년 주요 금융그룹 회장들은 많게는 18억 원에서 적게는 9억 원의 연봉을 받았다. 증권사의 경우 최현만 미래에셋증권 회장이 51억 원, 메리츠증권에선 최희문 대표이사와 김기형 사장이 각각 37억 194만 원과 36억 199만 원의 보수를 챙겼다.

'일본어와 영어로 점철'
금융용어 쉬운 말로 바꾸기

금융용어에서 순 한글을 찾아보기는 쉽지 않다.

금융용어는 대부분 외국, 특히 영어권에서 온 것이라는 점에서 대부분 영어 또는 일본식 단어와 한자어로 돼 있어 일반인이 이해하기 힘든 점이 많다.

이렇다 보니 금융이 또 다른 권력으로 둔갑해 노인 등 취약층을 대상으로 각종 투자사기가 판을 치기도 했다.

정부도 이런 문제점을 파악하고 금융용어를 쉽게 고치려는 작업을 지속해서 추진해 왔다.

1984년 한국은행은 금융용어의 품격을 높이고 일반에게 알기 쉽도록 하기 위해 순화대상용어 188개를 선정하고 각종 문서나 구어체에서 시정을 추진했다.

'시재 빵구'는 '시재 부족', '이자까고'는 '이자빼고', '와리깡'은 '할인', '모찌다시'는 '교환 회부', '시마이'는 '마감', '디스카운트'는 '할인', '가이드라인'은 '지침'으로 용어를 순화하는 방안을 추진했다.

1987년 은행감독원은 고객이 이해하기 어려운 1천 300여 개의 전문용어 및 외국어, 위압적인 용어를 이해하기 쉽고 친밀감 있는 표현방식으로 금융기관들이 사용하도록 했다.

당시 정비된 금융용어는 '내입(內入)하다'가 '일부 갚다', '네고'가 '(수출환어음)매입', '전도(前渡)하다'가 '미리 주다', '차아지'가 '수수료'로 바뀌었다.

2000년대 들어서도 금융용어 순화 작업은 계속됐다.

2002년 금융감독원은 금융 이용자 보호를 위해 금융 관련 법규, 금융거래약관, 공시자료에 사용되는 일본식 용어, 한자용어, 외국어 등 어려운 용어 198개를 이해하기 쉬운 말로 바꿔 쓰기로 하고 개선안을 마련했다.

일반인에게도 익숙해진 기존 용어나 우리말로 바꾸기 어려운 외국어와 한자용어는 우리말과 함께 사용하기로 했다.

권원보험, 개호비, 내입, 단생보험, 연생보험, 출재, 수재 등 일본식 용어는 부동산권리보험, (가정)간병비, 일부 상환, 1인생명보험, 다수생명보험, 재보험가입, 재보험인수 등으로 바꾸기로 했다.

어려운 한자용어였던 감채기금, 결약서, 보호예수는 채무상환기금, 약정서, 별도보관으로 바꿔 사용되고 외국어인 롤오버(Role Over), 불릿론(Bullet Loan), 써킷브레이커스(Circuit Beakers)는 만기연장, 일시상환대출, 일시매매정지로 바꾸기로 했다.

의미가 불명확하고 부적절하거나 낙후된 용어는 단수→끝수, 참조위험률→기준위험률, 표준하체→표준미달체, 무부리→무이자 등으로 바꿔서 사용하기로 했다.

2014년 들어 증권사들은 어려운 금융용어와 한자용어 등을 알기 쉽게 바꾼 약관을 새로 만들었다.

개정 대상은 매매거래, 파생상품, 신용거래, 증권대차거래, 연금

저축 계좌 설정 약관 등 모두 11종이었다.

어려운 한자어는 알기 쉬운 우리말로 바꿨고 뜻이 모호하거나 오해하기 쉬운 용어는 의미를 분명하게 했다.

전문용어의 경우 이해하기 쉬운 말로 대체하거나 대체 용어가 없을 경우 해당 용어에 대한 설명을 충분히 하라는 지침이 내려졌다.

한국금융투자협회와 증권사들은 바꿔야 할 용어 55개를 추려내 우리말로 대체하거나 괄호를 이용한 설명을 추가했다.

'가산'은 '더하다', '귀책사유'와 '기산일'은 각각 '책임 있는 사유', '시작하는 날'로 바뀌었다.

대납하였거나(→대신 내어주었거나), 상이한(→다른), 지득한(→알게 된), 일체의(→모든) 등도 알기 쉬운 우리말로 바뀌어 약관에서 사라졌다.

증권사의 매매거래 계좌 설정 약관에서 '대용증권' 옆에는 괄호와 함께 "한국거래소의 규정에서 정한 것으로서 현금 대신에 낼 수 있는 증권을 말한다"는 설명이 붙었다.

우리나라 금융시장은 자본시장 체제에 맞춰 돈이 흐름에 따라 움직이고 있다.

　하지만 이건 어디까지나 금융시장이 별 탈 없이 정상적으로 움직이고 있을 때의 얘기다.

　만일 미국발 금융 악재 등이 터져 국내 자금 유동성에 문제가 생길 경우 어쩔 수 없이 신속하게 기획재정부와 한국은행, 금융위원회, 금융감독원 등 정부 및 관련 기관이 개입할 수밖에 없다.

　그대로 놔둘 경우 정부가 금융시장 불안에 제대로 대응하지 못한다는 국민 및 여론의 비난이 쏟아지는 데다 심지어 금융사들까지 금융당국의 지원을 바라면서 뒷짐을 지고 있는 경우가 있기 때문이다.

　결국 우리나라 금융은 관치라는 '숨은 그림자'가 쉴 새 없이 시장을 전천후로 조율하면서 매년 맞을 수 있는 금융위기에서 벗어나고 있는 셈이다.

이 과정에서 '숨은 그림자'가 너무 튀다 보면 '관치' 논란이 거세지면서 금융시장의 자율적인 기능을 망가뜨린다는 비난이 쏟아지기도 한다.

금융위원장이나 금융감독원장이 나서 은행의 대출금리 인하를 압박한다든지 증권사 등에 손실흡수능력 확충을 요구하거나 은행의 사회적 공헌 강화 요구 등이 대표적이다.

심지어 기업 구조조정의 금융 지원이나 금융지주 회장 선임까지 금융당국의 관여가 두드러지기도 한다.

반면 '숨은 그림자'가 너무 역할을 하지 않아도 문제는 생긴다.

금융권 제왕인 시중은행을 필두로 한 금융지주와 증권사들, 자산운용사들이 과당 경쟁으로 시장을 과열 또는 혼탁 시켜 "도대체 금융당국은 뭐 하고 있느냐"는 불만이 폭발하게 된다.

흥국생명 풋옵션 사태로 인한 금융시장 불안 가중이나 새마을금고 사태, 부동산 PF 대출 불안 등 개별 금융사로 대응하기 힘든 상황이 벌어지면서 '숨은 그림자'를 찾는 수요가 다시 급증한다.

한마디로 우리나라 금융시장의 '숨은 그림자'는 정치권과 국민과 여론의 눈치를 보면서 적절히 줄을 잘 타야 한다.

보일 듯 말 듯 한 경계 선상을 끊임없이 드나들면서 금융시장에 현안이 생길 때마다 조정을 하고 다시 수면 아래에서 미세 조정을 해야 한다는 얘기다

문제는 '숨은 그림자'에 의존하다 보면 금융사의 경쟁력이 떨어질 수 있다는 점이다.

금융시장에 문제가 생길 때마다 금융당국이 나서 해결사 역할을 해주면 금융시장 및 금융사는 금융당국에 의존하면서 자율적으로 해결할 능력이 떨어지게 되기 때문이다.

정부가 관여해 조치하는 것도 또한 근본적인 해결책이 아니라는 점을 알아야 한다.

아무래도 금융사 당사자가 아니다 보니 당장 급한 문제를 응급 처치하는 수준에 그칠 수밖에 없다. 일단 금융당국에 주어진 시간도 별로 없고 급한 불을 끄는 일에 집중하다 보니 근본적인 해결책을 마련하기는 쉽지 않다.

이러다 보니 매년 우리나라에는 금융위기를 유발할 수 있는 상황이 재발하게 된다. 이때마다 예전과 똑같은 방식으로 '숨은 그림자'가 작동하는 순환의 법칙이 지속되고 있다.

물론 미국 등 선진국도 금융시장 자체가 자율적으로 모든 걸 해결하지는 못한다.

하지만 우리나라는 다른 나라와 다른 점이 있다.

미국이나 일본, 유럽연합처럼 기축통화국이 아니고 수출 등 무역 의존도가 크다. 이처럼 우리나라는 대외 금융 민감도가 크기 때문에 금융당국이 대내외 변수를 좀 더 적극적으로 관리할 수밖에 없는 게 현실이다.

하지만 언제까지나 '숨은 그림자'에게 해결사 역할을 맡기는 방식은 지양해야 한다.

우리나라 금융시장이 글로벌 금융허브가 되고 우리나라 금융사들이 금융계의 BTS가 되려면 좀 더 자율적으로 사업을 하고 문제를 해결할 수 있도록 유도하는 게 필요해 보인다.

결국 금융사의 자율을 최대한 존중하되 공매도 등 불공정거래를 하거나 금융소비자에 피해를 주거나 금융시장의 안정적인 운영에 저해가 되는 금융사에 대해 치밀한 감독과 엄정한 제재를 통해 '신상필벌' 원칙 확립이 요구된다.

숨은 그림자가 수면 위로 자주 나올수록 결국 우리나라 금융은 발전보다는 현상 유지에 치중하게 되기 때문이다.

대한민국의 금융 시크릿이 궁금한가. 바로 금융당국을 기반으로 움직이는 '숨은 그림자'가 어떤 식으로 조정하는지에 따라 금융지주부터 저축은행까지 금융시장의 판이 바뀐다는 것이다.

여러분이 이 책을 읽는 동안에도 우리나라 금융시장에서는 '숨은 그림자'가 대한민국 금융시장의 안정을 위해 열심히 뛰고 있다.

'숨은 그림자'가 대한민국 금융시장의 영욕에 거쳐왔던 발자취를 알고 싶은가. 바로 이 책에 그 해답이 있다.

대한민국
금융 시크릿

초판 1쇄 발행   2023. 9. 20.

지은이 심재훈
펴낸이 김병호
펴낸곳 주식회사 바른북스

편집진행 김재영
디자인 양헌경

등록 2019년 4월 3일 제2019-000040호
주소 서울시 성동구 연무장5길 9-16, 301호 (성수동2가, 블루스톤타워)
대표전화 070-7857-9719 | **경영지원** 02-3409-9719 | **팩스** 070-7610-9820

•바른북스는 여러분의 다양한 아이디어와 원고 투고를 설레는 마음으로 기다리고 있습니다.

이메일 barunbooks21@naver.com | **원고투고** barunbooks21@naver.com
홈페이지 www.barunbooks.com | **공식 블로그** blog.naver.com/barunbooks7
공식 포스트 post.naver.com/barunbooks7 | **페이스북** facebook.com/barunbooks7

ⓒ 심재훈, 2023
ISBN 979-11-93341-23-0 03320